Die Ausbildung zum Berater

André Niggemeier

Die Ausbildung zum Berater

Für eine kompetente Beratung in Organisationen

 Springer

André Niggemeier
Essen, Nordrhein-Westfalen, Deutschland

ISBN 978-3-658-25766-8   ISBN 978-3-658-25767-5   (eBook)
https://doi.org/10.1007/978-3-658-25767-5

Die Deutsche Nationalbibliothek verzeichnet diese Publikation in der Deutschen Nationalbibliografie;
detaillierte bibliografische Daten sind im Internet über http://dnb.d-nb.de abrufbar.

Springer ist ein Imprint der eingetragenen Gesellschaft Springer Fachmedien Wiesbaden GmbH und ist
ein Teil von Springer Nature
Die Anschrift der Gesellschaft ist: Abraham-Lincoln-Str. 46, 65189 Wiesbaden, Germany

Vorwort

Zweifelsohne nimmt Beratung, in welchem Kontext sie auch stattfinden mag, für sich in Anspruch, den vermeintlich Ratsuchenden zu helfen. Spezifizieren wir das Feld der Beratung auf die berufs- und organisationsbezogene Beratung, so lässt sich dieser Aussage mit gutem Gewissen zustimmen.

So konstatiert Giesecke, dass Beratung eine Grundform pädagogischen Handelns darstellt (vgl. Giesecke 2000, S. 87 ff.). Betrachten wir Beratung im Kontext der Erwachsenenbildung, so lässt sich feststellen, dass sie ratsuchenden Organisationen, Teams oder Einzelpersonen eine nicht zu unterschätzende Entscheidungs- und Orientierungshilfe bietet. Ein weiterer Fokus dieser berufs- und organisationsbezogenen Beratung liegt auf der Planung, Koordination und Durchführung von Lehraktivitäten mit dem Ziel, sowohl die eigenen Kompetenzen und Ressourcen zu stärken als auch diejenigen der entsprechenden Organisation.

Da es sich bei der professionellen berufs- und organisationsbezogenen Beratung um eine überaus „anspruchsvolle soziale Dienstleistung handelt, die mit einer großen Verantwortung […] verbunden ist" (Schiersmann u. a. 2008, S. 91), erscheint es essenziell, diesen Anspruch auch in Bezug auf die Ausbildung eben jener angehenden Beraterinnen und Berater zu legen. Wesentliches Ziel dieser i. d. R. akademischen Ausbildung sollte es sein, die angehenden Beratenden im Erwerb von Beratungskompetenz zu unterstützen. Trotz der langjährigen und intensiven wissenschaftlichen Auseinandersetzung mit der Umsetzung, Evaluation und Wirkung von Beratung in berufs- und organisationsbezogenen Kontexten existieren jedoch aktuell kaum Forschungen, welche die Ausbildungs- bzw. Curriculumgestaltung von angehenden Beratenden untersucht haben.

Studien- bzw. Ausbildungscurricula sind dabei insbesondere „normative Setzungen: Sie beschreiben, was gelehrt und gelernt werden soll, gegliedert in Studienstufen, strukturiert in Modulen und mit der Beschreibung der eingeforderten Leistungsnachweise" (Brink und Tremper 2012, S. 9). Obwohl die Curricula durchaus eine orientierende Wirkung haben, garantieren sie „nicht bereits gute Lernergebnisse und nachhaltige Lernprozesse, strukturieren diese aber vor und geben gleichzeitig unterstützende Hinweise zur Gestaltung der konkreten Lehr- und Lernsituationen" (Brink und Tremper 2012, S. 9).

Das vorliegende Werk beschreibt, inwieweit in den beratungsrelevanten Hochschul- und Universitätscurricula in Deutschland, Österreich und der Schweiz Bezüge zum Tätigkeitsfeld der berufs- und organisationsbezogenen Beratung erkennbar werden.

Das nachfolgende Kapitel ermöglicht eine umfassende und integrierende Annäherung an den Beratendenbegriff in berufs- und organisationsbezogenen Kontexten. Dabei werden die grundlegenden Qualitätskriterien der Beratung in Beruf und Beschäftigung dargestellt sowie die darauf aufbauenden (ethischen) Kompetenzanforderungen an den

Beratenden kenntlich gemacht. Das vorliegende Werk betrachtet dabei insbesondere zwei Beratungsansätze:

a) die personenbezogene Beratung (bspw. Mediation, Weiterbildungsberatung, Personalentwicklung, Coaching u. a.) und

b) die organisationsbezogene Beratung (bspw. Changemanagement, Teamberatung, Unternehmensberatung, Organisationsberatung, Prozessberatung u. a.).

Die Analyse im Kontext der durchgeführten Untersuchung bedarf einer ausführlichen sowie differenzierten Darstellung der beiden genannten Beratungsansätze. Zu diesem Zweck werden insbesondere die relevanten objekttheoretischen Disziplinen sowie die darauf aufbauenden operativ-theoretischen Beratungsdisziplinen dargestellt. Neben der qualitativen Analyse dieser inhaltlich-fachlichen Beratungsaspekte werden zudem der strukturelle Aufbau und die Gliederung der relevanten Ausbildungscurricula untersucht. Da die Mehrheit der betrachteten Curricula eine berufsbegleitende Studienform vorsehen, wird der Bedeutung der Zeit in der akademischen Erwachsenenbildung Rechnung getragen.

Diese fachlichen Gliederungsinhalte dienen als Grundlage für die Entwicklung von Analysekategorien, die dann im nächsten Schritt den Analysekategorien zu den Ansprüchen an Hochschulcurricula zugeordnet werden. Diese Ansprüche gliedern sich wie folgt (vgl. ◘ Abb. 1).

Folglich zielt die Analyse darauf ab, zu prüfen, ob und in welcher Form die aus der berufsrelevanten Theorie abgeleiteten Kategorien in den Curricula erkennbar werden. In diesem Zusammenhang erscheint es essenziell, die untersuchten Curricula in ein System lebensbegleiteten Lernens in nachhaltiger Professionalisierung einzubetten. Gerade in diesem Aspekt wird jedoch ein nicht zu unterschätzendes Spannungsfeld

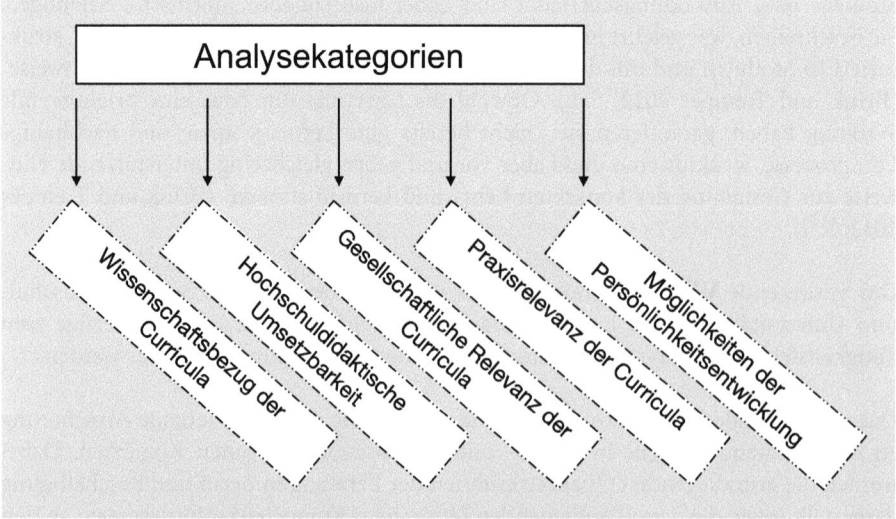

◘ **Abb. 1** Ansprüche an Hochschulcurricula. (Eigene Abbildung)

ersichtlich. Natürlich sollte lebens- und berufsbegleitendes Lernen auf der Grundlage wissenschaftlicher Erkenntnisse erfolgen. Gleichzeitig muss jedoch konstatiert werden, dass jene Wissenschaftlichkeit im Beruf häufig nicht allgegenwärtig bzw. „vor Ort" ist.

Die diesem Werk zugrunde liegende Untersuchung bzw. deren Ergebnisse dienen ausdrücklich nicht dem Benchmarking der untersuchten Studiengänge. Vielmehr zielt die Untersuchung darauf ab, Lücken sowie Über- und Unterdeckungen auf Grundlage der durchgeführten Untersuchung der Leistungsprofile und somit der Schwerpunkte der einbezogenen Studiengänge zu erkennen und zu benennen. Zu einem späteren Zeitpunkt werden wir feststellen, dass diese Schwerpunkte nicht selten überhaupt nichts mit der Studiengangsbezeichnung zu tun haben. Insgesamt ist die Untersuchung mit dem Ziel angelegt, die Gestaltung der beruflichen Erwachsenenbildung und des lebensbegleitenden Lernens zu erforschen.

Die zuvor genannten Aspekte dienen somit der Beantwortung der nachfolgenden Forschungsfragen (vgl. ◘ Abb. 2).

Die Untersuchung fokussiert also die Wissenschaftlichkeit der operativen und objekttheoretischen Beratungsansätze in den untersuchten Curricula. Zudem wird die Praxistauglichkeit der vermittelten Inhalte geprüft. Letztlich dient die Untersuchung der Kontrolle, inwieweit persönlichkeitsfördernde Inhalte bzw. deren Vermittlung in den Curricula erkennbar werden.

Forschungsfrage 1: Inwieweit berücksichtigen die untersuchten Curricula der akademischen Ausbildung von Beraterinnen und Beratern in berufs- und organisationsbezogenen Kontexten die relevanten Objekttheorien?

Forschungsfrage 2: Inwiefern sind die operativen Theorien in den jeweiligen relevanten Ausbildungscurricula vertreten?

Forschungsfrage 3: In welchen Aspekten werden gemeinsame curriculare Schwerpunkte erkennbar? ertreten?

Forschungsfrage 4: Lassen sich Unterschiede zwischen Universitäten und Hochschulen hinsichtlich der Qualität der curricularen Ausgestaltung erkennen?

◘ **Abb. 2** Der Untersuchung zugrundeliegende Forschungsfragen. (Eigene Abbildung)

Danksagung

Es ist mir ein Bedürfnis, mich bei den Menschen zu bedanken, die diese Untersuchung überhaupt erst ermöglichten.

Die vorliegende Untersuchung hätte es ohne die motivierende Unterstützung von Fr. Prof. Dr. Sabine Schmidt-Lauff und Hr. Prof. Dr. Bernd-Joachim Ertelt nicht gegeben.

Ihnen stehen mein großer Dank und Anerkennung zu.

André Niggemeier
Essen
im Juni 2018

Inhaltsverzeichnis

Abbildungsverzeichnis

Tabellenverzeichnis

Der Stand der Dinge – Perspektiven und Ergebnisse der aktuellen Forschung

© Springer Fachmedien Wiesbaden GmbH, ein Teil von Springer Nature 2019
A. Niggemeier, *Die Ausbildung zum Berater,* https://doi.org/10.1007/978-3-658-25767-5_1

1.1 Der aktuelle Stand der Beratungsforschung

Beratung, insbesondere die Beratung in berufs- und organisationsbezogenen Kontexten, stellt immer noch häufig einen „Zweit- bzw. Umstiegsberuf" dar. Die Ausübung der Beratendentätigkeit geht dabei mit dem Erwerb einer Beratungsprofessionalität, einer dementsprechenden Grundhaltung sowie einer spezifischen akademischen Weiterbildung einher. Gleichzeitig bleibt die Frage unbeantwortet, ob das aktuell vorhandene Weiterbildungsangebot zur Förderung und Ausbildung der berufs- und organisationsbezogenen Beratung hinreichend ausgebaut ist: „Der Bedeutungszuwachs von Beratung im Kontext lebenslangen Lernens gilt in programmatischer Hinsicht als unumstritten. Allerdings sind den bildungspolitischen Bekenntnissen bislang noch kaum nennenswerte praktische Konsequenzen gefolgt" (Schiersmann et al. 2008, S. 25).

Dies wird beispielsweise daran deutlich, dass eine kontinuierliche statistische Erhebung des vielseitigen Beratungsangebots in Deutschland, Österreich und der Schweiz noch immer nicht stattgefunden hat (vgl. Zeuner und Faulstich 2009, S. 196 f.). Daraus folgt, dass die Fortentwicklung von Beratungsangeboten, aber auch der Beratungslandschaft selbst nicht verlässlich quantitativ eingeschätzt werden kann. Gleichzeitig kann durchaus konstatiert werden, dass die zahlenbasierte Erfassung und Erforschung von Beratung in berufs- und organisationsbezogenen Kontexten in den letzten Jahren kontinuierlich zunimmt.

Die berufs- und organisationsbezogene Beratung findet laut einer repräsentativen Umfrage von Kuwan und Seidel (2013) insbesondere in Bundesagenturen für Arbeit statt (43 %), gefolgt von Betrieben und Arbeitgebern (22 %) und zu einem geringen Teil den Weiterbildungsanbietern (9 %). Etwa drei Viertel der Befragten (74 %) waren mit der Beratung zufrieden oder sogar sehr zufrieden, das letzte Viertel (26 %) war hingegen unzufrieden. Bei dieser Umfrage muss jedoch einschränkend beachtet werden, dass die Daten nicht die gleiche Qualität aufweisen wie diejenigen einer offiziellen Statistik. Darüber hinaus existiert insbesondere in der Verwendung des Beratungsbegriffes ein sogenannter semantischer Bias, der dazu führt, dass Begrifflichkeiten teilweise unterschiedlich verstanden und verwendet werden. Dies ist nicht zuletzt darauf zurückzuführen, dass mittlerweile eine unüberschaubar große Anzahl verschiedener Bezeichnungen für Beratungsangebote existiert.

Eine weitere zentrale Frage der Beratungsforschung bezieht sich darauf, wie effektiv die Beratung ist. Wirkstudien zur berufs- und organisationsbezogenen Beratung haben in letzter Zeit massiv an Bedeutung gewonnen. Diese Entwicklung kann auf ein politisches Interesse zurückgeführt werden. Um öffentlich geförderte Beratungsangebote zu legitimieren, muss nachgewiesen werden, dass sie wirksam und nützlich sind. Folglich ist die entsprechende Ressourcenverteilung zunehmend durch empirische Nachweise zu rechtfertigen.

Betrachtet man die berufs- und organisationsbezogene Beratung im Kontext der Erforschung von Weiterbildung und lebenslangem Lernen, so wird deutlich, dass sie die Motivation zur Teilnahme an Weiterbildungsaktivitäten nicht beeinflusst (vgl. Wolter und Messer 2009). Zwar ist die Kritik an dem von Wolter und Messer durchgeführten Feldexperiment durchaus berechtigt, doch die Untersuchung verdeutlicht zumindest die Grenzen berufs- und organisationsbezogener Beratung. Die überwiegende Anzahl von Untersuchungen zur Wirkanalyse von Beratung fokussieren besonders auf die ökonomische Wirkung von Beratung. Weitere relevante Faktoren wie Persönlichkeitsentwicklung oder Sinnstiftung werden dagegen häufig nicht berücksichtigt (vgl. Killeen und White 2000; Schanne und Weyh 2014).

In der qualitativen Beratungsforschung werden zumeist Interviews untersucht, die die Interaktionsverläufe diverser Beratungsformate thematisieren. Qualitative Wirkanalysen werden hingegen eher selten durchgeführt. Solche Analysen konzentrieren sich vorwiegend auf die sogenannte Beratungsprozessforschung, also die Analyse des tatsächlichen, interaktiven Geschehens in der Beratung. Weiterhin ist erkennbar, dass Untersuchungen im Kontext der Beratungsforschung nahezu immer singulär sind und kaum aufeinander referieren. Gleichzeitig werden die entsprechenden Begrifflichkeiten in der Beratungsforschung sehr uneinheitlich verwendet. Entsprechend sollten sowohl die disziplinierte Nutzung und Weiterführung von Begrifflichkeiten als auch die Weiterentwicklung vorhandener Modelle und Ansätze intensiviert werden. Daneben sollte die Outcome-Fixierung in der Beratungsforschung, die mitunter sehr stark ausgeprägt ist, verringert werden. Vor diesem Hintergrund erscheint es sinnvoller, den Ratsuchenden darin zu unterstützen, qualitativ bessere Entscheidungen zu treffen. Der wohl zentralste und essenziellste Aspekt besteht jedoch darin, neu gewonnene Erkenntnisse deutlich stärker in die Aus- und Weiterbildung (angehender) Beratender einfließen zu lassen.

1.2 Der aktuelle Stand der Programm- und Curriculumforschung

Vergleicht man die Programm- und Curriculumforschung mit der Erforschung der berufs- und organisationsbezogenen Beratung, so wird deutlich, dass die Programmforschung bislang vergleichsweise geringfügig ausdifferenziert ist.

An dieser Stelle soll besonders auf die Ergebnisse der Untersuchung von Schiersmann und Weber (2016) eingegangen werden.

Während die mitunter wegweisenden Untersuchungen von Gieseke et al. (2005), Gieseke und Opelt (2003) sowie Nolda et al. (1998) explizit Programme und Curricula im Kontext der Erwachsenbildung und Weiterbildung (vornehmlich an Volkshochschulen) in den Fokus nehmen, sichteten Schiersmann und Weber 24 Studiengänge (21 Master- und 3 Bachelorstudiengänge), die einen engen inhaltlichen Bezug zur berufs- und organisationsbezogenen Beratung im deutschsprachigen Raum aufweisen. In diesem Rahmen identifizierten sie mögliche Standards einer beraterischen, wissenschaftlichen Ausbildung in berufs- und organisationsbezogenen Kontexten. Ein wesentliches Ziel ihrer Untersuchung besteht darin, geeignete beratungsbezogene Studiengangsinhalte zu entwickeln. Daher beschreiben sie die Ergebnisse ihrer Analyse eher indirekt in Form von Konsequenzen für die beraterischen Ausbildungsinhalte.

1.3 Einbettung der durchgeführten Untersuchung in den aktuellen Stand der Beratungs- und Curriculumforschung

Vor dem Hintergrund der bisherigen Ausführungen bietet die in diesem Werk beschriebene mehrdimensionale Curriculumanalyse von Studiengängen zur akademischen Ausbildung von Beratenden in berufs- und organisationsbezogenen Kontexten die Möglichkeit, die Analyse beratungsrelevanter Studiengänge zu erweitern. Im Rahmen dieser Untersuchung sollen keine konkreten Modelle zur Optimierung der

1

akademischen Ausbildung von Beratenden in berufs- und organisationsbezogenen Kontexten entwickelt, sondern vielmehr eine detaillierte Übersicht über die aktuelle (curriculare) Situation in der akademischen Ausbildung von Beratenden ermöglicht werden. Die Analysekategorien orientieren sich zwar unter anderen an den Vorarbeiten von Schiersmann und Weber, betrachten den Beratungsbegriff aber sehr deutlich als Grundform pädagogischen Handelns (vgl. Gieseke 2000, S. 87 ff.). Entsprechend soll Beratung einerseits als Gegenstand aufgefasst werden, der im Studium erlernt wird, andererseits aber auch als Gegenstand, der Ratsuchende zum Lernen bzw. zur persönlichen Weiterentwicklung ermutigt.

Literatur

Gieseke, W. (2000). Beratung in der Weiterbildung – Ausdifferenzierung der Beratungsbedarfe. *Report: Literatur- und Forschungsreport Weiterbildung 46,* 10–17.

Gieseke, W., & Opelt, K. (2003). *Erwachsenenbildung in politischen Umbrüchen.* Opladen: Leske + Budrich.

Gieseke, W., Opelt, K., Stock, H., & Börjesson, I. (2005). *Kulturelle Erwachsenenbildung in Deutschland.* Münster: Waxmann.

Killeen, J., & White, M. (2000). *The impact of careers guidance on adult employed people.* London: Department for Education and Employment.

Kuwan, H., & Seidel, S. (2013). Weiterbildungstransparenz und Weiterbildungsberatung. In F. Bilger, D. Gnahs, J. Hartmann, & H. Kuper (Hrsg.), *Weiterbildungsverhalten in Deutschland – Resultate des Adult Education Survey 2012* (S. 232–249). Bielefeld: Bertelsmann.

Nolda, S., Pehl, K., & Tietgens, H. (1998). *Programmanalysen. Analysen für die Erwachsenenbildung.* Frankfurt a. M.: DIE.

Schanne, N., & Weyh, A. (2014). *Wirksamkeitsbetrachtung der Bildungsberatung der „Dresdner Bildungsbahnen". Eine quantitative Studie.* Nürnberg: Institut für Arbeitsmarkt- und Berufsforschung.

Schiersmann, C., Weber, P., Dauner, A., & Bachmann, M. (2008). *Qualität und Professionalität in Bildungs- und Berufsberatung.* Bielefeld: Bertelsmann.

Schiersmann, C., & Weber, P. (2016). Beratung als Gegenstand von Studiengängen. In W. Gieseke & D. Nittel (Hrsg.), *Handbuch Pädagogische Beratung über die Lebensspanne* (S. 818–827). Weinheim: Beltz.

Wolter, S. C., & Messer, D. (2009). *Weiterbildung und Bildungsgutscheine. Resultate aus einem experimentellen Feldversuch. Zusammenfassung und Einzelaspekte der Studienergebnissen.* Bern: Bundesinstitut für Berufsbildung und Technologie (BBT).

Zeuner, C., & Faulstich, P. (2009). *Erwachsenenbildung- Resultate der Forschung. Entwicklung, Situation und Perspektive.* Weinheim: Beltz, Juventa.

Was ist Beratung? Was ist eine Organisation? Eine Begriffs- und Standortbestimmung

© Springer Fachmedien Wiesbaden GmbH, ein Teil von Springer Nature 2019
A. Niggemeier, *Die Ausbildung zum Berater,* https://doi.org/10.1007/978-3-658-25767-5_2

2

In der durchgeführten Untersuchung werden in besonderer Weise die Nutzung, Verwendung und Umsetzung des Beratungsbegriffes im Kontext der berufs- und organisationsbezogenen Beratung analysiert. Da diese Form der Beratung sehr häufig in Organisationen stattfindet, erscheint es wichtig, den Organisationsbegriff eindeutig zu bestimmen. Folglich werden in diesem Kapitel die entsprechenden Beratungs-richtungen, -strömungen und -schulen vorgestellt sowie die unterschiedlichen Blick-winkel auf den Organisationsbegriff erläutert, mit dem Ziel, ein aktuelles Beratungs- und Organisationsverständnis zu vermitteln, welches sich auf die unterschiedlichen Pro-fessionen im Kontext der berufs- und organisationsbezogenen Beratung anwenden lässt. Im ersten Teil des Kapitels werden zu diesem Zweck unterschiedliche, aktu-elle Theoriebezüge zur berufs- und organisationsbezogenen Beratung dargestellt. Der zweite Teil des Kapitels widmet sich der Darstellung von drei besonders populären Verständnisweisen des Organisationsbegriffes in der Wissenschaftsliteratur. An dieser Stelle ist einschränkend anzumerken, dass sich die Darstellung des Beratungs- und des Organisationsbegriffs auf jene Beratungsprofession und Beratungsdisziplinen bezieht, die in den untersuchten Curricula erkennbar werden.

2.1 Beratung in berufs- und organisationsbezogenen Kontexten

Da der Beratungsbegriff nicht geschützt ist, wird er häufig im beruflichen und organi-sationalen Kontext sehr diffus, heterogen und zudem nicht immer theoriebasiert ver-wendet. Im Folgenden wird er entsprechend anhand zweier sehr wesentlicher Aspekte präzisiert (vgl. ◘ Abb. 2.1).

Im ersten Schritt wird die Charakteristik der Beratung im Kontext von Bildung, Beruf und Beschäftigung dargestellt, wobei ein deutlicher Schwerpunkt auf der orga-nisationalen Beratung liegt, ein weiterer auf der synergetischen Beratung in Manage-ment und Organisation. Die Auswahl der dargestellten Beratungsansätze ist einerseits auf deren Relevanz für die untersuchten Curricula zurückzuführen, andererseits han-delt es sich dabei um Ansätze, die aufgrund ihrer hohen wissenschaftlichen Fundierung besonders überzeugen.

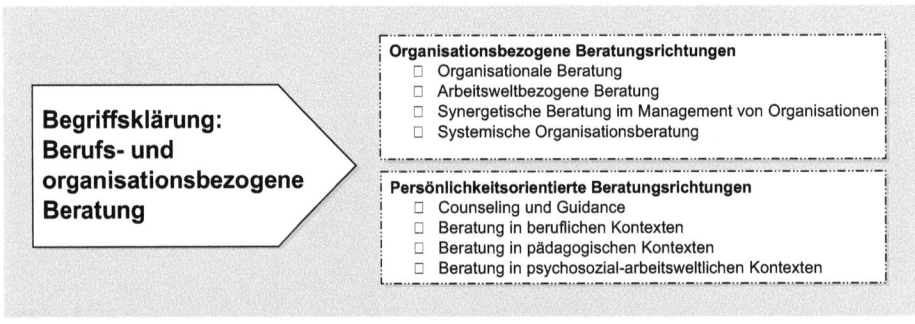

◘ **Abb. 2.1**   Begriffsklärung der berufs- und organisationsbezogenen Beratung. (Eigene Abbildung)

2.1.1 Charakteristik von Beratung in Bildung, Beruf und Beschäftigung

Der in dieser Untersuchung verwendete Beratungsbegriff orientiert sich an der Definition der OECD und der EU. Diese Definition wurde in international vergleichenden Studien erarbeitet (vgl. OECD 2004; CEDEFOP 2004) und bildet gleichzeitig die Grundlage zur lebensbegleitenden Beratung, die durch die EU-Ratsresolution von 2004 und 2008 vereinbart und verabschiedet wurde:

» „Vor dem Hintergrund des lebensbegleitenden Lernens erstreckt sich Beratung auf eine Vielzahl von Tätigkeiten, die Bürger jeden Alters in jedem Lebensabschnitt dazu befähigen, sich Aufschluss über ihre Fähigkeiten, Kompetenzen und Interessen zu verschaffen, Bildungs-, Ausbildungs- und Berufsentscheidungen zu treffen sowie ihren persönlichen Werdegang bei der Ausbildung, im Beruf und in anderen Situationen, in denen diese Fähigkeiten und Kompetenzen und/oder eingesetzt werden, selbst in die Hand zu nehmen" (Rat der Europäischen Union 2004, S. 2).

Diese Definition verdeutlicht ein feldpezifisches Wissen, das sich über die gesamte Bildungs- und Berufsbiografie „bis hin zum Übergang in die Nichterwerbstätigkeit" (Schiersmann und Weber 2016, S. 26) erstreckt. So findet Beratung nicht nur in Sondersituationen statt, sondern fokussiert vielmehr auch Chancen, Potenziale und Möglichkeiten. In Bildung, Beruf und Beschäftigung nimmt sie eine präventive Rolle ein (z. B. in Bezug auf Krisen, Arbeitsplatzverlust, Veränderungsdruck und Über- oder Unterforderung), welche im Bedarfsfall begleitend zur Verfügung steht (vgl. ebd., S. 26).

Gleichzeitig spielt die Bildungsberatung auch im Rahmen der beruflichen und organisationalen Beratung eine immer größere Rolle. So wird es zunehmend wichtiger, die passgenauen Bildungsbedarfe von Mitarbeitenden und Potenzialträgern zu analysieren und darauf aufbauend spezifische sowie strategisch nutzbare Bildungspotenziale zu erkennen. In diesem Rahmen wurde eine Reihe von Modellprojekten initiiert und dabei insbesondere die Weiterbildungsberatung ausgebaut und erweitert. Bundesweit sind hier die Programme „Lernende Region" und „Lernen vor Ort" zu nennen. Ferner existiert eine Reihe von länderspezifischen Modellprogrammen und Zuschussregelungen für Weiterbildung durch den Bund sowie einige Bundesländer. Um eine Förderung der Weiterbildungsaktivitäten in Anspruch nehmen zu können, muss zudem zuvor eine Beratung erfolgt sein.

Die Beratung in Bildung, Beruf und Beschäftigung umfasst sowohl Organisation als auch personelle Bildungs- und Beratungsbedarfe und nimmt folglich in der Analyse der im Kontext dieser Arbeit untersuchten Curricula eine sehr bedeutsame Rolle ein.

Nimmt man die Anfänge der professionellen Beratung in den Blick, so wird deutlich, dass zwischen der psychologisch-psychosozialen Beratung und der Beratung in Bildung, Beruf und Beschäftigung eine enge Verbindung existiert (vgl. Nestmann in Hammerer et al. 2011a, S. 59). So war und ist die Bildungs- und Berufsberatung ein Entwicklungsmotor für die zunehmende Professionalisierung von Beratung, dem auf internationale Ebene wesentliche Relevanz zukommt.

In der heutigen Zeit werden die Begrifflichkeiten „Beratung" und „Counselling" in Praxis und Wissenschaft weitestgehend synonym verwendet, wobei die Dimensionen Information, Prävention und Entwicklungsförderung maßgeblich durch die Beratung in Bildung und Beruf geprägt sowie die Funktion des professionellen Beraters besonders

2

betont wurden (vgl. ebd., S. 59). Nach 1955 beschwor Donald Super die enge Verknüpfung von Berufsberatung, psychologischer Messung und der Persönlichkeitsentfaltung im Kontext der Beratungsentwicklung (vgl. ebd., S. 59; vgl. Herr und Cramer 1996).

In einem seiner späteren Entwürfe zum lebensumspannenden Entwicklungsmodell sowie des beruflichen Selbstkonzepts verdeutlichte Donald Super die enge Verflechtung der Laufbahnberatung unter psychologischer Beratung. Er vertrat dabei die Ansicht, eine gute berufliche Beratung sei zugleich auch immer eine gute persönliche Beratung (vgl. Super 1980, 1988, 1990). Im Laufe der Zeit begannen die beiden Beratungsbereiche sich jedoch auseinanderzuentwickeln.

Zunehmend hat das sogenannte Guidance-Konzept in Bildung und Beruf, „also die zentrale Perspektive darauf, meist junge Menschen in ihrer ersten Berufswahl mittels Diagnose und Berufsinformation dabei zu unterstützen, eine möglichst abgewogene Entscheidung hinsichtlich eines passenden Berufs zu treffen und später informativ fundierte Übergänge ihrer Bildungs- und Berufsentscheidung zu schaffen, […] an Dominanz gewonnen" (Nestmann in Hammerer et al. 2011b, S. 60). In diesem Rahmen wurde eine Reihe von Modellprojekten initiiert und dabei insbesondere die Weiterbildungsberatung ausgebaut. Bundesweit sind hier die Programme „Lernende Region" und „Lernen vor Ort" zu nennen. Ferner existiert eine Reihe von länderspezifischen Modellprogrammen und Zuschussregelungen für Weiterbildung, die durch den Bund sowie einige Bundesländer angeboten werden. Wer eine solche Förderung in Anspruch nehmen möchte, muss zuvor an einer Beratung teilgenommen haben.

Im Laufe der vergangenen Jahre und Jahrzehnte haben psychotherapeutische Grundorientierungen in Beratung und Counselling zunehmend an Einfluss gewonnen. Dies führte dazu, dass immer stärker zwischen Counselling und beruflicher bzw. arbeitsweltlicher Beratung differenziert wurde (vgl. ebd., S. 60; vgl. Gelso und Fretz 2000). Durch diese Trennung wurde jedoch gleichzeitig die allgemeine Beratung eingeschränkt und fiel dadurch zunehmend einseitiger aus, während gleichzeitig die (Berufs-)Welt immer komplexer wurde, ein Trend, der bis heute anhält. Aus diesem Grund erscheint es dringend geboten, eine individuumszentrierte Beratung und eine Beratung in Bildung, Beruf und Beschäftigung in die Bereiche Theorie, Praxis, Wissenschaft und Ausbildung zu reintegrieren. Da sich die Umwelt aber stetig wandelt

> » „und […] damit neben den ausgemachten traditionellen Lücken der Theorie von Bildungs- und Berufsberatung auch neue Anforderungen aus veränderten Lebens- und Arbeitsverhältnissen entstehen, brauchen wir heute neue und komplementär ergänzende Entwürfe, die ein zeitangemessenes professionelles Beratungshandeln besser fundieren können" (ebd., S. 71).

2.1.2 Die Theorie selbstorganisierter Systeme und die systemische Beratung im Management

Im vergangenen Jahrzehnt haben die verschiedenen Formen und Ansätze der systemischen Beratung in der Beratungslandschaft stark an Einfluss gewonnen. Mittlerweile lässt sich jedoch zunehmend konstatieren, dass das vorhandene „Provokationspotenzial […] verblasst, und störungsspezifische wie auch tätigkeitsfeld- und settingsspezifische

Varianten haben sich etabliert" (Schiepek et al. 2013, S. 9). Die Ansätze in der systemischen Beratung sind aber dennoch vielfältig und reichen von zirkulären Fragen wie derjenigen nach der Organisationsaufstellung bis hin zu sehr persönlichkeits- und personenbezogenen Ansätzen wie etwa der Genogrammarbeit und der Nutzung des sogenannten Reflecting Teams (vgl. ebd., S. 11; Schwing und Fryszer 2006, S. 11). Im Rahmen der Organisations- und Personalentwicklung soll die Nutzung der systemischen Beratung dazu beitragen, Bedingungen für selbstorganisierte Prozesse zu optimieren (vgl. Haken und Schiepek 2010, S. 621).

» Ebenso, „wie die Synergetik nicht auf eine einzige intendierte Anwendung beschränkt ist, so können auch andere Praxisformen wie Coaching, Beratung, Organisationsentwicklung oder Management als Anwendungsformen des SPM interpretiert und rational rekonstruiert werden" (ebd., S. 441; vgl. Stegmüller 1973; Westmeyer 1979).

In diesem Kontext soll der Managementbegriff aus zwei unterschiedlichen Richtungen verstanden werden: Auf der einen Seite bezieht sich das Management auf die Gestaltung von Selbstorganisationsprozessen und den hierfür nötigen Bedingungen (vgl. ◙ Abb. 2.2), auf der anderen Seite beschreibt es ein gestaltendes Handeln in Organisationen (vgl. ebd., S. 622).

Einen besonders großen Stellenwert nehmen Kommunikationsstrukturen und Kommunikationsformen in Unternehmen ein. Letzten Endes bestehen Organisationen ausschließlich aus Entscheidungen, die selbstverständlich kommuniziert werden müssen, um sie realisieren zu können (vgl. von Schlippe und Schweitzer 2012, S. 135; vgl. Luhmann 2011, S. 68). Betrachten wir den Begriff „System" im Kontext von Organisationen und Unternehmen etwas genauer, so wird deutlich, dass Unternehmen und Organisationen ganz besondere Formen von Systemen darstellen. Vergleichen wir nun diese zwei Systeme einmal mit einem anderen sehr wichtigen System – der Familie. Organisationen und Unternehmen konstituieren sich zu einem bestimmten Zweck und verfolgen dabei einen definierten Sinn (vgl. Simon 2007). Diesem organisationalen Zweck wird alles andere untergeordnet. Dysfunktionen werden dabei relativ schnell erkennbar (dem Controlling sei dank) und können so möglichst schnell beseitigt werden. Dies kann ggf. auch bedeuten, dass bestimmte Organisationsmitglieder die Organisation verlassen müssen. Vergleichen Sie dies nun einmal kontrastierend mit einer Familie. Es steht sicherlich außer Zweifel, dass manche Mitglieder einer Familie diese meiden, wenn dort dysfunktionale Verhältnisse auftreten. Dennoch bleiben sie (wohl oder übel) Mitglied der Familie. Systeme sind dagegen immer durch informelle Regeln geprägt., die derartig mächtig sind, dass sie nicht selten gegen die formellen Regeln verstoßen. Besonders im Alltag von Organisationen kann dies große Konflikte und Barrieren hervorrufen. Ein weiterer Effekt dieser informellen Regeln besteht darin, dass einzelne Personen beziehungsweise Mitarbeiter sehr mächtig werden, auch ohne strukturelle Voraussetzungen dafür zu erfüllen. In diesem Zusammenhang erscheint es wichtig, die Organisationsarchitektur möglichst transparent zu beschreiben (von Schlippe und Schweitzer 2012, S. 135). Mit dieser Transparenz muss eine intensive Arbeit an der Kultur einhergehen.

Nachfolgend werden die Entwicklungslinien der systemischen Beratung außerhalb psychotherapeutischer Schulen in komprimierter Form dargestellt.

Die Wurzeln der systemischen Praxis liegen in den Denkansätzen Kurt Lewins aus den 1930er Jahren. Seine Nachfolger in den USA entwickelten sein Konzept

2

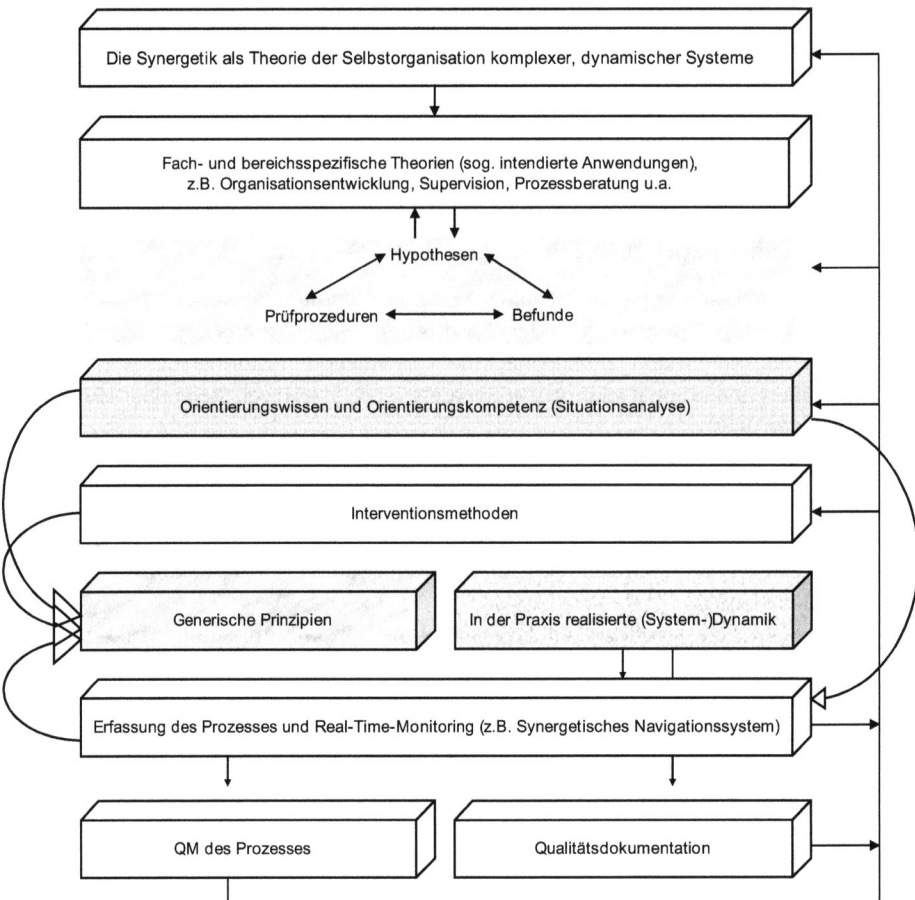

■ **Abb. 2.2**   Der strukturelle Aufbau des Synergetischen Prozessmanagements. (Eigene Abbildung in Anlehnung an Haken und Schiepek 2010, S. 442)

kontinuierlich weiter und kamen schließlich im Zuge der Demokratisierungsbewegung Anfang der 1980er Jahre nach Deutschland. Mitte der 1980er Jahre trat die systemische Beratung zum ersten Mal deutlich in Erscheinung, und zwar im Zusammenhang mit der Humanisierung der Arbeit, die von Zielvorstellungen wie Gesundheit, Wissenschaftlichkeit, Mitarbeiterbeteiligungen, offener Kommunikation, dem Einsatz moderner Technologien, Team- und Gruppenarbeit sowie Experimentierfreude und Zielorientierung im organisationalen Arbeitsalltag geleitet war (vgl. ebd., S. 78 f.). Als Vorbild bzw. als Best-Practice-Beispiel galten die japanischen Industriekonzerne der 1960er Jahre, die die Leistungsfähigkeit von Abteilungen, Gruppen, Teams und einzelnen Mitarbeitern als produktionssteigernden Erfolgsfaktor in den Fokus systemischer Praxis nahmen. Insbesondere die Zusatzfähigkeit der organisierten Koordination und Lösungsfindung wurde zunehmend als organisationaler Erfolgsfaktor betrachtet.

In den vergangenen Jahren wurde zunehmend deutlich, dass sich die systemische Beratung immer stärker von den individuellen Beratungsanlässen abhebt beziehungsweise emanzipiert. Dieser Umstand, der durchaus paradox anmutet, ist darauf zurückzuführen, dass sich die systemische Beratung zunehmend zu einer Denkschule entwickelt. Diese Denkschule wird durch eine gewisse Haltung erkennbar, die sowohl die spezifisch-systemischen Denkmuster als auch die kommunikativen Kompetenzen des Ratsuchenden(-Systems) in einer systemischen Form prägt.

Zudem kann unumwunden behauptet werden, dass die heutige Arbeitswelt durch eine zunehmende Komplexität und Unsicherheit geprägt ist. Diese Einflussfaktoren, Risiken, Chancen und Potenziale werden durch die systemische Beratung aufgegriffen und bearbeitet.

Einschränkend lässt sich jedoch konstatieren, dass die systemische Beratung dem eigenen Erfolg zum Opfer gefallen ist. So findet das Attribut „systemisch" auf nahezu alle Beratungsbereiche Anwendung und hat dadurch eine gewisse Unschärfe erhalten. Im Rahmen der hier durchgeführten Untersuchung gilt es folglich, in der Analyse der systemischen Beratung den in den Curricula benannten Anwendungskontext sowie die daraus resultierenden Beratungsmethoden zu beachten. An dieser Stelle kann man demnach den Schluss ziehen, dass die organisationale Beratung anerkannt wird und ihr zudem durchaus Validität zugeschrieben werden kann, da sie nach wie vor dazu genutzt wird, soziale Systeme zu analysieren. Ferner finden Ansätze anderer Disziplinen, so etwa aus der Sozialwissenschaft, der Pädagogik und der Psychologie, verstärkt Eingang in die organisationale Beratung.

2.1.3 (Sozial-)Pädagogische und psychosoziale Beratung

Betrachten wir die disziplinspezifischen Beratungdefinitionen von sozialpädagogischer und psychosozialer Beratung näher, so lassen sich unterschiedliche Perspektiven der Wissenschaften erkennen, welche sich mit der Erforschung von Beratung befassen (vgl. Sickendiek et al. 2008, S. 15). Im Folgenden stellt der Autor die Bandbreite spezifischer sozialpädagogischer und psychosozialer Positionen der Beratung in einer kurzen Übersicht dar.

Die **psychosoziale Beratung** fand vor allem dort statt, wo psychische Verhaltensprobleme und Störungen auftraten. In diesem Rahmen wurde zunächst eine gründliche Diagnose gestellt und das dabei identifizierte Problem anschließend wissenschaftlich fundiert betrachtet und nach einer Lösung gesucht. Zugleich gab die psychosoziale Beratung dem Ratsuchenden Aufschluss über seine individuellen Eigenschaften und seine Möglichkeiten (vgl. ebd.). Fröhlich (1994) entwickelte ein neues Verständnis von Beratung, das psychologisch geprägt war. Ihm zufolge ist die Beratung im psychosozialen Bereich eine „zusammenfassende Bezeichnung für die Erteilung von Entscheidungs- und Orientierungshilfen durch ausgebildete Fachkräfte [...] in Einzel- oder Gruppengesprächen" (Fröhlich 1994, S. 85 f.). Die Beratungsdefinition der APA verdeutlicht, dass die psychologische bzw. psychosoziale Beratung ein völlig neues Selbstverständnis entwickelt hat. Demzufolge ist es Aufgabe der Beratung,

» „Individuen [dabei zu] helfen, Hindernisse ihres persönlichen Wachstums zu überwinden, wo immer sie erfahren werden, und [ihnen] zu einer optimalen Entwicklung persönlicher Ressourcen verhelfen" (APA – counseling psychology 2008, S. 18).

2

Eine Beratung mit einem solchen Konzept wird als counseling psychology bezeichnet. Ursprünglich verfügte sie über ein enges Beratungsverständnis, das auf Diagnose und Eignungstests beruhte, hat dieses jedoch inzwischen weitgehend aufgegeben. Im deutschsprachigen Raum wird das ursprüngliche Konzept jedoch noch immer beibehalten.

Zu den sozialpädagogischen Beratungsdisziplinen gehört auch die soziale Beratung, die sämtliche Formen der Unterstützung durch Beratung sowie auch der Problematiken umfasst, die daraus resultieren. Diese Probleme können sowohl einzelne Menschen betreffen als auch Systeme wie etwa bestimmte soziale Gruppen, darunter auch die Familie oder eine bestimmte Abteilung in einem Unternehmen (bspw. Gruppen, Familie und Arbeitsabteilung). Weiterhin können sie sich sowohl die Gruppe selbst betreffen als auch ihre soziale Umwelt oder die Interaktion zwischen beiden Bereichen (vgl. Sickendiek et al. 2008, S. 17). Thiersch versteht die soziale Beratung als methodisches Arbeitskonzept, für das ein Problemverständnis unerlässlich ist, um passende Lösungen oder Möglichkeiten zu entwickeln und so die Betroffenen zu unterstützen (vgl. Thiersch 1992, S. 30). Aufgrund dessen ist die soziale Beratung eindeutig von der lösungsorientierten Beratung zu differenzieren. Thiersch identifiziert in diesem Zusammenhang vier Handlungsschritte, die in der sozialen Beratung ausgeführt werden müssen: Erkennen, Klären, Entwerfen und Erschließen von Ressourcen (vgl. ebd., S. 133 ff.). Große Bedeutung kommt dabei seinem sozialen Beratungsverständnis zufolge der Lebensweltorientierung zu. Auch die pädagogische Beratung ist im sozialpädagogischen Beratungskontext anzusiedeln. Sie findet vor allem in Bezug auf Erwachsenenbildung und Bildungsberatung statt. Die Anfänge der organisierten Bildungsberatung und der Bildungsarbeit speziell mit Erwachsenen liegen im 19. Jahrhundert, als während der Frauenbewegung in Deutschland die ersten Beratungsstellen entstanden, um speziell die berufliche Weiterentwicklung von Frauen zu unterstützen.

Der Terminus der Beratung wurde in der Pädagogik erst relativ spät eingeführt, und zwar in Zusammenhang mit der erziehungswissenschaftlich-pädagogischen Reflexion (vgl. Mollenhauer 1964). Vor diesem Hintergrund ist es schwierig, die Bildungsberatung historisch einzuordnen. Schiersmann differenziert hier zwischen der personenbezogenen und der organisationsbezogenen Beratung. Die Letztere stellt eine Qualifizierungsberatung speziell für Betriebe dar. Die personenbezogene Beratung lässt sich noch in weitere Bereiche unterteilen, und zwar in die Orientierungs- und die Weiterbildungsberatung, die Kompetenzentwicklungsberatung und die Lernberatung. Arnold und Mai untergliedern die Bildungsberatung in zwei Bereiche: die „Erwachsenen- und Weiterbildung in Orientierungsberatung, Kompetenzentwicklungsberatung, Laufbahnberatung und wiederum Lernberatung".

Giesecke entwirft ein Konzept von Beratung, das einen Gegensatz zu dieser Unterteilung bildet, und differenziert zwischen drei Beratungsformen: der informativen, situativen und der biografieorientierten Beratung.

» „Im ersten Fall benötigen die Ratsuchenden eine bestimmte Information, um eine Entscheidung zu treffen; die situative Beratung lässt sich darüber kennzeichnen, dass Ratsuchende zwar Klarheit darüber haben, welche Lebenssituationen mit der Beratung bearbeitet werden sollen, aber in der Beratung ist zu klären, ob und welche Weiterbildung die richtige Lösung in der konkreten Lebenssituation ist. In der Biografieorientierten ist dagegen auch das konkrete Beratungsproblem noch nicht hinreichend expliziert".

Ludwig grenzt die Termini Bildungsberatung und Lernberatung bewusst voneinander ab. Die Erstere ist ihm zufolge bildungspolitisch orientiert, da sie sowohl die Inklusion als auch die gesellschaftliche Teilhabe unterstützt. Ziel der Lernberatung ist es demgegenüber, Lernprozesse und -aktivitäten zu optimieren. Daneben weisen beide Konzepte aber auch Gemeinsamkeiten auf. Die Bildungsberatung betrachtet demnach bestimmte Handlungsproblematiken, die zu Lernproblematiken in Beziehung gesetzt werden müssen, um sie bearbeiten zu können. Dies führt dazu, dass eine Bildungsberatung implizit immer „die Möglichkeit von Lernberatung" (ebd., S. 134) mit einschließt.

2.2 Organisationsbegriffe im Kontext der berufs- und organisationsbezogenen Beratung

Die Frage, was eine Organisation ist, lässt sich nicht in aller Kürze beantworten. Vorhandene Definitionen greifen zu kurz und geben bestenfalls eine lückenhafte Antwort. An dieser Stelle kann und soll der Organisationsbegriff daher nicht in seiner vollständigen Komplexität dargestellt, sondern vielmehr ein kurzer Überblick über das Spektrum gegeben werden, das er umfasst.

Doch warum ist es für Beratende überhaupt wichtig, zu wissen, was eine Organisation ist?

Organisationen stellen in vielen Fällen zugleich Ratsuchendensysteme in der Beratung dar, die sich auf die Gebiete Bildung, Beruf und Beschäftigung beziehen. Werden die entsprechenden Ansätze und Methoden der Beratung interventionistisch genutzt, so basiert dies größtenteils darauf, dass das ratsuchende System organisationstheoretisch betrachtet wird. Um Beratung im organisationalen Kontext betrachten zu können, ist demnach zunächst festzulegen, auf welchem Organisationsverständnis diese Betrachtung basieren soll. ◘ Abb. 2.3 gibt eine erste grobe Übersicht, über die in der Untersuchung verwendeten Organisationsbegriffe. Diese werden im Nachfolgenden vertiefend dargestellt.

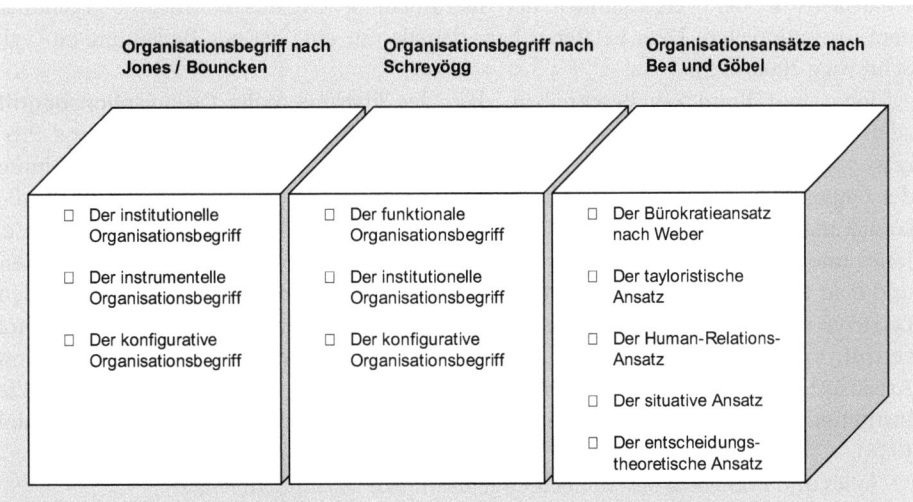

◘ Abb. 2.3   Die in der Untersuchung analysierten Organisationsbegriffe. (Eigene Abbildung)

2

2.2.1 Der Organisationsbegriff nach Jones und Bouncken

Zweifellos prägen Unternehmen unser heutiges Leben. Wir kaufen und konsumieren Produkte und Dienstleistungen, die uns von Unternehmen zur Verfügung gestellt werden. Zudem verdienen wir unser Geld in oder durch Unternehmen. Doch wie organisieren sich Organisationen überhaupt? Wie denken und urteilen wir über Organisationen? Dazu geben Jones und Bouncken folgende Antwort:

» „Meist denken Menschen nur dann über Organisationen nach, wenn dieselben in irgendeiner Art und Weise negativ auffallen, zum Beispiel wenn man dazu gezwungen wird, mehrere Stunden im Krankenhaus in der Notaufnahme zu sitzen, bis endlich ein Arzt kommt, wenn der neue Computer zusammenbricht oder wenn man am Freitagabend in einer langen Schlange in der Bank warten muss" (Jones und Bouncken 2008, S. 26 f.).

Für viele Menschen ist nicht nachvollziehbar, wie Organisationen angeordnet sind. Dies gilt besonders dann, wenn sie keinen Einblick in die Organisation haben. Doch auch, wenn ihnen dieser Einblick gewährt wird, beispielsweise, weil sie in der Organisation tätig sind, ist nicht sichergestellt, dass alle Abläufe in Organisationen transparent sind. Transparenz umfasst in diesem Zusammenhang nicht nur das Offenlegen reiner Arbeits- und Prozessabläufe, sondern zielt vielmehr darauf ab, den Mitarbeiterinnen und Mitarbeitern deren Sinnhaftigkeit zu vermitteln. Der „Sinn" umfasst dabei weitaus mehr als die bloße Produktion bestimmter Güter oder die Gewinnerzielung. Dennoch herrscht weithin die Annahme, dass Organisieren vor allem dadurch gekennzeichnet ist, dass Menschen Güter gezielt nutzen, um eine bestimmte Aufgabe zu erfüllen. Jones und Bouncken (2008) erläutern in diesem Zusammenhang das **institutionelle Organisationsverständnis,** dem zufolge es sich bei Organisationen um Systeme und Institutionen handelt. Dieses Konzept prägte in Deutschland lange Zeit die Organisationslehre (vgl. ebd., S. 27).

Hier lässt sich ein Widerspruch zum institutionellen Organisationsverständnis von Schreyögg erkennen. Schreyögg zufolge dominierte in der deutschen Betriebswirtschaftslehre in der Vergangenheit der instrumentelle Organisationsbegriff gegenüber dem institutionellen. Dem Letzteren kam damals nur eine geringe Bedeutung zu (vgl. Schreyögg 2000, S. 5).

Jones und Bouncken beschreiben, dass der **instrumentelle Organisationsbegriff** „den Blickwinkel des Organisators [einnimmt], des Gestalters der Strukturen und Prozesse von Organisationen" (Jones und Bouncken 2008, S. 27). Somit stellt die Gestaltung der Organisationen eine wesentliche Aufgabe der Führungskraft dar. So ermöglicht die Gestaltung der Organisation eine Führung in einer sehr wirkmächtigen Art und Weise. Jones und Bouncken (2008) differenzieren zusätzlich zwischen dem **instrumentellen** und dem **konfigurativen Organisationsbegriff** (vgl. Schreyögg 1999) und grenzen den Letzteren zudem von dem **instrumentellen Organisationsbegriff** ab, wie ihn etwa Kosiol vertritt. Kosiols Konzept umfasst „die dauerhafte Festlegung und Strukturierung von Arbeitsprozessen, die allen anderen Maßnahmen vorgelagert sind. Hierdurch erhält die Institution eine ganz besondere Form" (Jones und Bouncken 2008, S. 27 f.; vgl. Kosiol 1976).

Jones und Bouncken beschreiben Organisationen zusammenfassend

» „als Vehikel und Systeme [...], die genutzt werden, um arbeitsteilige Aktivitäten zu koordinieren und um etwas zu erzeugen, das Menschen gerne haben wollen oder wertschätzen. Organisationen werden letztlich eingesetzt, um Ziele zu erfüllen" (ebd., S. 28).

Folglich besteht ein wesentliches Merkmal von Organisationen darin, dass diese ihren Fortbestand in den Fokus rücken und absichern. Gleichzeitig sichern sie so das menschliche Bedürfnis nach Konsum, Produkten und Dienstleistungen ab. Das Überleben der Organisation als System ist dabei sehr eng mit den Organisationsfähigkeiten der Funktionsträger beziehungsweise der Führungskräfte in der Organisation verknüpft. Ausgangslage jeder Organisation sind Marktbedürfnisse, was dazu führt, dass sich Organisationen den Bedürfnissen und Veränderungen des Marktes kontinuierlich anpassen müssen. Die Entwicklung, Organisation, Evaluation und Kontrolle von Abläufen, Prozessen, Regelungen und Strukturen sowie der Umgang mit (Ohn-)Macht, Verantwortung, Druck und Ressourcen stellen wesentliche und kontinuierliche Aufgaben einer Organisation und von deren Mitgliedern dar.

2.2.2 Der Organisationsbegriff nach Schreyögg

In der heutigen Zeit gehört es zu den alltäglichen Erfahrungen, sich aktiv und passiv „mit Organisationen, dem Organisiertsein und dem Organisiertwerden" (Schreyögg 2000, S. 4) auseinanderzusetzen. Diese Erfahrungen sind zuweilen so selbstverständlich, „dass wir sie [...] gar nicht mehr als solche wahrnehmen" (ebd., S. 4). Weiterhin beschreibt Schreyögg, dass der Organisationsbegriff einer exakten Definition bedarf.

» „Dabei ist zu beachten, dass wir üblicherweise den Begriff Organisation in mindestens zwei Bedeutungen verwenden: Einerseits bezeichnen wir ganze Systeme so, wir sprechen von Unternehmen, Kirchen, Gewerkschaften, Schulen, Behörden, Vereinen usw. als Organisationen" (ebd., S. 4).

Entsprechend dem instrumentellen Konzept begreift Schreyögg die Organisation als Führungsinstrument, zu dessen Aufgaben es nicht zuletzt auch gehört, den Leistungsprozess zu lenken. Auf dieser Grundlage lässt sich der instrumentelle Organisationsbegriff weiter in den funktionalen und den konfigurativen Organisationsbegriff unterteilen (vgl. ebd., S. 5).

Hinsichtlich des funktionalen Organisationsverständnisses sind sich Schreyögg und Jones/Bouncken einig und beschreiben die Organisation als Instrument zur Unternehmensführung und Unternehmenssteuerung. Organisationen steuern sich jedoch nicht von selbst, sondern benötigen eine kontinuierliche Führung von außen, nicht zuletzt, um ihren Fortbestand zu sichern. Diese Sichtweise geht auf die klassische Managementlehre nach Gutenberg zurück (vgl. Schreyögg 2000, S. 5). Betriebliche Leistungsprozesse integrieren dabei verschiedene produktive Faktoren miteinander (vgl. ◳ Abb. 2.4).

» Dabei tritt neben den „drei Elementarfaktoren, die unmittelbar produktive Arbeitsleistung, die Betriebsmittel und die Werkstoffe, [...] als vierter der [sogenannte] dispositive Faktor [ein]" (Schreyögg 2000, S. 5). „Der dispositive Faktor beschreibt die Unternehmensführung oder allgemeiner das Management" (ebd., S. 5). Entsprechend

2

■ **Abb. 2.4**   Zwei Hauptfunktionen des betrieblichen Leistungsprozesses nach Gutenberg. (Eigene Abbildung)

soll die „Disposition […] der Kombination der Elementarfaktoren Richtung und Effektivität verleihen, indem sie quasi als Motor den gesamten betrieblichen Leistungsprozess durchdringt und steuert" (ebd., S. 5). Ferner setzt sich der „dispositive Faktor […] aus zwei Schichten zusammen, einer intuitiven, rational nicht erklärbaren Schicht und einer analytisch durchdringbaren, rationalen Schicht" (ebd., S. 5).

Diese rationalen Sichtweisen lassen sich nach zwei Hauptfunktionen ordnen:
1. Planung als Entwurf betrieblichen Handelns, dem bereits im Vorfeld Bedeutung zukommt, und
2. Vollzug als Umsetzung des Geplanten in die Wirklichkeit.

Gutenberg sieht das Ziel des Organisierens darin, dass sämtliche erforderlichen und geplanten organisationalen Schritte auch umgesetzt werden. Der Zieldefinition geht eine einhergehende Planung voraus, auf die dann wiederum die Organisation und Umsetzung der getroffenen Vereinbarungen und Beschlüsse folgt. Somit zählen zum funktionalen Organisationsbegriff nicht zuletzt auch die Erstellung und Umsetzung von Plänen.

Dieser instrumentellen Sichtweise steht die kosiolsche Organisationslehre gegenüber. Kosiol betrachtet die Organisation eher als Gerüst oder Skelett des Unternehmens.

》 „Durch die Struktur erhält die Unternehmung aufgrund eines bestimmten Bauplanes ihre besondere Gestalt, im wörtlichen Sinne wird sie geprägte Form, übergreifende Einheit, organische Ganzheit" (Kosiol 1976, S. 20).

Kontrastierend zum Gutenbergschen Organisationsbegriff fokussiert der kosiolsche ausschließlich die entsprechenden Regelungen innerhalb von Organisationen. So betrachtet Kosiol die individuelle Aufgabenstellung jedes Einzelnen als Ausgangspunkt aller organisatorischen Handlungen. Dieses Organisationsverständnis weist folglich eine gewisse Statik auf. Es zielt darauf ab, dem Produktions- und Leistungsprozess eine gewisse Stabilität und Ordnung zu verleihen. Dieser haltgebende Rahmen schränkt jedoch zugleich die Anpassungsfähigkeit und Flexibilität der Organisation ein (vgl. Schreyögg 2000, S. 8).

Im Kontrast dazu steht der institutionelle Organisationsbegriff, welcher die Organisation eher als umfassendes System versteht. Folgendes Beispiel verdeutlicht dies:

》 „Worin unterscheidet sich eine 50-köpfige Warteschlange am Fahrkartenschalter I des Kölner Hauptbahnhofs von einer Kölner Software-Firma mit 50 Mitarbeitern?

Warum sprechen wir im zweiten Fall von einer Organisation, nicht aber im ersten? Die markantesten Unterschiede sind, dass die Warteschlange kein gemeinsames Ziel verfolgt[20], ihre Aufgabe nicht gemeinsam nach bestimmten Absprachen erledigt und schlicht keine irgendwie geartete Beständigkeit aufweist. Diese Unterschiede kennzeichnen die drei Zentralelemente jedes institutionellen Organisationsbegriffs" (ebd., S. 9; vgl. March und Simon 1958, S. 1 ff.).

Folglich können Organisationen anhand von drei bedeutenden Faktoren charakterisiert werden:
1. spezifische Zweckorientierung,
2. geregelte Arbeitsteilung und
3. beständige Grenzen.

Anzumerken ist, dass die organisationalen Zwecke oft nicht mit den individuellen Zwecken der einzelnen Mitglieder übereinstimmen. Häufig nehmen Organisationsmitglieder eine utilitaristische Haltung ein, indem sie die organisationalen Zwecke erfüllen, um ihre eigenen Zwecke zu erfüllen. Nicht selten entstehen dabei Widersprüche. Ferner weisen Organisatoren Grenzen auf, die sie nach außen abgrenzen und somit den Innen- und den Außenbereich voneinander unterscheiden. Diese Grenzen sind essenziell für ein Unternehmen, um sein Überleben zu sichern.

Anhand der dargestellten Erläuterungen wird deutlich, dass der institutionelle Organisationsbegriff den instrumentellen nicht nur ergänzt, sondern auch Probleme aufzeigt, die durch den Letzteren außer Acht gelassen werden.

2.2.3 Der Organisationsbegriff nach Bea/Göbel

Ähnlich wie Schreyögg gliedern auch Bea und Göbel den Organisationsbegriff in den tätigkeitsorientierten, den instrumentellen und den institutionellen Organisationsbegriff (vgl. Bea und Göbel 1999, S. 3; Schreyögg 2000, S. 5 ff.). Da diese Begrifflichkeiten in den vorherigen Unterkapiteln bereits beschrieben wurden, soll an dieser Stelle die von Bea und Göbel formulierte Synthese des Organisationsbegriffs dargestellt werden. So definieren Bea und Göbel Organisationen als

» „eine Institution, in der eine abgrenzbare Gruppe von Personen[23] ein auf Dauer angelegtes Regelsystem planvoll geschaffen hat, um gemeinsame Ziele zu verfolgen und in dem Ordnung auch von selbst entstehen kann" (ebd., S. 6).

Folglich können Unternehmungen anhand dieser Merkmale charakterisiert und als Organisation identifiziert werden. Gleichzeitig hat diese Unternehmung

» „eine Organisation i.S. eines zielorientiert geschaffenen, auf Dauer angelegten Regelsystems[24]. Dieses instrumentelle Organisationsverständnis steht bei der betriebswirtschaftlichen Organisationslehre […] im Vordergrund" (ebd., S. 6). Letztlich sucht die „betriebswirtschaftliche Organisationsforschung […] nach empfehlenswerten bzw. effektiven praxisorientierten Organisationsmodellen" (ebd., S. 6), wobei sie berücksichtigen muss, „dass die Unternehmung als Institution aus Einzelpersonen besteht, den Spielern, wie North sagt, die Spielregeln auslegen und anwenden müssen" (ebd., S. 6).

2

Das entstandene Regelsystem lässt sich folglich auf die Organisation zurückführen. Die rationalen Entscheidungsprozesse des sogenannten Organisators prägen letztlich die optimale Unternehmensstruktur. Diese durch den Organisator bedingte Ordnung wird durch die von den Organisationsmitgliedern selbst geschaffene, formgebende Ordnung ergänzt.

Bea und Göbel geben einen Gesamtüberblick über eine schier unüberschaubare Anzahl organisationstheoretischer Ansätze. Daher ist es unerlässlich, sich auf einige dieser Ansätze zu beschränken. Hier soll daher nur eine Übersicht gegeben werden, die es dem Leser ermöglicht, sich auf diesem Gebiet zu orientieren. Diese Auswahl basiert auf folgenden Überlegungen: Zum einen soll sie sich auf diejenigen Theorien beschränken, die für die vorliegende Abhandlung am bedeutsamsten sind, und zum anderen deutlich machen, dass eine Vielzahl unterschiedlicher Basismaßnahmen und Methoden existieren. Aus diesem Grund konzentriert sie sich darauf, die entsprechenden Ansätze bzw. ihre Vertreter vorzustellen und das organisationelle Begriffsverständnis zu vermitteln.

2.2.3.1 Der Bürokratieansatz von Weber

Der sogenannte Bürokratieansatz geht auf Max Weber (1862–1920) zurück. Weber war an unterschiedlichen Universitäten als Professor für Nationalökonomie tätig. Trotz dieser eher ökonomischen Ausrichtung gilt er heute jedoch als Soziologe. Weber verbindet mit dem Organisationsbegriff hauptsächlich ein Instrument zur Ausübung von Macht und Autorität bzw. Herrschaft. Dabei versteht er Herrschaft

» „als die Chance, für Befehle bei einer angebbaren Gruppe von Menschen Gehorsam zu finden. Ein bestimmtes Maß an Bereitschaft zum Gehorchen bei den Beherrschten gehört zu jedem echten Verhältnis" (ebd., S. 47).

Dieser durchaus angreifbare Herrschaftsanspruch gilt dann als legitimiert, wenn er als begründet und rechtens anerkannt wird. Entsprechend dieser Auffassung von Legitimität differenziert Weber zwischen vier verschiedenen Formen der Herrschaft:
- der legalen Herrschaft (Bürokratie),
- der traditionellen Herrschaft und
- der charismatischen Herrschaft.

Ihm zufolge stellt die bürokratische Organisation somit ein Instrumentarium dar, das dazu dient, die entsprechende Form der Herrschaft zu realisieren (vgl. ❏ Tab. 2.1).

2.2.3.2 Der tayloristische Ansatz

Winslow Taylor (1856 – 1915) begründete als Ingenieur und später als Berater in stahlverarbeitenden Unternehmen den sogenannten tayloristischen Ansatz. Dieses Konzept beschreibt den Organisationsbegriff als systematische wissenschaftliche Betriebsführung (das sogenannte scientific management), wobei diese

» „über das hinaus[geht], was man heute normalerweise zum Bereich der Organisation zählt" (ebd., S. 59). Entsprechend gehört die „systematische Auslese guter Arbeiter und die Gestaltung der Entlohnungssysteme [...] ebenso zu Taylors System, wie die starke Spezialisierung und die ausgeprägte Formalisierung" (ebd., S. 59).

Taylor verfolgte zudem das Ziel, Organisationen, Teams und Menschen sowie Maschinen Konstanz zu verleihen und sie zu strukturieren (vgl. ❏ Tab. 2.2). Dieses Maschinendenken

◼ **Tab. 2.1** Der Bürokratieansatz nach Max Weber. (Vgl. Bea und Göbel 1999, S. 46; Weber 1921)

Vertreter	Quellen	Metapher
Max Weber (1864–1920)	Hauptwerk: Max Weber: Wirtschaft und Gesellschaft (1921)	Die Organisation kann verstanden werden als Maschine, Apparat, Herrschaftsinstrument
Organisationsbegriff:		
Institutionell	Instrumentell	Tätigkeitsorientiert
Die Organisation „Unternehmung" ist eine Form legitimer Herrschaft	Die Organisation, die eine Unternehmung hat, soll Herrschaft sichern und legitimieren	Ordnung in der Unternehmung entsteht durch eine rationale Satzung
Menschenbild	Bevorzugte Methoden	Aktuelle Bedeutung
Der Mensch handelt zweckrational, wertrational, gefühlsmäßig und gewohnheitsmäßig	Bildung von Idealtypen; erklärendes Verstehen: induktives, hypothetisch-deduktives und hermeneutisches Vorgehen werden gemischt	1. Sicherung von Herrschaft (Führung) 2. Bildung von Idealtypen 3. Merkmale zur Beschreibung einer Struktur 4. Strukturtyp „Bürokratie"

◼ **Tab. 2.2** Der tayloristische Ansatz. (Vgl. Bea und Göbel 1999, S. 58; F. W. Taylor 1913)

Vertreter	Quellen	Metapher
F. W. Taylor (1856–1915)	Hauptwerke: F. W. Taylor: Shop Management, 1903; derselbe: The Principles of Scientific Management, 1911	Die Organisation wird als Maschine verstanden
Organisationsbegriff:		
Institutionell	Instrumentell	Tätigkeitsorientiert
Die Organisation „Unternehmung" ist ein Aufgabenerfüllungs-system	Die Organisation, die eine Unternehmung hat, soll für eine effiziente (ressourcensparende) Aufgabenerfüllung sorgen	Ordnung in der Unternehmung entsteht durch eine wissenschaftlich fundierte Konstruktion
Menschenbild	Bevorzugte Methoden	Aktuelle Bedeutung
Der Mensch (Arbeiter) ist leistungsunwillig und egoistisch. Er ist nur über Geld zu motivieren	Induktion, empirische Forschung durch systematische Beobachtung, Experiment	• Optimierung von Arbeitsvorgängen • Fließbandproduktion • Eignungsdiagnostik bei Mitarbeitern • Verlagerung von „Kopfarbeit" auf spezielle Stellen (Stäbe)

2

findet nicht zuletzt darin Ausdruck, dass er die Leistung von Organisationsmitgliedern in „PS" maß (vgl. Taylor 1913, S. 61).

2.2.3.3 Der Human-Relations-Ansatz

Der Human-Relations-Ansatz gründet auf verschiedenen empirischen Untersuchungen, die sich über mehrere Jahre erstreckten, sowie auf den Hawthorne-Werken der Western Electric Company in Chicago. Aus den sogenannten Hawthorne-Studien entwickelte sich der Human-Relations-Ansatz. Roethlisberger und Dickson verstehen Organisationen als soziale Systeme, deren Ziel nach ihrer Auffassung darin besteht, dass die Menschen im Rahmen einer täglichen Interaktion bestimmte Formen und Muster von Beziehungen ausbilden.

》 „These patterns of relations, together with the objects which symbolize them, constitute the social organization of the industrial enterprise" (Roethlisberger und Dickson 1966, S. 554).

Gleichzeitig stellt die Organisation ein humanes System dar. Bei den Organisationsmitgliedern handelt es sich folglich um Individuen, die über verschiedene Sozialisationen und somit Werte und Regeln verfügen. Ferner ist eine Organisation ein formales System, welches von Regeln und Vorschriften geprägt wird. Entsprechend betrachten Roethlisberger und Dickson sie als vereinendes System und „als eine Institution, in der Menschen nach bestimmten Regeln auf ein bestimmtes Ziel hin interagieren" (Bea und Göbel 1999, S. 68; vgl ❏ Tab. 2.3).

❏ **Tab. 2.3** Der Human-Relations-Ansatz. (Vgl. Bea und Göbel 1999, S. 67; Roethlisberger und Dickson 1966)

Vertreter	Quellen	Metapher
F. J. Roethlisberger W. J. Dickson E. Mayo	Hawthorne-Studien 1924–1932 Roethlisberger/Dickson: Management and the Worker, 1.A., 1939, 14. A., 1966	Die Organisation wird als Organismus verstanden
Organisationsbegriff:		
Institutionell	Instrumentell	Tätigkeitsorientiert
Die Organisation „Unternehmung" ist ein soziales, humanes und formales, zielorientiertes System	Die Organisation, die eine Unternehmung hat, soll ökonomische Effizienz und Mitarbeiterzufrieden-heit bewirken	Ordnung in der Unternehmung entsteht durch rationale Fremdorganisation und informale Organisation
Menschenbild	Bevorzugte Methoden	Aktuelle Bedeutung
Der Mensch ist ein soziales Wesen mit individuellen Werten, Gefühlen und Erfahrungen. Sein Verhalten hängt von vielen Einflüssen gleichzeitig ab	Induktives und hypo-thetisch-deduktives Vorgehen; empirische Forschung durch Experiment, Beobachtung und Tiefeninterviews	5. Informale Organisation 6. Zusammenhang von Arbeitszufriedenheit und Leistung 7. Soziotechnischer Strukturtyp

2.2.3.4 **Der situative Ansatz**

Der situative Ansatz ermittelt anhand empirischer Forschung Unterschiede zwischen den Organisationsstrukturen verschiedener Unternehmen, indem er Unterschiede in deren Kontext identifiziert. Es wird also beobachtet, inwieweit bestimmte organisationale Situations- und Strukturmerkmale in einem bestimmten Zusammenhang auftreten. Entsprechend wird hier auch vom Kontingenzansatz gesprochen. Aus solchen Befunden wird abgeleitet, wie Strukturen und Situationen passgenau zusammengefügt werden können. Der sich daraus ergebende „Fit" steigert die Effizienz des Unternehmens. Der situative Ansatz ist in seiner konkreten Ausgestaltung sehr breit gefächert, sodass im Plural von Situationsansätzen gesprochen werden sollte.

Im situativen Ansatz findet dabei ausnahmslos der institutionelle Organisationsbegriff Anwendung. Im institutionellen Sinne wird die Organisation im Kontext des situativen Ansatzes auch als (welt-)offenes System beschrieben. Diese Weltoffenheit grenzt den situativen Ansatz deutlich von älteren organisationstheoretischen Ansätzen ab (vgl. ◘ Tab. 2.4).

2.2.3.5 **Der entscheidungstheoretische Ansatz**

Die zuvor aufgeführten Ansätze zielen auf die Leistungssteigerung der Organisation ab.

Bei den zuvor genannten Ansätzen steht der Leistungsvollzug einer Organisation im Vordergrund. So verlangt das Sachziel der Unternehmung, unterschiedliche

◘ **Tab. 2.4** Der situative Ansatz. (Vgl. Bea und Göbel 1999, S. 88)

Vertreter	Quellen	Metapher
T. Burns und G. M. Stalker P. R. Lawrence und J. W. Lorsch Joan Woodward A. D. Chandler	T. Burns und G. M. Stalker: The Management of Innovation, 1961; P. R. Lawrence und J. W. Lorsch: Organization und Environment, 1967 A. D. Chandler: Strategy and Structure 1962	Die Organisation wird als Organismus, zugleich aber auch als Maschine verstanden
Organisationsbegriff:		
Institutionell	Instrumentell	Tätigkeitsorientiert
Die Organisation „Unternehmung" ist ein soziales und formales, zielorientiertes, offenes System	Die Organisation einer Unternehmung soll das Verhalten ihrer Mitglieder zielorientiert steuern	Ordnung in der Unternehmung entsteht durch die rationale Wahl einer situativ passenden Konfiguration
Menschenbild	Bevorzugte Methoden	Aktuelle Bedeutung
Der Mensch ist umweltoffen und lernfähig. Das Verhalten wird von der Struktur (entscheidend) beeinflusst	Induktives und hypothetisch-deduktives Vorgehen; vergleichende empirische Organisationsforschung durch: strukturierte Befragungen, Dokumentenanalyse, Korrelationsanalyse, Typenbildung	8. Idee der Abstimmung von Organisation und externen und internen Situationsfaktoren (Fit-Hypothese) 9. Bildung von Konfigurationstypen

2

Tätigkeiten innerhalb einer Einrichtung miteinander zu koordinieren. Der entscheidungstheoretische Ansatz betrachtet dagegen Entscheidungsprozesse als zentralen Ausgangspunkt der Organisationsanalyse. In Organisationen werden laufend Entscheidungen getroffen. In diesem Zusammenhang können zwei entscheidungstheoretische Ansätze identifiziert werden:

━ der entscheidungslogische Ansatz und
━ der entscheidungsprozessorientierte Ansatz.

Der entscheidungslogische Ansatz strebt danach, Entscheidungsprozesse zu verbessern, und entspricht eher der normativen Entscheidungstheorie. Der entscheidungsprozessorientierte Ansatz zielt dagegen eher darauf ab, „deskriptive Entscheidungsprozesse [zu] beschreiben" (ebd., S. 106). Der entscheidungstheoretische Ansatz wiederum beschreibt drei Organisationsbegriffe: den institutionellen, den instrumentellen und den tätigkeitsorientierten Organisationsbegriff. Der institutionelle Organisationsbegriff geht davon aus, dass eine moderne Unternehmung laufend Entscheidungen treffen muss. Cyert und March (1995) differenzieren diese herkömmlichen Interpretationen der Unternehmung unter dem Aspekt, dass organisationale Ziele, Informationen oder Erwartungen in einem komplexen und subjektiven Auswahlverfahren festgelegt werden. So ist die Organisation eine Koalition von Individuen, die ihre eigenen Bedürfnisse und subjektiven Erfahrungen in die Entscheidung einfließen lassen.

Die Entscheidungstheorie geht auch der Frage nach, wie die Organisation bzw. die Organisationsstruktur Entscheidungen beeinflusst. So wird über die Organisationsstruktur Autorität zugeteilt, durch die Informationen gesteuert und Erwartungen sowie Anforderungen vorgegeben. Demnach dominiert eine Orientierung im entscheidungslogischen Ansatz:

» „Das Problem der organisatorischen Gestaltung besteht demnach im Kern darin, die Entscheidungen von Organisationsmitgliedern `zielorientiert zu` steuern" (ebd., S. 107; vgl. Laux und Liermann 1997, S. 2).

Organisation wird im tätigkeitsorientierten Sinn als Entscheidungsprozess verstanden. Dies bedeutet:

» „Ein Organisator wählt aus verschiedenen Strukturalternativen zielorientiert die optimale aus. Die Güte einer Strukturalternative wird daran gemessen, wie `ihre Auswirkungen auf das Entscheidungsverhalten der` Organisationsmitglieder eingeschätzt werden" (ebd., S. 107 f.).

Letztlich führen dabei optimale Objektentscheidungen der Organisationsmitglieder zum organisationalen Erfolg (vgl. ◼ Tab. 2.5).

□ Tab. 2.5 Der entscheidungstheoretische Ansatz. (Vgl. Bea und Göbel 1999, S. 105)		
Vertreter	**Quellen**	**Metapher**
Entscheidungslogi-scher Ansatz: J. Marschak H. Hau H. Laux und F. Liermann	J. Marschak: Elements for a Theory of Teams (1955); H. Hau: Die Koordination von Entscheidungen (1965); H. Laux und F. Liermann: Grundlagen der Organisation, 4. A. 1997	Die Organisation wird mit einem Gehirn, einem politischen System, einem Mülleimer und einem Tempel verglichen
Entscheidungsprozess-orientierter Ansatz: H. A. Simon R- M. Cyert und J. G. March	H. A. Simon: Administrative Behavior (1945); R- M. Cyert und J. G. March: A Behavioral Theory of the Firm (1963); J. G. March: Ent-scheidung und Organisation (1990)	Die Organisation wird mit einem Gehirn, einem politischen System, einem Mülleimer und einem Tempel verglichen
Menschenbild	**Bevorzugte Methoden**	**Aktuelle Bedeutung**
Menschen sind selbst-interessiert, begrenzt rational und individuell verschieden	Induktion; Modellanalyse; empirische Forschung durch Befragung, Beobachtung, Dokumentenanalyse sowie Experimente	10. Problem divergierender Interessen in der Organisation 11. Bedeutung organisationa-len Lernens
Organisationsbegriff:		
Institutionell	**Instrumentell**	**Tätigkeitsorientiert**
Die Organisation „Unter-nehmung" ist eine Koalition von Individuen mit eigenen Interessen	Die Organisation, über die eine Unternehmung verfügt, soll die Objektentscheidungen der Organisationsmitglie-der ziel-orientiert steuern	Ordnung in der Unter-nehmung entsteht durch eine Entscheidung zwischen Organisationsalternativen

Literatur

American Psychology Association. (2008). *Handbook of counseling psychology.* Washington: APA Handbooks in Psychology.

Bea, F. X., & Göbel, E. (1999). *Organisation.* München: UTB.

Cedefop – Europäisches Zentrum für die Förderung der Berufsbildung. (2004).

Cyert, R. M., & March, J. M. (1995). *Eine verhaltenswissenschaftliche Theorie der Unternehmung.* Stuttgart: Schäffer-Poeschel.

Fröhlich, W. D. (1994). Beratung. In W. D. Fröhlich (Hrsg.), *dtv-Wörterbuch zur Psychologie.* München: dtv.

Gelso, C., & Fretz, B. R. (2000). Career psychology: Milestone and new frontiers. In C. Gelso & B. R. Fretz (Hrsg.), *Counseling psychology* (S. 435–512). Fort Worth: Wadsworth Publ.

Haken, H., & Schiepek, G. (2010). *Synergetik in der Psychologie. Selbstorganisation verstehen und gestalten.* Göttingen: Hogrefe.

Hammerer, M., Kanelutti, E., & Melter, I. (2011a). *Zukunftsfeld Bildungs- und Berufsberatung – Neue Entwicklungen aus Wissenschaft und Praxis.* Bielefeld: Bertelsmann.

2

Hammerer, M., Kanelutti-Chilas, E., & Melter, I. (2011b). *Zukunftsfeld Bildungs- und Berufsberatung II – Das Gemeinsame in der Differenz finden.* Bielefeld: Bertelsmann.

Herr, E. L., & Cramer, S. H. (1996). *Career guidance and counseling through the lifespan.* New York: Harper Collins.

Jones, G. R., & Bouncken, R. B. (2008). *Organisation: Theorie, Design, Wandel.* München: Pearson.

Kosiol, E. (1976). *Pagatorische Bilanz: Die Bewegungsbilanz als Grundlage einer integrativ verbundenen Erfolgs-, Bestands- und Finanzrechnung.* Berlin: Duncker & Humblot.

Laux, H., & Liermann, F. (1997). *Grundlagen der Organisation. Die Steuerung von Entscheidungen als Grundproblem des Betriebswirtschaftslehre.* Berlin: Springer.

Luhmann, N. (2011). *Organisation und Entscheidung.* Wiesbaden: VS Verlag.

March, J., & Simon, H. (1958). *Organizations.* New York: Wiley.

Mollenhauer, K. (1964). Gesellschaft in pädagogischer Sicht. In H. H. Groothoff (Hrsg.), *Das Fischer Lexikon Pädagogik* (S. 102–112). Frankfurt a. M.: Fischer.

Organisation für wirtschaftliche Zusammenarbeit und Entwicklung. (2004). ► http://bequ-konzept.beratungsqualitaet.net/qualitaetsentwicklungsrahmen/.

Rat der Europäischen Union. (2004). ► https://eur-lex.europa.eu/legal-content/DE/TXT/?uri=LEGIS-SUM%3Ac11008a.

Roethlisberger, F. J., & Dickson, W. J. (1966). *Management and the worker: An account of a research program conducted by the Western Electric Company, Hawthorne Works.* Cambridge: Harvard University Press.

Schiepek, G., Eckert, H., & Kravanja, B. (2013). *Grundlagen systemischer Therapie und Beratung.* Göttingen: Hogrefe.

Schiersmann, C., & Weber, P. (2016). Beratung als Gegenstand von Studiengängen. In W. Gieseke & D. Nittel (Hrsg.), *Handbuch Pädagogische Beratung über die Lebensspanne* (S. 818–827). Weinheim: Beltz.

Schreyögg, G. (1999). *Organisation: Grundlagen moderner Organisationsgestaltung.* Wiesbaden: Gabler.

Schreyögg, G. (2000). *Funktionswandel im Management: Wege jenseits der Ordnung.* Berlin: Duncker & Humblot.

Schwing, R., & Fryszer, A. (2006). *Systematisches handwerk.* Göttingen: Vandenhoeck & Ruprecht.

Sickendiek, U., Engel, F., & Nestmann, F. (2008). *Beratung – Eine Einführung in sozialpädagogische und psychosoziale Beratungsansätze.* Weinheim: Juventa.

Simon, B. (2007). *Macht: Zwischen aktiver Gestaltung und Missbrauch.* Göttingen: Hogrefe.

Stegmüller, W. (1973). *Probleme und Resultate der Wissenschaftstheorie und analytischen Philosophie: Theorie und Erfahrung. Theorienstrukturen und Theoriendynamik.* Heidelberg: Springer.

Super, D. E. (1980). A life-span, life-space approach to career development. *Journal of Vocational Behavior, 16,* 282–298.

Super, D. E. (1988). Vocational adjustment: Implementing a self-concept. *Career Development Quarterly, 36,* 351–357.

Super, D. E. (1990). A life-span, life-space approach to career development. In D. Brown, L. Brooks, & Associates (Hrsg.), *Career choice and development* (S. 197–261). San Francisco: Jossey-Bass.

Taylor, F. W. (1913). *Die Grundsätze der wissenschaftlichen Betriebsführung.* Weinheim: Volpert.

Thiersch, H. (1992). *Lebensweltorientierte Soziale Arbeit: Aufgaben der Praxis im sozialen Wandel.* Weinheim: Beltz.

Von Schlippe, A., & Schweitzer, J. (2012). *Lehrbuch der systemischen Therapie und Beratung I.* Göttingen: Vandenhoeck & Ruprecht.

Weber, M. (1921). *Die Wirtschaft und die gesellschaftlichen Ordnungen und Mächte.* Tübingen: Mohr.

Westmeyer, H. (1979). Die rationale Rekonstruktion einiger Aspekte psychologischer Praxis. In H. Albert & K. H. Stapf (Hrsg.), *Theorie und Erfahrung* (S. 108–132). Stuttgart: Klett.

Objekttheorien der berufs- und organisationsbezogenen Beratung

© Springer Fachmedien Wiesbaden GmbH, ein Teil von Springer Nature 2019
A. Niggemeier, *Die Ausbildung zum Berater,* https://doi.org/10.1007/978-3-658-25767-5_3

Wenn man Menschen zu den Themenfeldern Beruf und Organisation professionell beraten und sie dabei über einen längeren Zeitraum unterstützen möchte, evtl. sogar ihr ganzes Leben lang, oder wenn man entsprechende Curricula entwerfen möchte, ist es unverzichtbar, sich zuvor mit den relevante Theorien zu dieser Thematik zu befassen (vgl. Ertelt 2013, S. 3).

» Es ist dabei davon auszugehen, „dass sich alle Berater […] bei der Unterstützung […] [von ratsuchenden Menschen und Systemen] implizit oder explizit von Theorien oder Verhaltensmodellen leiten lassen. Dabei gehen Gefahren sowohl von einer zu rigiden Theoriebindung als auch von einem unsystematischen Eklektizismus aus" (ebd., S. 3; vgl. Müller 2012, S. 222 ff.).

Um zu erreichen, dass die objektiven und wissenschaftlichen Theorien von ihrer Struktur her vergleichbar sind, ist sowohl Objektwissen als auch operatives Wissen unerlässlich. Daher sollen im vorliegenden Kapitel (▶ Kap. 4) zunächst wichtige Modelle und Ansätze des Objektwissens vermittelt werden, das für die vorliegende Arbeit relevant ist, und im zweiten Schritt wesentliche Grundlagen des operativen Wissens (▶ Kap. 5). Dies geschieht durch die Erschließung konkreter Analysekriterien, auf deren Basis anschließend Oberkategorien gebildet werden. Vor diesem Hintergrund wird dann der Frage nachgegangen, ob und inwiefern die hier betrachteten Curricula beratungsrelevantes Objektwissen und operatives Wissen mit einbeziehen.

Da sowohl die Ratsuchendensysteme als auch die Problemfelder, zu denen sie Beratung benötigen, sehr komplex sind, sind entsprechende Beratungstheorien und -ansätze erforderlich, die diese Komplexität bewältigen können.

» So ist „unsere Gesellschaft […] durch raschen Wandel geprägt. Personen wie Organisationen sind mit Unsicherheit, Unvorhersagbarkeit, Vieldeutigkeit und Paradoxien bei der Gestaltung der individuellen beziehungsweise organisationalen Zukunft konfrontiert" (Schiersmann et al. 2015, S. 7).

Objekttheorien beziehen sich auf bestimmte Phänomene und Aspekte, mit denen der Ratsuchende unmittelbar konfrontiert wird, und konzentrieren sich dabei vor allem auf den Zusammenhang zwischen einem Sachverhalt und seiner Ursache. Daraus resultiert die folgende Gleichung: „Wenn ein Ereignis U eintritt, dann ist es wahrscheinlich, dass auch ein Ereignis S eintritt" (Hofer 2015, S. 137).

Auf diese Weise lassen sich anhand des Objektwissens das Problem klar benennen und seine Ursachen aufdecken.

In inhaltlicher Hinsicht basiert das Objektwissen auf Ansätzen und Theorien, die sich mit Lernen, Motivation und Entwicklungspsychologie befassen. Im Folgenden werden fünf Theorien beschrieben, die im Kontext der berufs- und organisationsbezogenen Beratung als Objektwissen fungieren und dabei dazu beitragen können, das Problem einzugrenzen, seine Ursachen zu klären und eine Lösung zu finden.

Das Objektwissen ist eine unabdingbare Voraussetzung, damit das operative Wissen erweitert und instrumentalisiert werden kann. Im nächsten Schritt lassen sich dann operative Ansätze, Methodiken und Gegenstandstheorien ableiten (vgl. ▶ Kap. 5). In diesem Zusammenhang spielt die Synergetik eine besondere Rolle, die als Theorie der Selbstorganisation (vgl. ▶ Abschn. 4.1) zu verstehen ist. Sie betrachtet besonders Veränderungen, und zwar insbesondere die Entstehung oder Veränderung von Mustern und Regeln, die sich auf den Bereich der Organisation, der Persönlichkeit oder der Kultur beziehen. So wird z. B. untersucht, wie die Situation eines Ratsuchenden in einem Beratungsprozess sich auf psychisch-kognitiver Ebene von einem Zustand der Unordnung zu einem Zustand der Ordnung wandelt, indem die Ursachen für das bestehende Problem aufgedeckt werden. In ▶ Abschn. 4.4 wird in diesem Kontext ergänzend die Trait-and-Factor-Beratung betrachtet. ▶ Abschn. 4.2 befasst sich mit der Entscheidungstheorie und setzt sie ebenfalls gezielt in den Kontext der berufs- und organisationsbezogenen Beratung. Die Entscheidungstheorie stellt den nächsten Schritt dar, nachdem die Ursache des bestehenden Problems bestimmt wurde. Damit steht auch sie in Beziehung zum Objektwissen bzw. diagnostischen Wissen. Eine konkrete Methode, die es ermöglicht, Entscheidungen im beruflichen und organisationalen Beratungskontext zu treffen, stellt das integrative Modell von Ertelt und Schulz (2015) dar, das in ▶ Abschn. 4.5 erörtert wird. In ▶ Abschn. 4.3 wird die Führungstheorie betrachtet, die die Möglichkeit bietet, Handlungswege aufzuzeigen, die sich im Kontext von beruflichen und organisationalen Problemen ergeben können und die Grundlage für eine effektive Lösungsfindung darstellen.

3.1 Die Nutzung der Theorie der Selbstorganisation zur Initiierung komplexer Problemlöseprozesse

Nachfolgend werden zwei systemische Metatheorien beschrieben, die sich in vielen systemischen Beratungsansätzen wiederfinden. In einem ersten Schritt wird die sogenannte Problemlösetheorie dargestellt, die insbesondere im Kontext des Phasenmodells genutzt wird, um komplexe Beratungssituationen zu bearbeiten (vgl. Schiersmann und Thiel 2012, S. 55). Anschließend wird die Synergetik als Theorie der Selbstorganisation dargestellt. Aus den systemisch miteinander verbundenen Bezugstheorien lassen sich zudem die so genannten generischen Wirkprinzipien (gP's) ableiten. Diese Aspekte lassen sich letztlich in ein systemisches synergetisches Prozessmanagement-Modell übertragen, das nachfolgend beschrieben wird (vgl. auch ◘ Abb. 3.3).

3.1.1 Komplexes Problemlösen in der Beratung

Ein entscheidender Unterschied zwischen der professionellen und der nicht-professionellen Beratung besteht darin, dass bei der professionell ausgeübten Beratung die inhaltlichen und zeitbezogenen Aspekte des entsprechenden Prozesses, die relativ komplex sind, heuristisch strukturiert werden. Die jeweiligen Phasen werden in den Konzepten in unterschiedlichem Ausmaß mithilfe eines Schemas voneinander abgegrenzt (vgl. Schiersmann et al. 2015, S. 16; Thiel 2003; Borg-Laufs 2004, S. 139, 634 ff.; König und Vollmer 2012, S. 67 ff.; Bamberger 2010, S. 63 ff.). Obwohl Beratungsprozesse meist sehr komplex und in der Regel nicht linear sind, ist es doch hilfreich, den Veränderungs- und Beratungsprozess anhand eines Phasenschemas einzuschätzen, denn dadurch erhält man einen guten inhaltlichen Überblick, wodurch zugleich Transparenz gewährleistet ist. Zudem lässt sich auf diese Weise die Komplexität verringern. Da ein Beratungsprozess immer auch mit einer gewissen Unsicherheit verbunden ist, ist die Sicherheit, die ein Phasenmodell vermittelt, dabei sehr von Vorteil. Hier ergibt sich die Frage, worin sich diese Unsicherheit im Beratungsprozess konkret äußert. Die Kognitionspsychologie kann hierauf eine Antwort geben. Demnach weisen komplexe, unbestimmte Situationen folgende Merkmale auf (vgl. ◘ Abb. 3.1).

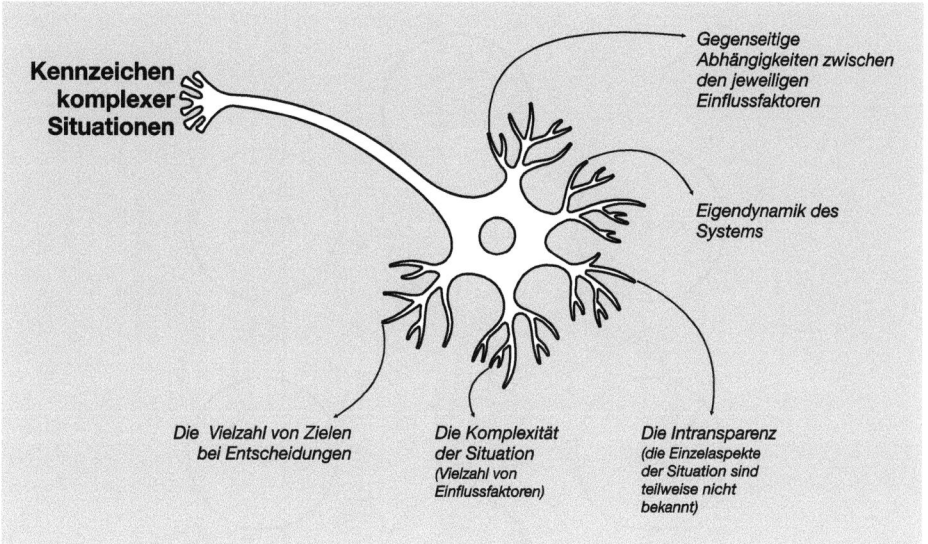

Abb. 3.1   Kennzeichen komplexer Situationen. (Eigene Abbildung in Anlehnung an Schiepek et al. 1997)

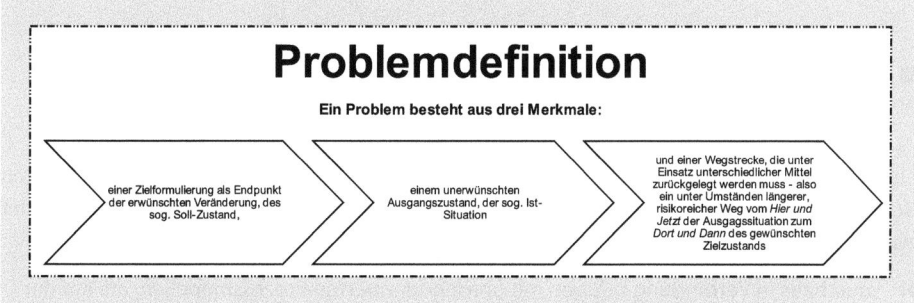

Abb. 3.2   Die drei Merkmale von Problemen. (Eigene Abbildung in Anlehnung an Dörner 1976)

Daraus lässt sich schließen, dass Beratung sich vor allem mit komplexen Problemen befasst und dabei nach einer Lösung sucht. Hier ist jedoch zu fragen, was genau unter einem Problem zu verstehen ist. Dies ist vor allem deshalb wichtig, weil Beratung eine klare Definition des Problembegriffs braucht, um eine Lösung zu entwickeln. Dörner (1976) schreibt Problemen drei Merkmale zu (vgl. Abb. 3.2).

Im Zusammenhang mit Organisationen bietet es sich an, die Theorie heranzuziehen, die die Synergetik als Wissenschaft von der Selbstorganisation definiert, um daraus eine allgemeine Beratungstheorie abzuleiten, die sich speziell auf die Organisationsentwicklung bezieht. Eine solche Theorie ist unabhängig von konkreten Richtungen der Beratung und Therapie und muss sich auch nicht ausschließlich auf die Arbeitswelt beziehen, sondern kann auch Beratung in anderen Lebensbereichen miteinschließen.

Auf Basis dieser Theorie zur Synergie entwarfen Haken und Schiepek die sogenannten generischen bzw. selbstfördernden Prinzipien. Dabei wird Beratung so verstanden, dass sie die Selbstorganisation unterstützt (vgl. Abb. 3.3). Zugleich liefern sie

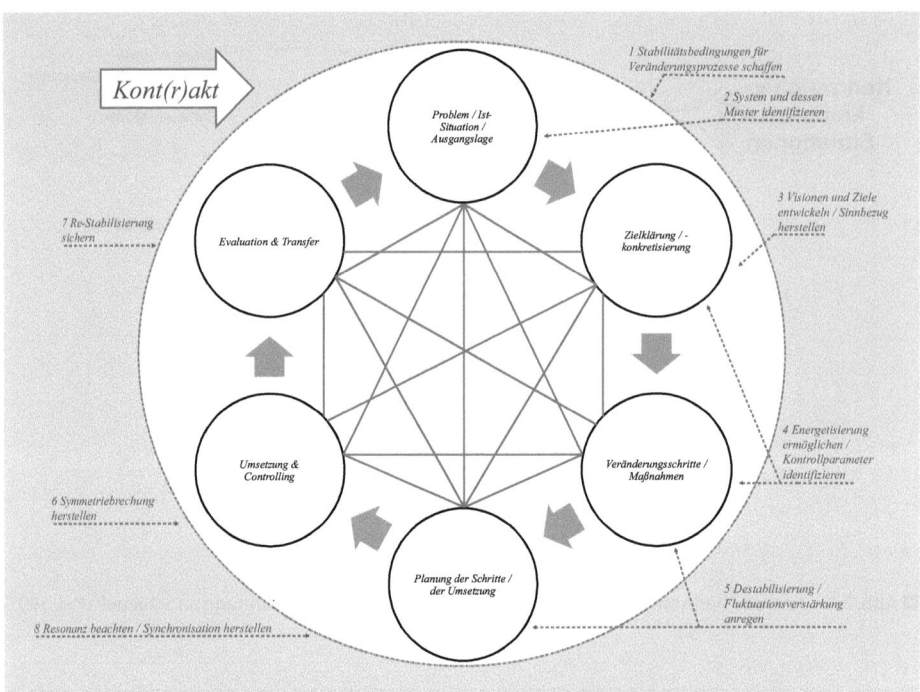

Kont(r)akt

1 Stabilitätsbedingungen für Veränderungsprozesse schaffen

2 System und dessen Muster identifizieren

Problem / Ist- Situation / Ausgangslage

3 Visionen und Ziele entwickeln / Sinnbezug herstellen

Zielklärung / - konkretisierung

7 Re-Stabilisierung sichern

Evaluation & Transfer

4 Energetisierung ermöglichen / Kontrollparameter identifizieren

Umsetzung & Controlling

Veränderungsschritte / Maßnahmen

6 Symmetriebrechung herstellen

Planung der Schritte / der Umsetzung

5 Destabilisierung / Fluktuationsverstärkung anregen

8 Resonanz beachten / Synchronisation herstellen

◘ Abb. 3.3   Verknüpfung des Phasenmodells mit generischen Prinzipien. (Eigene Abbildung in Anlehnung an Schiersmann und Thiel 2014, S. 84)

einen Grund dafür, dass es hilfreich ist, Methoden aus unterschiedlichen Strömungen der Beratung zu nutzen, um einen Beratungsprozess zu gestalten. Zudem lässt sich der Ansatz der Synergetik

» „durchaus in Verbindung bringen mit phasenorientierten Prozessmodellen, die auf der Problemlösepsychologie basieren –auch wenn die Vertreter der Synergetik diesen eher kritisch gegenüberstehen" (Schiersmann und Thiel 2012, S. 15).

Vorteilhaft ist ein solcher Ansatz nicht zuletzt auch deshalb, weil er sowohl den Berate-rInnen als auch den Ratsuchenden einen Eindruck davon vermittelt, wie die Beratung ablaufen kann. Dies kann ihnen dabei helfen, den Beratungsprozess strukturell zu ver-einfachen, sodass er sich leichter bewältigen lässt.

» Eine Kombination dieser „aus verschiedenen Wissenschaftstraditionen stammenden Ansätze (…) für eine Beratungstheorie […] erscheint zumindest dann vertretbar, wenn das Phasenmodell nicht linear konzipiert, sondern systemisch akzentuiert ist" (ebd., S. 15 f.).

3.1.2 Synergetik als metatheoretische Interventionsmethode in der organisationalen Beratung

„Die Synergetik erklärt und erforscht das, was uns als […] Berater im Innersten bewegt: Wie ist Veränderung möglich, was ist dazu notwendig, und warum ist es oft so schwer, manchmal aber auch ganz leicht und mühelos, menschliche Systeme – ihr Denken,

Verhalten, ihre Emotionen und ihre Kommunikation – zu verändern? Mit anderen Worten: Synergetik liefert eine Metatheorie und ein Forschungsprogramm für das Verständnis von [...] [Beratung], und der Begriff der Selbstorganisation komplexer Systeme spielt dabei eine zentrale Rolle" (Schiepek et al. 2013, S. 30).

Die Synergetik erklärt also, warum bestimmte Muster nicht dadurch gestaltet werden können, dass komplexe nichtlineare Systeme bewusst beeinflusst und verändert werden. Selbstorganisation setzt voraus, dass das System, das sich organisieren soll, aus mehreren Teilen besteht. Dies ist beispielsweise bei einer Flüssigkeit der Fall, die aus Molekülen besteht, oder beim Gehirn, in dem Neuronen miteinander verbunden sind, aber auch in einem sozialen System, in dem es um Kooperationsfähigkeit und Problemlösen geht. Damit es zu einer Selbstorganisation kommt, müssen die einzelnen Teile des Systems miteinander in einer nichtlinearen Wechselwirkung stehen. Zugleich wird das System von außen beeinflusst, z. B. dann, wenn ein neuer Mitarbeiter in ein Unternehmen kommt, eine Arbeitsverdichtung entsteht oder Konflikte auftreten. Diese Einflussgrößen fungieren als Kontrollparameter *(KP)* und wirken auf den Prozess ein, in dem sich die Bestandteile des Systems gegenseitig nichtlinear beeinflussen. Damit verändern sie letztlich auch die Interaktion zwischen diesen Komponenten. Die einzelnen Elemente können allmählich ein kohärentes Verhalten entwickeln, wobei sogenannte Ordnungsparameter bzw. Ordner zum Tragen kommen. Dabei geraten bestimmte Ordner und Trends in eine Konkurrenzsituation zueinander, von denen der eine sich unterordnet und der andere die Führung übernimmt. Daraufhin bildet sich eine neue Ordnung heraus. Wenn beide Ordner gleich stark sind, entsteht eine Symmetrie. In diesem Fall hängt es von den sogenannten Fluktuationstendenzen ab, welcher der beiden Ordner am Ende stärker ist. Dies führt dazu, dass bestimmte Teile im System sich anderen komplett unterordnen müssen (◨ Abb. 3.4).

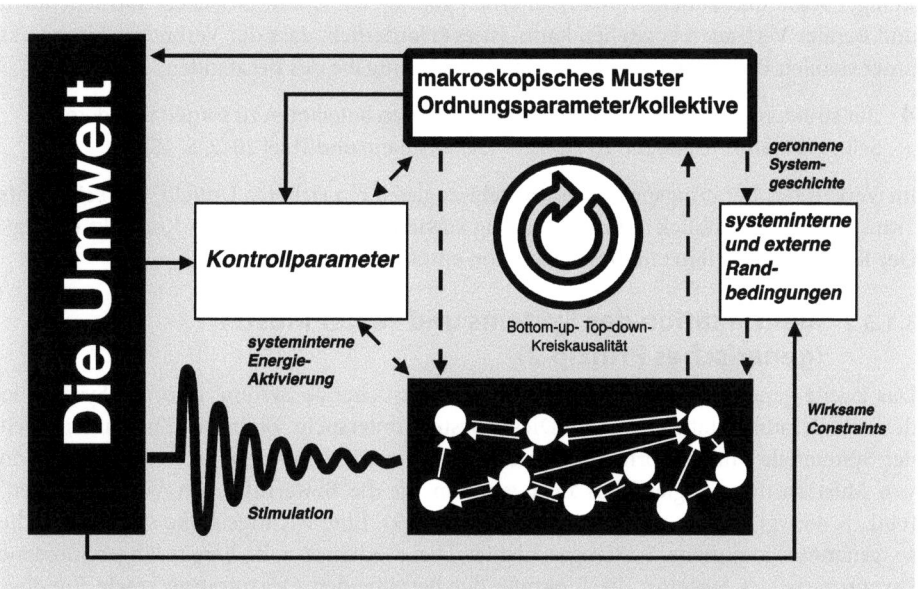

◨ **Abb. 3.4** Selbstorganisation in psychischen und sozialen Systemen. (Eigene Abbildung in Anlehnung an Haken und Schiepek 2010, S. 246)

Jedes System hat verschiedene Möglichkeiten, wie es sich verhalten kann. Wenn äußere Bedingungen sich ändern, bricht das System also nicht zusammen, sondern nimmt nur einen neuen Zustand an. Dies kann ggf. auch erreicht werden, indem der Kontrollparameter verändert wird. Dabei kommt es dann zu einem Phasenübergang.

3.1.3 Die Realisierung generischer Prinzipien als Bedingungen zur Förderung von Selbstorganisation

Die generischen Prinzipien basieren auf Forschungsergebnissen, die die Synergetik als Selbstorganisation auffassen und aus verschiedenen Disziplinen stammen, so aus der Gehirnforschung, der Chaostheorie und der Psychotherapieforschung (vgl. Schiersmann und Thiel 2012, S. 42). An diesen Ergebnissen können sich Berater, Coaches oder Manager orientieren, um in das System einer Organisation einzugreifen und es zu verändern. Auf diese Weise wird ein Prozess in Gang gesetzt, der bestimmte Bedingungen schafft, die es ermöglichen, systemische Prozesse zu beeinflussen und abzuwandeln. Wenn sich die Berater dabei nach allgemeinen Wirkprinzipien richten, können sie ihr praktisches Handeln theoretisch fundieren, den Prozess der Veränderung angemessen organisieren und ihn dabei zugleich vereinfachen, sodass er sich leichter umsetzen lässt (vgl. Haken und Schiepek 2010, S. 440). Daraus kann man schließen, dass die generischen Prinzipien mit den Common Factors übereinstimmen (vgl. ebd., S. 450 ff.). Insgesamt gibt es acht generischen Prinzipien, die nachfolgend ausführlicher beschrieben werden sollen.

3.1.3.1 Stabilitätsbedingungen schaffen (generisches Prinzip 1)

Wenn Beratung sich an der Synergetik orientiert, bedeutet dies zugleich auch, dass eine bestimmte Ordnung sich verändert. Dies führt dazu, dass das entsprechende System weniger stabil und zudem von Unsicherheit geprägt ist. Damit zwischen Ratsuchendem und Berater Vertrauen entstehen kann, ist es erforderlich, dass der Veränderungsprozess unter stabilen Bedingungen abläuft. Daher ist es Aufgabe des Beratenden,

> » „für strukturelle und emotionale Sicherheit bei den Beteiligten zu sorgen und deren Selbstwirksamkeitserleben zu stärken" (Schiersmann und Thiel 2012, S. 45).

Im Verlauf des Beratungsprozesses entsteht zugleich ein sicheres Umfeld, das seinerseits Transparenz im Hinblick auf die Beratung sowie einen verbindlichen Kontrakt erzeugt. Der Ratsuchende erfährt in dieser Situation emotionale Sicherheit.

3.1.3.2 Identifikation des Systems und seiner Muster (generisches Prinzip 2)

Das zweite generische Prinzip betrachtet das ratsuchende System, also das System, in dem die Beratung stattfinden soll. Dieses System untersucht, ob in der Zusammenarbeit der Systemteile Muster vorhanden sind, die sich negativ auswirken. „Die Identifikation von Mustern dient zugleich als Bezugssystem für die Bewertung von Veränderungen" (ebd., S. 45; vgl. Haken und Schiepek 2010, S. 629). Eine wichtige Rolle spielt dabei die so genannte geronnene Systemgeschichte. Diese umfasst z. B. bereits abgeschlossene Lernprozesse des Systems, die Biografie der betreffenden Organisation sowie Randbedingungen, die sich auf die Organisation zu beziehen. Damit dieses Prinzip umgesetzt werden kann, sind spezifische Methoden notwendig. Als besonders vorteilhaft erweist sich dabei die ideografische Systemmodellierung, um die Ausgangssituation zu analysieren und auf dieser Grundlage persönliche und systembezogene Muster zu erkennen, die sich auf Einstellungen, Emotionen und Verhalten beziehen.

3.1.3.3 Festlegung von Zielen und Herstellung eines Sinnbezugs (generisches Prinzip 3)

Um im Rahmen einer Entwicklung ein bestimmtes Ziel umsetzen zu können, muss dieses zuvor von den Beteiligten festgelegt und ausgearbeitet werden, und sie müssen sich auf seine Realisierung einigen. Haken und Schiepek (2010) lassen diesen Aspekt außer Acht. Dennoch ist er für die Beratung wichtig, denn er bildet die Voraussetzung dafür, dass sich der Ratsuchende bzw. das ratsuchende System auf den Veränderungsprozess einlassen kann. So stellt die

» „Orientierung des Beraters an den jeweiligen Sinnbezügen der Person, des Teams beziehungsweise der Organisation und ihrer Mitarbeiter […] eine wichtige Voraussetzung für die Stärkung der persönlichen beziehungsweise unternehmerischen Leistungsfähigkeit dar" (ebd., S. 46).

Je problematischer die Situation für den Ratsuchenden ist, desto wichtiger ist es, dass er sich an Sinnbezügen orientiert.

3.1.3.4 Energetisierung ermöglichen, Kontrollparameter identifizieren (generisches Prinzip 4)

Damit ein Selbstorganisationsprozess eingeleitet werden kann, muss das ratsuchende System zunächst energetisiert werden. Zu diesem Zweck müssen ein oder auch mehrere angemessene Kontrollparameter bestimmt werden. Die Energetisierung unterstützt den Ratsuchenden also dabei, Ressourcen zu aktivieren und emotionale sowie motivationale Komponenten seines Problems zu erkennen. Um dies zu erreichen, bieten sich etwa die Wunderfrage, bestimmte Großgruppenverfahren und wertschätzende Interviews an.

3.1.3.5 Destabilisierung, Anregung der Fluktuationsverstärkung (generisches Prinzip 5) und Aufhebung der Symmetrie (generisches Prinzip 6)

Damit die Beteiligten die Chance haben, neue Erfahrungen zu machen, ist es zunächst erforderlich, bereits vorhandene K-E-V-Muster aufzubrechen, denn nur dann kann der Ratsuchende seine Situation aus einer neuen Perspektive heraus betrachten. Besonders wichtig ist es dabei, ihm relevante Informationen zu vermitteln, denn nur so können Berater und Ratsuchender zusammen eine neue Perspektive suchen, die eine Veränderung ermöglicht. Zudem muss untersucht werden, welche Faktoren den Veränderungsprozess unterstützen oder auch behindern könnten. Bereits existierende Muster müssen aufgebrochen werden. Zu diesem Zweck bieten sich mehrere Methoden an:

» „Rollenspiele […], Verhaltensexperimente […], Fokussierung auf die Ausnahmen von einem Problemmuster, Kraftfeldanalysen, Einführung bisher nicht benutzter Unterscheidungen und Differenzierungen, Erweiterung von veränderten Verständniszusammenhängen und Deutungen (Reframing), konfrontative und provokative Verfahren, um Anreize zu identifizieren, veränderte Symbole, Sprachspiele und Interpretationen anzuregen, bei der Organisationsberatung Meinungsführer und Imageträger in die Veränderung einzubeziehen und Pilotprojekte durchzuführen" (ebd., S. 47 f.).

Die Symmetrie erhält im Kontext der Synergetik dabei die Bedeutung,

>> „dass zwei oder mehrere Attraktoren eines Systems im Zustand kritischer Instabilität potenziell mit gleicher oder ähnlicher Wahrscheinlichkeit realisiert werden können. Da kleine Fluktuationen über ihre Realisation entscheiden, ist die Vorhersagbarkeit der weiteren Entwicklung gering" (Haken und Schiepek 2010, S. 439).

Der Berater muss den Ratsuchenden also individuell dabei unterstützen, bestehende Symmetrien aufzuheben. Dies kann z. B. durch Pilot- oder Referenzprojekte erfolgen.

3.1.3.6 Restabilisierung (generisches Prinzip 7)

Während des Beratungsprozesses sollte der Ratsuchende positive K-E-V-Muster aufbauen, die dann im nächsten Schritt stabilisiert und im Alltag umgesetzt werden müssen, etwa im Beruf. Sie müssen so beschaffen sein, dass sich der Ratsuchende damit identifizieren und sie nach außen hin vertreten kann. Damit dies gelingt, müssen auch hier wieder systemexterne Faktoren erkannt und ggf. beeinflusst werden. Zudem darf sich die Veränderung nicht nur auf die Beratungssituation beschränken, sondern muss auf den Alltag bzw. andere Lebens- oder Organisationsbereiche übertragen werden. Eine dauerhafte Restabilisierung kann auf verschiedene Art erfolgen. Methoden, die sich anbieten, um dies zu erreichen, sind z. B. Feedbackschleifen, Wiederholungen, Variationen, die Anwendung in unterschiedlichen Situationen und Kontexten, positive Verstärkung oder die Umwandlung bestimmter Abläufe in Prozessbeschreibungen.

3.1.3.7 Resonanz beachten (generisches Prinzip 8)

Am günstigsten ist es, wenn der Berater Methoden und Verfahren auswählt, die den konkreten kognitiv-emotionalen Zustand des Ratsuchenden(-Systems) berücksichtigen. Dabei ist zu beachten, dass Veränderungsprozesse eine eigene Dynamik aufweisen und sich daher nicht ohne Weiteres beschleunigen lassen. Bezieht sich der Beratungskontext auf eine Organisation, so müssen im Hinblick auf den Veränderungsprozess die entsprechenden Teilsysteme berücksichtigt und der Prozess darin integriert bzw. operationalisiert werden. Schiersmann und Thiel (2010) schlagen dazu vor, der Berater solle sich am Pacing and Leading orientieren, einer Methode, die aus dem NLP stammt. Besondere Bedeutung kommt der Umsetzung der oben genannten sieben generischen Prinzipien zu. Das achte Wirkprinzip konzentriert sich darauf, die Beziehung zwischen Beratendem und Ratsuchendem positiv zu beeinflussen, denn nur bei einer guten Beziehung ist es möglich, im Rahmen der Beratung bestehende Ordnungen zu verändern.

3.1.4 Verknüpfung des problemlöseorientierten Phasenmodells mit den generischen (Wirk-)Prinzipien, um Selbstorganisationsprozesse zu fördern

Schiersmann und Thiel (2012) zufolge bildet das komplexe Problemlösen die Grundlage für nahezu alle Veränderungsstrategien (vgl. Schiersmann und Thiel 2012, S. 51). Zudem erhält man ein Bild davon, wie der Veränderungsprozess sowie der gemeinsame

Beratungsprozess ablaufen, wenn man sich am Problemlösungsmodell orientiert, und zudem wird die Komplexität reduziert (vgl. Schiersmann und Thiel 2012, S. 51). In ◪ Abb. 4.1 ist ein solches phasenorientiertes Modell zu sehen,

❯❯ „auf dessen Grundstruktur sich fast alle publizierten Modelle abbilden lassen, wobei die Phasen und deren Benennung teilweise etwas differieren" (ebd., S. 51).

Nachdem geklärt wurde, worin genau der Auftrag der Beratung besteht, sind auch noch folgende Aspekte von Bedeutung:

❯❯ „die Problemerkundung und eine mehr oder weniger intensive Analyse der Ausgangssituation […], die Zielklärung […], die Ideensammlung und Strukturierung möglicher Veränderungsschritte, Lösungswege bzw. Maßnahmen zur Zielerreichung […], die zeitliche, personelle und finanzielle Planung der Umsetzung […], die Umsetzung und Kontrolle der Durchführung […], die Evaluation, Reflexion und den Transfer von Ergebnissen […]" (ebd., S. 51).

Aus ◪ Abb. 3.3 ist zu erkennen, dass die einzelnen Phasen mehr oder weniger stark miteinander verbunden sind. Dies führt dazu, dass die Beratung das Phasenschema in der Realität nicht linear abarbeitet, sondern sich zwischen den einzelnen Phasen voran- und ggf. auch wieder zurückbewegt. Damit sind auch die generischen Prinzipien bzw. ihre Realisierung im Beratungsverlauf nicht konstant. Die Prinzipien können grundsätzlich immer eingesetzt werden.

3.1.5 Rolle und Selbstverständnis des Beraters in einem organisationalen Beratungsprozess

Da das hier vorgestellte Konzept der Beratung in systemischer Hinsicht sowohl methodisch als auch theoretisch begründet ist, das Prozessmodell zur Lösung komplexer Probleme verschiedene Phasen umfasst und auch die Synergetik große Bedeutung besitzt, wird auch der Beratende in seiner Rolle, seinem Kompetenzprofil und den Handlungsperspektiven, die er im organisationalen Kontext hat, wesentlich beeinflusst (ebd., S. 95). So existiert bislang

❯❯ „in Deutschland keine standardisierte Ausbildung für OE-Berater. Der Bereich ist wenig professionalisiert, wenngleich in den letzten Jahren einige diesbezügliche Studiengänge entstanden sind bzw. im Entstehen begriffen sind, so z. B. an den Universitäten Heidelberg, Augsburg und Kassel" (ebd., S. 95).

Problematisch ist dabei, dass bislang noch kein interdisziplinäres Aus- bzw. Fortbildungskonzept existiert, das die vielfältige Aufgabe des Beraters angemessen berücksichtigt. Bislang dominiert ein Beratungsverständnis, das sich an dem Konzept von Schiersmann und Thiel (2014) orientiert und den Beratenden grundsätzlich als Prozessbegleiter versteht. Betrachtet man seine Aufgabe jedoch aus der Perspektive der Synergetik, so besteht sie hauptsächlich darin, die entsprechenden Bedingungen zu schaffen, um systeminterne Prozesse verändern zu können. Dabei ist es jedoch nicht hilfreich, sich auf die eigene Beratungskompetenz zu verlassen, denn dadurch allein lässt sich ein Problem noch nicht lösen. Bei einer Beratung, die im Rahmen eines OE-Prozesses stattfindet, steht das Ergebnis noch nicht fest, sondern die Lösung muss mit dem Ratsuchenden gemeinsam gefunden werden. Hilfreich ist es dabei, wenn der Berater eine Prozessautorität besitzt (vgl. Heintel

3

1992), also davon ausgeht, dass der Ratsuchende unbewusst die Lösung für sein Problem bereits kennt und sie ihm nur noch bewusst gemacht werden muss. Der Beratende fungiert dabei als Prozessbegleiter, der zusammen mit dem Ratsuchenden nach dem Lösungsweg sucht. Dabei nimmt er eine allparteiliche Perspektive ein und greift verschiedene Meinungen, Standpunkte und Sichtweisen des Ratsuchenden auf, um sie dann in die Lösungsfindung zu integrieren. Zudem ist er ein sogenannter Beobachter zweiter Ordnung, der institutionelle Rollenspiele in Organisationen aufdeckt. Damit unterscheidet er sich klar von einem Unternehmensberater, der die Lösung für den Ratsuchenden selbst erarbeitet statt mit diesem zusammen. Realisiert werden die Lösungen anschließend in der Regel ohne Unternehmensberater, der Prozess verläuft also unbegleitet. Dennoch nehmen die Gemeinsamkeiten zwischen beiden Formen der Beratung immer mehr zu. Entsprechend

» „bemühen sich auch Unternehmensberater häufig um einen stärkeren Einbezug der Beteiligten und die Prozessberater müssen zunehmend auch in der Lage sein, ihr Wissen über das Feld, in dem sie arbeiten, in den Beratungsprozess einzubringen" (Schiersmann und Thiel 2014, S. 97; vgl. Königswieser et al. 2006, 2012).

3.1.5.1 Kernkompetenzen des OE-Beraters

Im vorangegangenen Abschnitt wurde untersucht, welches Selbstverständnis ein (synergetischer) Beratender aufweist. Nun soll der Frage nachgegangen werden, über welche Kompetenzen demnach Beratende verfügen müssen, die sich mit organisationalen

◘ Tab. 3.1   Kernkompetenzen des OE-Beraters nach Schiersmann und Thiel. (Vgl. Schiersmann und Thiel 2014, S. 97 ff.)

Kompetenz	Inhaltliche Aufgabe des Beratenden
Prozesskompetenz	• Auswahl der geeigneten Methoden und Formate • Auswahl spezifischer Gesprächsstile und Fragetypen • Fähigkeit, die Vielfalt des Methodeneinsatzes zu Planungszwecken in einer Gesamtarchitektur des dynamischen und komplexen Verlaufs zusammenzuführen • Datenerhebung und Datenauswertung
Sachkompetenz	• Auch wenn der Beratende primär eher die Rolle des Prozessbegleiters erfüllt, sollte er zusätzlich über spezifisches Feldwissen im jeweiligen Beratungskontext verfügen • Kenntnisse über Typen von Organisationen, deren Strukturen und Kulturen, über Führungstheorien, über Funktionen von Teams und Teamarbeit, über Marktdimensionen, Fusionen und andere, für den Beratungsprozess relevante sachliche Inhalte • Kenntnisse aus dem organisationalen Kontext der Ratsuchenden Organisation
Reflexionskompetenz	• Gleichgewicht zwischen Nähe und Distanz zur ratsuchenden Organisation herstellen • Das professionelle Handeln mit den eingesetzten Methoden, die eigenen Einstellungen sowie die Ausgestaltung der Funktion des Beraters im OE-Prozess zu reflektieren und zu bearbeiten • Einschätzung und Bewertung sowohl des eigenen als auch des fremden Handelns
Komplexitätskompetenz	• Umgang mit Komplexität, Unsicherheit und Dilemmata • Ausbalancierung von Komplexitätserweiterung und -reduktion

Entwicklungsprozessen befassen. Schiersmann und Thiel (2014) definieren Kompetenzen in diesem Zusammenhang als

》 „Voraussetzungen beziehungsweise Dispositionen, die benötigt werden, um in einer konkreten Beratungssituation erfolgreich agieren zu können" (ebd., S. 97).

Eine Kompetenz bezieht sich also auf eine bestimmte Handlungssituation und umfasst sowohl kognitive als auch affektive, motivationale, volitionale und soziale Fähigkeiten und Fertigkeiten. Diese bilden die Voraussetzung dafür, gegenstandsbezogenes Wissen individuell auf die jeweilige Person bzw. Organisation und die Situation anwenden zu können. Schiersmann und Thiel (2014) leiten daraus insgesamt vier Kernkompetenzen ab, über die OE-Berater verfügen müssen: Prozesskompetenz, Sachkompetenz, Reflexionskompetenz und Komplexitätskompetenz (vgl. �‌ Tab. 3.1).

3.2 Entscheidungstheorien in der Berufs- und organisationsbezogenen Beratung

Menschen müssen jeden Tag Entscheidungen treffen. Das gilt sowohl für Einzelpersonen als auch für Gruppen oder auch Organisationen. Oft ist es für die eigene Existenz essenziell, die richtige Entscheidung zu treffen. Wir müssen immer

》 „wieder […] Entscheidungen treffen, deren Folgen unsere Lebensbedingungen nachhaltig beeinflussen und die uns deshalb stark in Anspruch nehmen. Der Bau eines Hauses […] oder die Annahme einer neuen Arbeitsstelle bringen große Veränderungen mit sich und müssen daher sorgfältig überlegt werden" (Laux et al. 2014, S. 3).

Aus wissenschaftlichem Blickwinkel ist es von grundlegender Relevanz, wie Probleme, die eine Entscheidung betreffen, formuliert und gelöst werden. In der interdisziplinäreren Forschung wurde dementsprechend eine Entscheidungstheorie entwickelt, die untersucht, wie Einzelpersonen und soziale Systeme Entscheidungen treffen und wie sie sich dabei jeweils verhalten. Diese Frage und damit auch die Entscheidungstheorie spielt in der Beratung eine nicht unwesentliche Rolle, vor allem dann, wenn sie sich auf Beruf und Arbeitswelt bezieht. Im Rahmen einer Beratung werden etwa mögliche (Handlungs-)Alternativen erörtert und dann auf dieser Basis versucht, die Entscheidungsfindung zu optimieren.

In sprachlicher Hinsicht findet der Entscheidungsbegriff immer dann Anwendung, wenn ein

》 „Wahlproblem von besonderer Bedeutung vorliegt, von dessen Ausgang vieles abhängt. Im Gegensatz dazu wird im Rahmen der Entscheidungstheorie der Entscheidungsbegriff so weit gefasst, dass er alle Wahlakte beinhaltet" (ebd., S. 3).

Nach dieser Auffassung bedeutet eine Entscheidung zu treffen, eine von mehreren Möglichkeiten zu wählen. Entscheidungstheoretische Untersuchungen können zwei unterschiedliche Perspektiven einnehmen:

Aus der *deskriptiven Perspektive* lassen sich Aussagen erschließen, die etwas beschreiben, aus der *präskriptiven* hingegen solche, die etwas vorschreiben (vgl. ◌ Tab. 3.2).

◘ Tab. 3.2   Unterschiede zwischen der deskriptiven Entscheidungstheorie und der präskriptiven Entscheidungstheorie nach Laux et al. 2014, S. 4 ff.

Deskriptive Perspektive in der Entscheidungstheorie	Präskriptive Perspektive in der Entscheidungstheorie
• Beschreibt, wie Entscheidungen getroffen werden • Beschreibt, warum/weshalb eine Entscheidung gerade so getroffen wird	• Beschreibt, wie Entscheidungen rational getroffen werden können • Es werden Grundprobleme der Auswahl aus mehreren einander ausschließenden Handlungsalternativen untersucht, die in zahlreichen Entscheidungssituationen entstehen können

3.2.1   Ziele von Entscheidungen und mögliche Alternativen

In der präskriptiven Entscheidungstheorie stellt der Untersuchende sich die Frage, wie sich jemand verhalten soll, der in einer bestimmten Situation eine Entscheidung treffen muss. Dies macht jedoch nur dann Sinn, wenn die betreffende Person bereits ein Ziel vor Augen hat, denn dann kann sie nach möglichen Alternativen suchen. Die Entscheidungstheorie legt also nicht von vornherein fest, wie die Entscheidung ausfallen wird, sondern unterstützt den Entscheidungsfinder dabei, seine Zielvorstellungen mit dem Zielsystem in Einklang zu bringen. Auf dieser Grundlage ist es dann möglich, eine Entscheidung zu treffen, die zum Zielsystem passt. Die Entscheidungstheorie bewertet die Zielvorstellungen des Entscheiders nicht, sondern betrachtet sie vielmehr als vorgegebene Grundlage, an die sich die Entscheidung anpassen muss.

Um ein Entscheidungsproblem zu lösen, ist es von entscheidender Bedeutung, welche von mehreren Handlungsalternativen, die grundsätzlich infrage kämen, schließlich ausgewählt wird. Dies kann auch bedeuten, die aktuelle Situation unverändert zu lassen. Demnach handelt es sich auch bei der Frage, ob eine bestimmte Maßnahme durchgeführt werden soll, um ein Entscheidungsproblem, und zwar um eines, bei dem zwei Handlungsalternativen bestehen: Die Maßnahme wird entweder durchgeführt oder unterlassen. Ein Entscheidungsproblem setzt demnach voraus, dass mindestens zwei Alternativen zur Verfügung stehen, und von diesen müssen ebenfalls mindestens zwei geeignet sein, um das angestrebte Ziel zu erreichen. Zudem müssen sie sich gegenseitig ausschließen und eine von ihnen muss zwingend gewählt werden. Wie gut die jeweiligen Alternativen jeweils geeignet sind, wird oft von der entsprechenden Problemsituation bestimmt. Die Alternativen umfassen oft eine Vielzahl von Einzelaspekten, die alle berücksichtigt werden müssen. Daraus lässt sich ableiten, dass die Alternativen sich praktisch umsetzen lassen müssen, damit sie infrage kommen. Wie viele Alternativen zur Verfügung stehen, wird oft durch externe oder interne Faktoren bestimmt. Der Entscheider muss festlegen, welche Alternative er bevorzugt, und sollte dies auch begründen können, um eine echte Entscheidungsgrundlage zu erhalten. Daher muss er fähig sein, mögliche Ergebnisse und Auswirkungen einer Entscheidung vorherzusehen. Wenn mehrere Alternativen, Umweltentwicklungen und Ergebnisse möglich sind, so bilden diese gemeinsam ein Entscheidungsfeld. Dieses bildet „das konkrete Entscheidungsproblem zur Bewertung der Alternativen ab. Für die Bewertung der Alternativen werden zusätzliche Zielvorstellungen des Entscheides benötigt" (ebd., S. 6).

Das Entscheidungsfeld sollte jedoch noch näher bestimmt werden. In diesem Rahmen ist es

» „vom Begriff des Entscheidungsbereichs zu unterscheiden. Während sich ein Entscheidungsfeld auf ein konkretes Entscheidungsproblem bezieht, beschreibt ein Entscheidungsbereich eine Menge […] Entscheidungsprobleme, die von anderen Entscheidungsbereichen über eine sachliche oder zeitliche Abgrenzung abgetrennt wird" (ebd., S. 6).

Entscheidungsbereiche werden vor allem festgelegt, um die Komplexität zu reduzieren. Daher kommen sie häufig bei einer Kooperation von mehreren Einzelpersonen, Gruppen, Institutionen etc. zum Einsatz, z. B. dann, wenn in einer Organisation Entscheidungs- und Veränderungsprozesse stattfinden.

Ob derjenige, der eine Entscheidung treffen muss, eine bestimmte Alternative berücksichtigt, wird von seinen Zielen bestimmt. Die Zielgröße, anhand derer er sich für eine Alternative entscheidet, wird wiederum dadurch festgelegt, welche Alternativen für ihn grundsätzlich infrage kommen. Wenn er nicht genau vorhersagen kann, welche Folgen eine bestimmte Alternative haben kann, so kann er auch sein Ziel oder Zielsystem nur ungenau festlegen, wobei eine gewisse Unsicherheit erhalten bleibt.

Oft beeinflussen Entscheidungen mehrere Zielgrößen zugleich, wenn diese voneinander abhängen. Daraus kann ein Zielkonflikt resultieren. Besonders häufig ist dies der Fall, wenn eine wirtschaftliche Entscheidung ansteht. Wenn keine Alternative vorhanden ist, muss analysiert werden, welche der Zielgrößen am wichtigsten ist. Gerade wenn ein Konflikt zwischen den Zielgrößen besteht, kann sich daraus ein gravierendes Problem in Hinblick auf die Entscheidungstheorie ergeben.

3.2.2 Mögliche Vorgehensweisen im Entscheidungsprozess

Wie bereits erwähnt, sind Alternativen und Ziele häufig voneinander abhängig. Zum einen hängt es

» „von den Zielen ab, welche Alternativen ein Entscheider in Betracht zieht. Zum anderen hängt es von den erwogenen Alternativen ab, inwieweit er sein Zielsystem präzisieren muss, um die Alternativen beurteilen zu können" (ebd., S. 12).

In einer Entscheidungssituation läuft jeweils ein Entscheidungsprozess ab, der aus verschiedenen Stufen besteht. Im Rahmen dieses Prozesses wird nach möglichen Alternativen gesucht und das Ziel so genau wie möglich bestimmt. Unter diesem Aspekt lässt sich der Begriff Entscheidung in drei Phasen unterteilen: *Entscheidungsvorbereitung, Vorentscheidung* und *Endentscheidung*. Der Entscheidungsprozess ist demnach als ein Problemlöseprozess zu verstehen, in dem die analysierten Alternativen jeweils mögliche Lösungen sind und es von der Wahl einer bestimmten Alternative bestimmt wird, welche Lösung schließlich gefunden wird. Die Literatur zur Entscheidungstheorie identifiziert dabei mehrere Aspekte, aus denen sich ein entscheidungsorientierter Problemlösekreislauf erschließen lässt (vgl. ◘ Abb. 3.5).

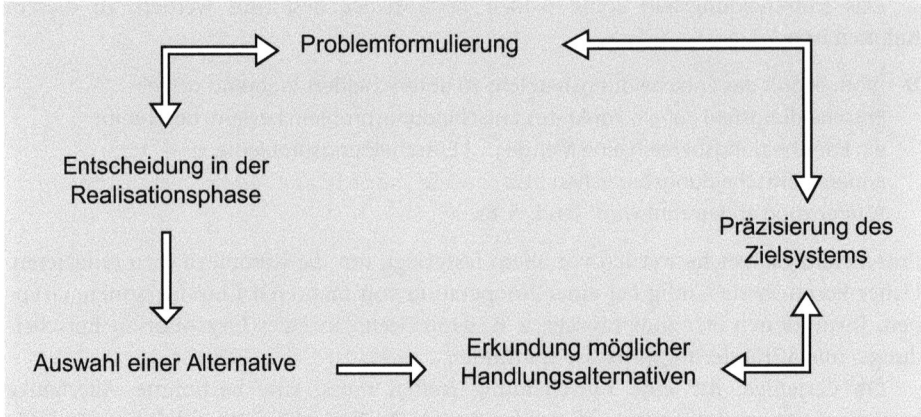

Abb. 3.5   Der Entscheidungsprozess. (vgl. Laux et al. 2014, S. 12)

3.2.3 Die Auswahl von Alternativen

Anschließend folgt die Realisationsphase, in der die gewählte Alternative praktisch umgesetzt wird. Auch hierbei sind oft wieder kontinuierlich Entscheidungen notwendig, weil z. B. bestimmte Details noch nicht bekannt sind oder noch nicht festgelegt wurde, wie sie behandelt werden sollen. Dies wird dann jeweils später entschieden und dabei die dann aktuelle Situation zugrunde gelegt. Wichtig ist in diesem Zusammenhang, sich klarzumachen, dass Entscheidungen nicht nur dann getroffen werden, wenn eine von verschiedenen Handlungsalternativen ausgewählt wird, sondern während des kompletten Prozessverlaufs. Somit handelt es sich bei einem Entscheidungsprozess um einen ganzheitlichen Problemlöseprozess, der sich auf eine Vielzahl von Entscheidungsproblemen beziehen kann.

3.2.4 Kritik am Phasenmodell der Entscheidungsfindung

Anhand der bisherigen Ausführungen könnte der Eindruck entstehen, der Problemlösekreislauf, wie er in ▸ Abschn. 4.2.2 erläutert wurde, sei ein statisches Modell. Dies trifft jedoch nicht zu; vielmehr bestehen zwischen einzelnen Stadien

» „Interdependenzen, sodass über die Maßnahmen einzelner Phasen nur dann sinnvoll entschieden werden kann, wenn zugleich Überlegungen hinsichtlich anderer Phasen angestellt werden" (ebd., S. 15).

So müssen die nachfolgenden Phasen bereits dann mitberücksichtigt werden, wenn das entsprechende Problem formuliert wird, etwa dann, wenn der Entscheider bereits vorab davon ausgeht, dass er keine praktikable Lösung für sein Problem finden wird. Daher ist es hilfreich, das Modell systemisch zu betrachten und bereits bei der Überprüfung der infrage kommenden Alternativen einzuschätzen, wie sie sich auf die Praxis auswirken könnten. Dadurch können dann Alternativen, die negative Folgen haben könnten, bereits frühzeitig verworfen werden.

3.3 Führungstheorien im Kontext organisationaler und beruflicher Veränderungsprozesse

Die Führungstheorie lässt sich auch als Objekttheorie interpretieren und kann unter diesem Aspekt die arbeitsweltbezogene Beratung besonders intensiv beeinflussen. Führungstheorien betrachten vor allem die Zusammenhänge zwischen dem aktuellen Istzustand, der den Ausgangspunkt darstellt, und den Ursachen, auf die er zurückzuführen ist. Auf dieser Grundlage wird dann eine Handlungsstrategie entwickelt, die den Aspekt der Führung in den Vordergrund rückt. Sie lässt sich aber auch sehr gut auf die Beratung übertragen.

In der aktuellen Literatur, die sich mit dem Thema befasst, findet sich eine Vielzahl verschiedener Führungstheorien und -konzepte, die sich teilweise sehr stark voneinander unterscheiden. Daher sollen im Folgenden nur einige wenige davon herangezogen werden, um passende Analysekategorien zu bilden.

3.3.1 Die Initiierung neuer Führungstheorien und -konzepte

In den 70er und 80er Jahren entstanden zahlreiche neue Führungstheorien und -ansätze, die auch heute noch Gültigkeit besitzen. Bryman zufolge ist hier das Konzept des „New Leadership Approach" (Bryman 1999, S. 32 ff.) von besonderer Bedeutung. In den 1980er und 1990er Jahren wurden viele neue Ansätze entwickelt, die vor allem die Teamführung, die kulturelle oder die emergente Führung in den Blick nehmen. In diesem Zusammenhang verknüpfen

» „Alvesson und Spicer [...] diesen Übergang mit Zweifeln an den dominanten funktionalistischen Annahmen der Führungsforschung ab den späten 70er Jahren" (Lang und Rybnikova 2014, S. 16).

Die Entstehung einer so großen Zahl neuer Führungstheorien ist vor allem auf die gesellschaftliche Entwicklung der westlichen Welt zurückzuführen. Im aktuellen Kapitel sollen daher wichtige gesellschaftliche Einflussfaktoren beschrieben und untersucht werden, wie sie sich auf die Führungstheorien auswirkten. Bereits an dieser Stelle ist festzuhalten, dass zu dieser Zeit die Managementmethoden des tayloristisch-fordistischen Produktionsregimes durch diejenigen des postfordistischen Produktionsregimes ersetzt wurden (vgl. ◘ Tab. 3.3).

Nach dem Zweiten Weltkrieg entwickelte die Großindustrie das tayloristisch-fordistische System, das die Massenproduktion ermöglichte, die vorher in diesem Ausmaß nicht umsetzbar gewesen war. Auf ein entsprechendes Menschenbild, das dadurch geprägt war, dass eine Führungskraft eingesetzt wurde, die die Rolle eines Vordenkers übernahm und der die anderen Gruppenmitglieder folgten, war auch der Führungsansatz der damaligen Zeit ausgerichtet.

Die wissenschaftliche Entwicklung verlief in dieser Zeit ähnlich wie die gesellschaftliche. Es existierte eine Fülle unterschiedlicher Konzepte, die jedoch häufig im Widerspruch zueinander standen und es daher erschwerten, eine einheitliche Führungstheorie zu entwickeln. Zudem herrschte große Unsicherheit darüber, ob das Phänomen der Führung korrekt erfasst worden oder möglicherweise missverstanden worden war (vgl. Yukl 1989, S. 253). Zugleich entwickelte sich der Bildungs- und Wissenschaftsmarkt kontinuierlich weiter und damit auch die Führungskonzepte. Auch die Publikationen zu diesem Thema nahmen immer weiter zu.

3

❏ **Tab. 3.3** Fordismus und Taylorismus im Vergleich zum Postfordismus und Neotaylorismus. (Vgl. Lang und Rybnikova 2014)

Fordismus und Taylorismus	Postfordismus und Neotaylorismus
Managementprinzipien: • Größtmögliche Mechanisierung/Technisierung • Radikale Arbeitsteilung nach dem Prinzip: reine Ausführungsarbeit vs. Planungsarbeiten • Produktstandardisierung, Massenproduktion	Managementprinzipien: • Optimierung der Gesamtproduktivität und prozessorientierte Integration der Planung und Produktion *Aber:* • Zugleich auch zunehmende Standardisierung im Rahmen von QM-Systemen • Große Unterschiede bei Nutzung postfordistischer Systeme
Organisation: • Ausbau der indirekten Bereiche (Planung, Instandhaltung, Qualitätssicherung) • Zentralisierung und Hierarchisierung der Entscheidungen	Organisation: • Dezentralisierung, flache Hierarchien • Integration von direkten und indirekten Funktionen • Lose Kopplung der Einheiten • Auslagerung/Outsourcing *Aber:* • Taylorisierung der indirekten Bereiche • Mitarbeiter wird sein eigener Taylor
Industriearbeit: • Austauschbare Massenarbeit, gering qualifiziert, repetitiv • Entwertung der Arbeitskraft • Minimierung von Ausbildungsvoraussetzungen und Lernchancen • Hierarchische Kontrolle	Industriearbeit: • Neue Produktionskonzepte/Reprofessionalisierung • Ausbau der Aus- und Weiterbildung *Aber:* • Kern- und Randbelegschaften: • Zugangsunterschiede bzgl. Personalentwicklung, subtilere Kontrollformen

3.3.2 Klassische vs. neue Führungstheorien

Neuere Führungskonzepte und Ansätze haben eine ganze Reihe gemeinsamer Merkmale:

- Führung wird als Interaktionsprozess betrachtet, in dem die Beteiligten sich gegenseitig beeinflussen. Dies wirkt sich auch auf ihre Beziehung zueinander aus.
- Führungskräfte und die von ihnen geführten Mitarbeiter werden als Akteure aufgefasst, die jeweils individuelle strategische Ziele verfolgen.
- Wie die Akteure letztlich handeln, hängt davon ab, wie sie ihre Wirklichkeit in Bezug auf Führung konstruieren. Dabei spielen ihre jeweiligen Erfahrungen, Wahrnehmungen und Interessen im Zusammenhang mit Führung und Geführtwerden eine wesentliche Rolle.
- Die Führungsumwelt ist durch Dynamik, Komplexität und Ambiguität charakterisiert.

Zudem wird genau erläutert, was unter Führung zu verstehen ist. Dadurch bildet dieses Konzept einen Gegensatz zu normativen Modellen, die sich eher darauf konzentrieren, Handlungsempfehlungen zu geben. Befasst man sich näher mit Führungstheorien, so zeigen sich zwischen den Ansätzen unter sozialwissenschaftlich-paradigmatischem Aspekt oft starke Unterschiede (vgl. Burrell und Morgan 1979).

Sozialkritische Ideen bilden auch die Grundlage für den Ansatz der impliziten Führung,

» „welcher, mehr oder weniger stark, die Bedeutung einer subjektiven Konstruktion von Führung unter dem Einfluss eines prototypischen Bildes von guter oder schlechter Führung betont" (Lang und Rybnikova 2014, S. 22).

In den entsprechenden Führungstheorien lassen sich z. B. die Ideen des radikalen Humanismus wiedererkennen. Die Theorie der radikal-strukturalistischen Führung steht im Kontrast dazu. Sie untersucht strukturelle Veränderungen im Führungskontext,

» „wie die Argumente der […] Führung als ersetzbarem Residualfaktor oder die mikropolitische Rahmung des Führungsgeschehens mit objektiv gegebenen Konflikten und Interessenswidersprüchen zwischen Eigentümern und Managern einerseits und angestellten Mitarbeitern andererseits in dem von unterschiedlichen Interessen und Herrschaftsordnungen und Regeln gerahmten und geleiteten mikropolitischen Führungsgeschehen" (Lang und Rybnikova 2014, S. 22).

Zugleich nehmen die Theorien auch destruktives, elitäres und unethisches Verhalten von Führungskräften oder eine despotische Herrschaft in den Blick. ◼ Tab. 3.4 gibt einen

◼ **Tab. 3.4** Vergleich klassischer und neuer Führungstheorien und Konzepte. (Vgl. Seters und Field 1990)

	Klassische Ansätze	Neuere Ansätze
Einflussübung	Einseitig	Wechselseitig
Führungshandeln	Führungsstil	Strategien und Taktiken
Machtbeziehung	Herrschaft der Führer	Anteil der Geführten, Machtbalancen
Instrumente der Zielerreichung	Erfolg abhängig vom Führungsstil	Viele Faktoren, vernetzte Faktoren sind zirkulär, viele Alternativen
Merkmale der Persönlichkeit	Eigenschaften der Führungskraft	Zuschreibung durch Geführte
Gruppenphänomen	Formelle Führung, Statik	Informelle, emergente Prozesse
Wirklichkeitsauffassung	Eindeutig, transparent, machbar	Mehrdeutig, komplex, unberechenbar
Realitätstyp	Fakten, Wirkungen	Subjektive Bedeutungen und Tiefenstrukturen
Paradigmen	Naturwissenschaftlich-positivistisch	Sozial-konstruktivistisch, strukturalistisch
Gesellschaftsbezug	Psychologischer Mikrokosmos	Einflüsse von Kultur, Diskursen, Leitbildern, gesellschaftlichen Strukturen von Macht und Herrschaft
Führungsansätze	Eigenschaftsansatz, Verhaltensansatz, Situativer Ansatz	Symbolische Führung, Implizite Führungstheorien, Führungsmythen, Mikropolitik u. a.

3

Überblick über die Kriterien traditioneller bzw. klassischer, neuer Führungsansätze, wobei diese allerdings nicht klar voneinander abzugrenzen sind. Es handelt sich eher um eine Art von Evolution der Führungstheorien (vgl. Seters und Field 1990).

Obwohl viele neue Führungstheorien stärker reflexiv ausgerichtet sind und Gestaltungsgrundsätze aufgegeben haben, die früher von grundsätzlicher Relevanz waren, fügen sie sich trotzdem nicht in dieses Muster ein. Dies ist auf die Entstehung der Beraterbranche sowie darauf zurückzuführen, dass entsprechende Konzepte entwickelt wurden, aber auch darauf, dass Führungsforscher sich in der heutigen Zeit stärker auf wissenschaftliche Erkenntnisse stützen. Daher muss an dieser Stelle zwischen Führungs-konzepten und -theorien unterschieden werden, wobei führungstheoretische Ansätze als Aussagesysteme aufgefasst werden können, die aktuelle Führungsphänomene betrachten und beschreiben. Führungskonzepte hingegen untersuchen vor allem, wie kontext-bezogene Führung in der Praxis realisiert wird. Trotzdem ist diese Differenzierung nicht immer völlig trennscharf.

3.4 Trait-and-Factor-Beratung

Die sogenannte Trait-and-Factor-Beratung geht auf Parsons (1909) Idee der möglichst optimalen Passung zwischen den beruflichen Kompetenzen einer Person und ihrer Berufstätigkeit zurück. Ihr liegen die folgenden drei Prinzipien zugrunde (vgl. ◘ Abb. 3.6).

Parsons erläutert in seiner Abhandlung „Choosing a Vocation" (1909) die folgenden acht grundlegende Prinzipien der Berufswahl:

1) Man sollte nicht den nächstbesten Beruf ergreifen, sondern diesen sorgfältig aus-wählen. 2) Einer Berufswahl sollte eine intensive Selbstanalyse zugrunde liegen und sie sollte durch externe Beratung unterstützt werden. 3) Jemand, der einen Beruf sucht, sollte sich gründlich über dessen Tätigkeitsspektrum informieren, denn nur so kann seine Wahl zielgerichtet ausfallen. 4) Er sollte die Meinung eines Experten einholen, die auf zuverlässigen Daten beruht und seine Persönlichkeitseigenschaften genau erfasst. 5) Er sollte seinen Beruf eigenständig wählen und sich dabei von anderen Personen nicht beeinflussen lassen. Er kann sie zwar um Rat fragen, sollte seine Entscheidung aber selbstbestimmt treffen. 6) Eine fundierte Berufswahl umfasst folgende Faktoren:

>> „Eine genaue Kenntnis des Selbst, der eigenen Fähigkeiten, Interessen, Ambitionen, Ressourcen und Grenzen, [2] Kenntnis der Anforderungen und Bewährungskriterien, der Vorteile und Nachteile, der Entwicklungsmöglichkeiten, der Einkommenschancen in verschiedenen Tätigkeitsfeldern, [3] sorgfältiges Nachdenken über die Zusammenhänge zwischen diesen beiden genannten Bereichen" (Ertelt und Schulz 1997, S. 30).

7) Der Berater sollte dem Ratsuchenden dabei helfen, Eigen- und Fremdwahrnehmung unter Berücksichtigung der Realität gegeneinander abzuwägen. 8) Er sollte gut mit dem Arbeitsmarkt vertraut sein.

Die Trait-and-Factor-Beratung weist inhaltlich Ähnlichkeit mit der differenziellen Psychologie auf, da in beiden Fachbereichen der Ratsuchende als Individuum im Mittel-punkt steht. Bis in die 1930er Jahre wurde das Konzept *matching men in jobs* verfolgt, bei dem der Schwerpunkt auf den Tätigkeitsanforderungen des jeweiligen Berufs lag. Wäh-rend der 1940er Jahre erhielten stattdessen individuelle Merkmalsausprägungen einen hohen Stellenwert. Von grundlegender Bedeutung

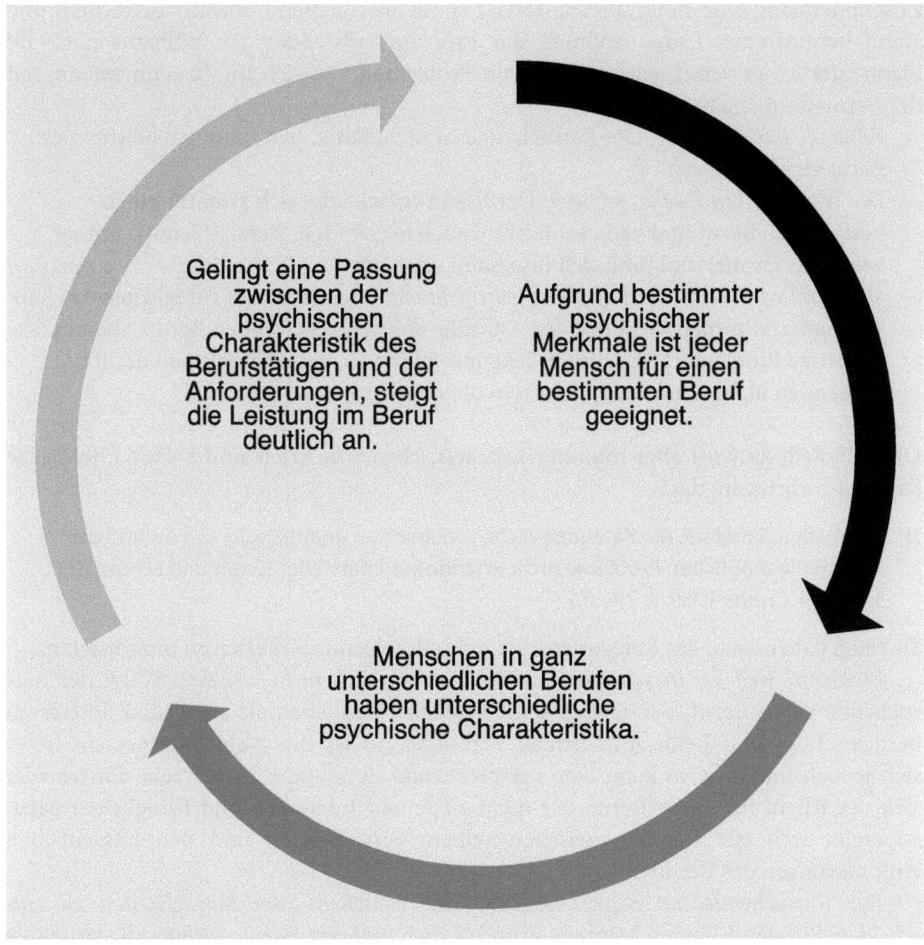

◪ Abb. 3.6 Die drei Prinzipien der Trait-and-Factor-Beratung. (Eigene Abbildung in Anlehnung an Ertelt und Schulz 1997, S. 29)

» „war die Anwendung der Faktorenanalyse bei der Testkonstruktion und Evaluation der Erfolgskriterien, sodass die Zahl an unabhängigen Persönlichkeitsmerkmalen […] in den Bereichen Fähigkeiten, […] Berufsinteressen und Charaktereigenschaften, auf 10 bis 20 begrenzt werden konnte" (ebd., S. 30; vgl. Crrites 1969, S. 71 f.).

Bereits in den 1940er Jahren wurden die beiden Begriffe trait und factor im theoretischen Bereich verknüpft. Daraus entstand die Trait-and-Factor-Theorie, auf der zahlreiche Ansätze zur Berufs- und Laufbahnberatung basieren, die sich methodisch an Konzepten zur Beratung orientieren (vgl. Osipow 1983, S. 9; Rounds und Tracey 1990, S. 3).

Entsprechend dieser Theorie lässt sich die Laufbahnberatung in zwei Phasen unterteilen. In der ersten Phase wird das Problem bestimmt und in der zweiten untersucht, wodurch es verursacht wird. Zu diesem Zweck erfasst der Beratende die persönlichen, subjektiven Daten des Ratsuchenden und ergänzt sie durch weitere Daten, die in diesem

3

Zusammenhang eine Rolle spielen, sodass er sie anschließend objektiv betrachten und somit herausfinden kann, wodurch das Problem entstanden ist. Williamson (1939) identifizierte vier verschiedene Arten von Problemen, die sich im Zusammenhang mit der Berufswahl ergeben können:

— *Fehlende Entscheidung:* Der Ratsuchende ist nicht fähig, sich für einen bestimmten Beruf zu entscheiden.
— *Die Wahl wird in Zweifel gezogen:* Der Klient entscheidet sich zwar für einen bestimmten Beruf und kann seine Wahl auch begründen, zieht sie jedoch immer wieder in Zweifel und fühlt sich insgesamt unsicher.
— *Die Wahl wird nicht überlegt genug getroffen:* Die Interessen und Fähigkeiten des Ratsuchenden stimmen nicht mit den Anforderungen des gewählten Berufs überein.
— Die letzte Problemart ist dadurch gekennzeichnet, dass die Fähigkeiten des Ratsuchenden nicht mit seinen Interessen übereinstimmen.

Diese Einteilung wird aber mitunter kritisiert, etwa von Ertelt und Schulz (1997), die dagegen vorbringen, dass

» „sie nicht reliabel sei, die Kategorie nicht voneinander unabhängig seien und das System die möglichen Probleme nicht erschöpfend darstelle" (Ertelt und Schulz 1997, S. 32; vgl. Crrites 1969, S. 294 ff.).

Sie raten daher dazu, das Kategoriensystem durch folgende Kriterien zu modifizieren:

Probleme, weil die Berufswahl des Ratsuchenden sich nicht bewährt: Wählt der Ratsuchende einen Beruf, der sowohl seine eigenen Fähigkeiten als auch seine Interessen berücksichtigt und beide miteinander verbindet, so ist die Wahl angemessen. Ist er sich jedoch unsicher, so kann eine entsprechende Beratung hilfreich sein. Entscheidet sich der Klient für einen Beruf, der nicht zu seinen Interessen und Fähigkeiten passt, so ergibt sich ein Konflikt zwischen seinen Vorstellungen und den tatsächlichen Anforderungen des Berufs.

Der Ratsuchende hat Schwierigkeiten, sich zwischen zwei Möglichkeiten zu entscheiden: Für den Klienten kommen grundsätzlich mehrere Berufe infrage, die zu seinen Interessen und Fähigkeiten passen, doch er kann sich nicht für einen davon entscheiden. Umgekehrt ist aber auch denkbar, dass er nicht angeben kann, welchen Beruf er künftig ausüben möchte, und sich deshalb nicht zwischen verschiedenen Möglichkeiten entscheiden kann.

Der Berufswunsch ist unrealistisch: Diese Situation tritt dann ein, wenn der gewünschte Beruf zwar mit den Interessen des Klienten übereinstimmt, dieser jedoch die Anforderungen, die dieser Beruf an ihn stellt, nicht erfüllen kann. Das Gegenteil davon ist die unerfüllte Wahl, bei der der Klient für den gewählten Beruf überqualifiziert ist. Schließlich gibt es noch die erzwungene Wahl, die dadurch gekennzeichnet ist, dass die individuellen Kompetenzen des Ratsuchenden zwar mit den beruflichen Anforderungen übereinstimmen, er das entsprechende Tätigkeitsfeld jedoch als langweilig empfindet.

Die Trait-and-Factor-Beratung nutzt zahlreiche psychometrische Verfahren, indem sie die Persönlichkeitsmerkmale, Interessen, Kompetenzen sowie das Wertsystem des Klienten mitberücksichtigt. Der Großteil der beruflichen Testverfahren basiert auf der General-Aptitude Test Battery (GATB), die von verschiedenen Ländern jeweils gezielt angepasst wurde. Die Interessen des Klienten werden dabei in Bezug auf seine Berufswahl und Entwicklung als übergeordnetes Persönlichkeitsmerkmal betrachtet.

In den USA werden der sog. Preference Record, der Holland's Self-Directed Search, das Strong-Camphell Interest Inventory und der California Occupational Preference Survey genutzt, um die Interessen des Ratsuchenden zu erfassen (vgl. Ertelt und Schulz 1997, S. 34). In Bezug auf die Berufswahl sind dabei vor allem folgende Aspekte von Bedeutung (vgl. ◘ Tab. 3.5).

Persönlichkeitstests werden in der Berufsberatung normalerweise eher selten eingesetzt. Da sie jedoch unter anderem auch allgemeine und arbeitsbezogene Aspekte erheben, sind sie auf diesem Gebiet im Hinblick auf das individuelle Wertsystem durchaus hilfreich. Allgemeine Bewertungen betrachten vor allem wirtschaftliche, soziale, ästhetische und prestigebezogene Aspekte. Donald Super identifiziert in seinem Instrument *Work Values Inventory* 15 Dimensionen, die sich in der Berufsberatung nutzen lassen (vgl. ◘ Tab. 3.6).

◘ **Tab. 3.5** Berufsrelevante Interessendimensionen (1). (Vgl. Ertelt und Schulz 1997, S. 34)

Interessen an Dingen	vs.	Interesse an Menschen
Interesse an konkreten Aufgaben	vs.	Interesse an abstrakt-logischen Aufgaben
Interesse an Routineaufgaben	vs.	Interesse an Kreativität
Interesse an Teamarbeit	vs.	Interesse an Alleinarbeit
Interesse an Tätigkeit mit hohem Prestige	vs.	Interesse an eher sozial unauffälligen Berufen

◘ **Tab. 3.6** Berufsrelevante Interessendimensionen (2). (Vgl. Ertelt und Schulz 1997, S. 34; Super 1990)

1	Dimension: Geistige Anregung
2	Dimension: Berufliche Leistung
3	Dimension: Lebensart
4	Dimension: Wirtschaftliche Gegenleistungen
5	Dimension: Altruismus
6	Dimension: Kreativität
7	Dimension: Beziehungen am Arbeitsplatz
8	Dimension: Sicherheit des Arbeitsplatzes
9	Dimension: Prestige
10	Dimension: Führung anderer
11	Dimension: Vielfalt
12	Dimension: Ästhetik
13	Dimension: Unabhängigkeit
14	Dimension: Vorgesetztenbeziehungen
15	Dimension: Umgebungsfaktoren

3

3.4.1 **Der Beratungsprozess in der Trait-and-Factor-Beratung**

Die praktische Umsetzung der Trait-and-Factor-Beratung orientiert sich am rationalen Problemlösen. Während der Beratung erfasst der Berater Daten, die für die Berufswahl relevant sind, wendet berufsdiagnostische Testverfahren an, unterstützt den Ratsuchenden bei der Interpretation der Daten und hilft ihm dabei, eine Prognose zu erstellen. Williamson (nach Crrites 1981, S. 27 ff.) teilt den Beratungsprozess entsprechend in sechs verschiedene Stufen ein.

Der erste Schritt besteht darin, Daten zusammenzutragen, die sich auf Einstellungen und Interessen, die familiäre Situation sowie Fähigkeiten, Kenntnisse und den Bildungsstand des Ratsuchenden beziehen. Anschließend werden sie analysiert und auf dieser Grundlage ein individuelles Profil des Klienten erstellt. Es folgt die Diagnosephase, in der die Bildungs- und Berufsprofile, die für den Ratsuchenden generell infrage kommen, mit seinen individuellen Persönlichkeitsmerkmalen verglichen werden. Dabei wird untersucht, ob sich eventuell Probleme ergeben könnten, und wenn dies der Fall ist, wird mit dem Ratsuchenden besprochen, wie diese sich lösen lassen. Bei der letzten Phase handelt es sich um eine Nachbetreuung, in der untersucht wird, welche Fortschritte der Klient erzielt hat und wie diese gefestigt und weiter ausgebaut werden können. Die ersten vier Schritte werden durch den Beratenden eingeleitet und gelenkt, in den beiden übrigen nimmt dann der Ratsuchende eine aktivere Rolle ein. Vor dem Hintergrund der Trait-and-Factor-Beratung kommt dem Ratgeber eine Expertenrolle zu, was durchaus angemessen erscheint, weil die Erstellung der Diagnose relativ komplex ist. Manche Autoren schlagen jedoch vor, den Klienten stärker an dem Diagnoseprozess zu beteiligen, insbesondere daran, die Testergebnisse einzuschätzen (vgl. Rounds und Tracey 1990, S. 22). Wichtig ist dabei, sich klarzumachen, dass eine typische Trait-and-Factor-Beratung nicht den Entwicklungsprozess in den Vordergrund stellt, also nicht untersucht, wodurch bestimmte Persönlichkeitsfaktoren entstehen und wie sie sich entwickeln und ggf. auch verändern.

Es gibt eine Vielzahl weiterführender Literatur zur Trait-and-Factor-Beratung. Die bekannteste ist die Theorie der Interaktion von Persönlichkeitsmerkmalen und Berufscharakteristika (vgl. Schulz 1995, S. 35 ff.). Sie hebt hervor, dass

» „die Persönlichkeit eines Menschen an der Wahl seiner beruflichen Laufbahn sichtbar wird und dass jedes Individuum stereotype Sichtweisen über verschiedene Berufe hat" (Ertelt und Schulz 1997, S. 40).

Der integrative Ansatz von Holland betrachtet die Berufswahl als Ausdruck der Persönlichkeit und nimmt sogar an, dass Personen, die den gleichen oder einen ähnlichen Beruf ausüben, auch ähnliche Persönlichkeitsmerkmale und Verhaltensweisen zeigen und eine ähnliche Laufbahn anstreben. Die berufliche Leistung, die Stabilität der Laufbahn und die Berufszufriedenheit hängen also zum großen Teil davon ab, wie gut die persönlichen Merkmale des Betreffenden zu seiner beruflichen Umgebung passen.

3.5 Die Informationsstrukturelle Methodik (ISM)

In den siebziger Jahren entstand die Informationsstrukturelle Methodik (ISM). Sie basiert auf den Entscheidungs- und Problemlöseprozessen durch kognitive Informationserarbeitung, einem behavioristisch orientierten Ansatz und wird hier betrachtet, weil sie die Betrachtungen zur Entscheidungstheorie (vgl. ► Abschn. 4.2) und zu den Problemlöseprozessen (vgl. ► Abschn. 4.1) ergänzt.

Newell u. a. schufen die Grundlage für das ISM und beeinflussten es entscheidend mit. Zudem wurden in dem Konzept Ergebnisse aus nordamerikanischen Untersuchungen berücksichtigt, die sich auf Entscheidungs- und Problemlösetheorien bezogen (vgl. Kirsch 1970, 1977). Das ISM wurde bisher vor allem in der Berufsberatung und im Rahmen der Information an Schulen, in der Ausbildung sowie im Rahmen der Berufstätigkeit und Personalentwicklung eingesetzt. In der Personal- und Organisationsentwicklung wird es in letzter Zeit verstärkt genutzt. Veröffentlichungen zum ISM machten deutlich,

» „dass das ISM den präskriptiv-normativen Vorstellungen rationaler Entscheidungs- und Problemlösemodelle kritisch gegenübersteht. Als Grundlage dienen vielmehr deskriptive Ansätze, welche die individuelle Entscheidungslogik, begrenzte Informationsaufnahme und –Verarbeitungsmöglichkeiten, Ergebnisoffenheit […] sowie Emotionen und Konflikte beim Entscheidungsprozess stärker berücksichtigen" (Ertelt und Schulz 2015, S. 245).

Beim ISM steht die Frage im Mittelpunkt, wie Entscheidungsprozesse verlaufen, die sich auf die Berufswahl und die Laufbahn beziehen, und wie Beratung hier Unterstützung bieten kann (vgl. Brown 1990, S. 396). Das Konzept wurde zunächst für berufsbezogene Informationsaktivitäten, sowohl für Arbeitnehmer als auch für Arbeitgeber, sowie für den Berufswahlunterricht in Schulen entwickelt und in den 1970er Jahren schließlich auch in der beruflichen Einzelberatung genutzt. Es basiert auf einem eigens dafür entwickelten Microcounseling, das später von Allen E. Ivey noch speziell um den Beratungsansatz ergänzt wurde (vgl. Ertelt 1975).

Darüber hinaus wurden während der Entwicklung und Anwendung des ISM immer wieder empirische Untersuchungen durchgeführt. Dabei kristallisierten sich eine Reihe von Forschungsschwerpunkten heraus (vgl. ◘ Tab. 3.7).

Im folgenden Abschnitt sollen die Anwendungsfelder des ISM anhand einiger empirischer Ergebnisse der entsprechenden Studien vorgestellt werden.

◘ **Tab. 3.7** Forschungsschwerpunkte des ISM. (Vgl. Ertelt und Schulz 2015, S. 246)

Untersuchungen zum Informationsmanagement bei Selbstinformationseinrichtungen und Medien der Berufsberatung
Studien zur Weiterentwicklung der Methodik des Distance Counselling
Analyse der Arten und Verknüpfungen von berufs- und arbeitsmarktbezogenen Informationen in Beratungs- und Vermittlungsgesprächen

3

3.5.1 Die Entscheidungsfindung im Kontext der Nutzung der ISM

Wenn sich im Beruf Probleme ergeben, müssen die Betroffenen häufig Entscheidungen treffen, die eine existenzielle Bedeutung haben und sie daher psychisch sehr belasten. Um diese Situation bewältigen zu können, müssen sie oft aktiv werden, können aber nicht sicher einschätzen, wie sich ihre Handlungen auswirken werden. Sie müssen sich also die entsprechenden Informationen beschaffen, was nicht selten großes Engagement erfordert. Routineprogramme, die sie bisher angewendet haben, wenn Probleme auftraten, genügen nun nicht mehr, sondern sie müssen Handlungsalternativen entwickeln, die auch in Zukunft für sie hilfreich sein werden. Dabei müssen sie oft zwischen mehreren Alternativen wählen. Damit sie diese jeweils bewerten können, benötigen sie Kriteriumsinformationen. Diese Informationen können sie aus ihren individuellen Interessen, Motivationen, Präferenzen, Eignungsvorstellungen und internationalen Umweltbedingungen erschließen. Dabei stellen sie zugleich individuelle Entscheidungsregeln auf, die festlegen, wie faktische und wertende Informationen konkret miteinander verbunden sind. Sampson et al. (1999) bezeichnen solche Regeln als Generic Information Processing Skills. Gesteuert werden sie durch Meta-Kognitionen.

Probleme, die im Kontext beruflicher Entscheidungen auftreten, sind nicht selten sehr komplex. Daher lassen sie sich auch als Situationen interpretieren, die schlecht definiert wurden und für die daher grundsätzlich mehrere Lösungen bzw. Handlungsalternativen infrage kommen, deren Wirkung allerdings ungewiss ist. In der Regel gehen diese Entscheidungsprozesse einher

» „mit starker emotionaler Betroffenheit, etwa Problemlösungsdruck, Informationsstress, Furcht vor irreversiblen Fehlentscheidungen wegen unvollständiger Information und Zweifeln, ob die gewählte Alternative tatsächlich die richtige ist" (Ertelt und Schulz 2015, S. 248).

3.5.2 Der Einfluss von Emotionen in der ISM

Problemlöseprozesse, die sich auf berufliche Aspekte beziehen, sind oft nur schwer realisierbar, was unter anderem dadurch bedingt ist, dass „die emotionalen Aspekte weitgehend ausgeklammert bleiben" (ebd., S. 251 f.; vgl. Nestmann et al. 2007, S. 26 ff.). Dabei erscheint es gerade aus beruflicher Sicht

» „geboten, sich an den begrenzten kognitiven Möglichkeiten der Menschen, ihren Emotionen und den Bedingungen, unter denen sie zum Teil sehr weitgehende Entscheidungen treffen müssen, zu orientieren" (ebd., S. 252).

Bei der Anwendung des ISM wird eine Differenzierung zwischen den sogenannten Hintergrund-Emotionen, den aufgabenbezogenen und den antizipierenden Emotionen vorgenommen.

Hintergrundemotionen bestimmen mit, wie konkrete Stimuli und Suchstrategien wahrgenommen werden. Emotionen wie Zufriedenheit, Freude oder Stolz führen oft dazu, dass der Ratsuchende kaum noch nach Alternativen sucht, während Ängste und Unzufriedenheit das Gegenteil bewirken.

Emotionen, die sich auf eine bestimmte Aufgabe beziehen, entstehen immer dann, wenn keine alternativen Handlungsmöglichkeiten erkannt werden oder nicht eindeutig genug zwischen ihnen differenziert werden kann.

Antizipierte Emotionen können die Entscheidungsfindung auf unterschiedliche Art beeinflussen, sodass sich kaum prognostizieren lässt, wie sie sich jeweils auswirken werden. So können sie z. B. Ängste auslösen, wodurch ggf. verhindert wird, dass der Ratsuchende eine Lösung für sein Problem findet.

3.5.3 Phasen in der informationsstrukturellen Methodik

Die ISM bezieht jedoch nicht nur den inhaltlichen Aspekt von beraterischer Informationen mit ein, die für die Beratung relevant sind, sondern untersucht auch, welchen Informationsbedarf die Ratsuchenden in den verschiedenen Problemlösungsphasen jeweils haben. Der Problemlöseprozess lässt sich dabei in folgende Phasen unterteilen (vgl. ◘ Tab. 3.8).

◘ **Tab. 3.8** Idealtypische Ablaufphasen in der informationsstrukturellen Methodik. (Vgl. Ertelt und Schulz 2015, S. 254 ff.)	
Anfang der Entscheidung	Der Ratsuchende benötigt Informationen zur Problemdefinition und muss dazu motiviert werden, im Kontext der Problemlösung selbstständig vorzugehen. In dieser Phase wird die Ist- und Soll-Situation analysiert. Die Soll-Situation kann dabei positiv formuliert werden (z. B. beruflicher Aufstieg) oder als Vermeidung negativer Situationen benannt werden (z. B. Abwendung drohender Arbeitslosigkeit)
Stadium der Informationssuche	Der Beratende unterstützt den Ratsuchenden bei der Informationssammlung und ermöglicht ihm eine Vitalisierung
Herausbildung und Bewertung von Alternativen	Diese Phase impliziert „ein breites Angebot an faktischen, wertenden und präskriptiven Informationen über Lösungswege und deren Konsequenzen für die eigene Person" (Ertelt und Schulz 2015, S. 255)
Entschlussphase	In der sogenannten Entschlussphase „mit endgültiger Auswahl einer Handlungsalternative und persönlicher Festlegung […] benötigt der Ratsuchende informatorische Hilfen, die ihm über die eigene Entscheidungsfähigkeit, Auswahlkonflikte, Realisierungsmöglichkeiten und die zu erwartenden Entschlussfolgen Auskunft geben" (Ertelt und Schulz 2015, S. 255)
Nachentscheidungsphase	„Zur Vorbereitung der Bewältigung der Entschlussfolgen in der Nachentscheidungsphase bedarf es beschreibender und interpretierender Informationen" (Ertelt und Schulz 2015, S. 256) Die sogenannten beschreibenden Informationen „dienen der Orientierungshilfe, indem sie Strukturen, Anforderungen, Schwierigkeiten und Chancen der gewählten Alternative verdeutlichen" (Ertelt und Schulz 2015, S. 256). Dadurch werden die Folgen der Entscheidung für den Ratsuchenden transparenter. Dieser soll somit befähigt werden, „seine Toleranzgrenzen abstecken [zu] können, innerhalb derer die Entschlussfolgen noch als befriedigend empfunden werden bzw. ab wann die Entscheidung rückgängig zu machen ist" (Ertelt und Schulz 2015, S. 256)

3

Interpretierende Informationen braucht der Ratsuchende, um kognitive Widersprüche zu lösen sowie negative Folgen seiner Entscheidung zu reflektieren. Dies kann etwa der Fall sein, wenn ein Plan, der voller Zuversicht entwickelt wurde, an Hindernissen scheitert, die durch eine vorangehende Reflexion und eine entsprechende Vorbereitung vermeidbar gewesen wären.

3.5.4 Die Entwicklung individueller Entscheidungsstrategien bei beruflichen Entscheidungen

Wegmann (2005) untersuchte in einer explorativen Studie, welche individuellen Strategien ein Ratsuchender zeigen kann, der seine persönliche Laufbahn plant. Dabei wurden mithilfe offener Interviews,

» „deren Durchführung sich `stark an der Methodologie der biografischen` Stehgreiferzählung des narrativen Interviews orientiert, [...] bei fünf Personen [...] die bei `ihren Berufswahlen abgelaufenen Entscheidungsprozesse` exploriert" (Ertelt und Schulz 2015, S. 273).

Im Folgenden sollen verschiedene Entscheidungsstrategien erläutert werden, die von Experten besonders intensiv diskutiert werden (vgl. ❏ Tab. 3.9). Sie können anhand von drei Merkmalen differenziert werden: 1) Suchregeln für Alternativen und/oder ihre Attribute, 2) Stoppregeln, die festlegen, wann die Suche beendet wird, und 3) Entscheidungsregeln, nach denen eine Alternative ausgewählt wird (vgl. Gigerenzer und Selten 2002, S. 8).

Den Untersuchungsergebnissen lässt sich entnehmen, dass heuristische Entscheidungsstrategien in Bezug auf den Inkrementalismus am weitesten verbreitet sind. Weiterhin wurde erkennbar, dass die Untersuchungsteilnehmer im Rahmen ihrer Entscheidungsfindung drei bis vier verschiedene Verhaltensmuster zeigten, zwischen denen sie auch wechselten. Dies geschah jedoch nicht so regelmäßig, dass daraus ein Muster abgeleitet werden könnte. Im Hinblick auf die berufliche Entscheidungsfindung sind vor allem folgende Kriterien von Bedeutung (vgl. ❏ Tab. 3.10).

Wegmann (2005) schließt aus den Ergebnissen der Untersuchung, dass Ratsuchende, die einen bestimmten Berufswunsch haben, umso radikalere Brüche akzeptieren, je älter sie sind. Zudem beeinflusst die Erlangung einer persönlichen Reife auch die Faktoren, nach denen berufliche Entscheidungen getroffen werden, sodass statt extrinsischer Motive nun stärker intrinsische als Entscheidungsbasis herangezogen werden. Weitere Studien zu diesem Thema kamen zu dem Ergebnis, dass

» „bei der Berufserstwahl die Satisfizierungsstrategie überwiegend und `bei der` Mehrheit der Befragten auf Nachahmung von sozialen Vorbildern [...] nach dem Muster one-reason-decision-making hinausläuft" (Ertelt und Schulz 2015, S. 276).

Wenn die betreffende Person mit ihrer beruflichen Laufbahn zufrieden ist, nutzt sie verstärkt inkrementelle Strategien und wählt dabei oft günstige Möglichkeiten aus, mit denen sie nach und nach ihr Ziel erreicht. Dieses Phänomen wird oft durch den Ansatz des Happenstance Approach (vgl. Krumboltz 2003) erklärt, demzufolge positive Ereignisse, die unverhofft auftreten, verstärkt genutzt werden, um ein Ziel zu erreichen.

□ Tab. 3.9 Such-, Stopp- und Entscheidungsregeln der einzelnen Entscheidungsstrategien. (Vgl. Wegmann 2005)

Beispiele für Heuristiken	1. Suchregel	2. Stoppregel	3. Entscheidungsregel
Optimierung	Keine Suchregel, da vollkommenes Wissen um alle möglichen Alternativen und Attribute vorausgesetzt wird	Keine Stoppregel, da keine Suche durchgeführt werden muss	Werte der nach Relevanz gewichteten Attribute werden aufsummiert. Entscheidungen zugunsten der Alternative, deren Attribute den höchsten Wert erzielen
Sub-Optimierung	Keine explizite Suchregel	Die Suche wird eingestellt, sobald ihr Aufwand den Nutzen der Entscheidungsoptimierung übersteigt	Werte der nach Relevanz gewichteten Attribute werden aufsummiert. Entscheidung zugunsten der Alternative, deren Attribute den höchsten Wert erzielen
Satisfizierung	Suchregel nach dem Zufallsprinzip	Die Suche wird eingestellt, sobald eine Alternative dem Satisfizierungsniveau entspricht	Entscheidung zugunsten der ersten Alternative, die dem Satisfizierungsniveau entspricht
Inkrementalismus	Suche nach Alternativen, die nur wenig vom Ausgangszustand abweichen	Die Suche wird abgebrochen, wenn eine Alternative gefunden ist, die eine Verbesserung der Ausgangssituation darstellt	Entscheidung zugunsten einer Alternative, die nur wenig von der Ausgangssituation abweicht, aber eine Verbesserung darstellt
Minimalist-Heuristik	Zufallssuche nach einem relevanten Attribut, in dem sich die Alternativen unterscheiden	Die Suche wird beendet, sobald ein Attribut gefunden ist, in dem sich die Alternativen unterscheiden	Entscheidung zugunsten der bekannten Alternativen. Falls keine oder beide bekannt sind, Entscheidung zugunsten der Alternative mit dem höheren Wert auf dem gewählten Attribut
Take the last-Heuristik	Suche nach einem Attribut, das die Suche in einer vergangenen Entscheidungssituation beendet hat	Die Suche wird beendet, sobald ein Attribut gefunden ist, in dem sich die Alternativen unterscheiden	Entscheidung zugunsten der Alternative mit dem höheren Wert auf dem gewählten Attribut
Take the best-Heuristik	Suche nach einem Attribut, das die stärkste Entscheidungskraft besitzt	Die Suche wird beendet, sobald ein Attribut gefunden ist, in dem sich die Alternativen unterscheiden	Entscheidung zugunsten der Alternative mit dem höheren Wert auf dem gewählten Attribut

(Fortsetzung)

3

◼ **Tab. 3.9** (Fortsetzung)

Beispiele für Heuristiken	1. Suchregel	2. Stoppregel	3. Entscheidungsregel
Verfügbarkeits-Heuristik	Die Suche wird durch die Leichtigkeit bestimmt, mit der Informationen aus dem Gedächtnis abgerufen oder generiert werden können	Keine explizite Stoppregel	Die Entscheidung wird bestimmt durch die Leichtigkeit, mit der Informationen aus dem Gedächtnis abgerufen werden oder generiert werden können
Repräsentations-Heuristik	Keine explizite Suchregel	Keine explizite Stoppregel	Entscheidung auf Grundlage der angenommenen Übereinstimmung (der sog. Repräsentativität) zwischen einem einzuschätzenden Objekt und einer bestimmten Population
Verankerungs-/Anpassungs-Heuristik	Die Suche wird orientiert an einem Ausgangswert oder einer Ausgangssituation	Keine explizite Stoppregel	Die Entscheidung orientiert sich an einem Ausgangswert oder einer Ausgangssituation (Anker)

◘ Tab. 3.10 Relevante Kriterien im Kontext der beruflichen Entscheidungsfindung
Relevante Kriterien im Kontext der beruflichen Entscheidungsfindung
Vorbildung bzw. ausschlaggebende vorherige Erfahrungen
Der Wunsch nach Lohnerwerb bzw. Sicherung des eigenen Lebensunterhalts
Familiärer Einfluss
Freizeitgestaltung
Interesse bzw. Freude an der jeweiligen Tätigkeit
Örtliche Nähe der Ausbildungs- oder Arbeitsstelle oder des Studienortes
Einfluss von Freunden
Innerer Wunsch oder lang gehegter Traum

Da Beratung in den Bereichen Bildung, Beruf und Beschäftigung eine wichtige Rolle spielt, sollte versucht werden, Theorien, die eher auf Rationalität beruhen und genutzt werden sollen, um die Beratungswissenschaft weiterzuentwickeln, zu relativieren (vgl. Schiersmann 2007, S. 150 ff.; Ruppert und Ertelt 2007).

Literatur

Bamberger, G. (2010). *Lösungsorientierte Beratung: Praxishandbuch*. Weinheim: Beltz.

Borg-Laufs, M. (2004). Verhaltensberatung nach dem kognitiv-behavioristischen Modell. In F. Nestmann, F. Engel, & U. Sickendiek (Hrsg.), *Das Handbuch der Beratung. Band 2: Ansätze, Methoden und Felder* (S. 629–640). Tübingen: dgvt-Verlag.

Brown, D. (1990). Trait and factor theory. In D. Brown, L. Brooks, & Associates (Hrsg.), *Career counseling techniques* (S. 13–36). Boston: Allyn & Bacon.

Bryman, A. (1999). Leadership in organizations. In S. R. Clegg, et al. (Hrsg.), *Managing organizations* (S. 26–42). London: Current Issues.

Burrell, G., & Morgan, G. (1979). *Sociological paradigms and organizational analysis*. London: o. V.

Crrites, J. O. (1969). *Vocational psychology*. New York: McGraw Hill.

Crrites, J. O. (1981). *Career counseling – models, methods and materials*. New York: McGraw-Hill.

Dörner, D. (1976). *Problemlösen als Informationsverarbeitung*. Stuttgart: Kohlhammer.

Ertelt, B. J. (1975). Microcounseling. In *Arbeit & Beruf*. Heft 2.

Ertelt, B. J. (2013). Spezielle Theorien der berufsbezogenen Entwicklung. Studienbrief.

Ertelt, B. J., & Schulz, W. E. (1997). *Beratung in Bildung, Beruf und Beschäftigung*. Leonberg: Rosenberger Fachverlag.

Ertelt, B. J., & Schulz, W. E. (2015). *Handbuch Beratungskompetenz*. Heidelberg: Springer.

Gigerenzer, G., & Selten, R. (2002). *The adaptive toolbox* (S. 37–50). Massachusetts: MIT Press.

Haken, H., & Schiepek, G. (2010). *Synergetik in der Psychologie. Selbstorganisation verstehen und gestalten*. Göttingen: Hogrefe.

Heintel, P. (1992). Lässt sich Beratung erlernen? Perspektiven für Aus- und Weiterbildung von Organisationsberatern. In R. Wimmer (Hrsg.), *Organisationsberatung* (S. 345–378). Wiesbaden: Gabler.

Hofer, M. (2015). Theoriebildung im Bereich der Beratung. In B. J. Erteilt, A. Frey, & M. Scharf (Hrsg.), *Berufsberatung als Wissenschaft* (S. 134–144). Hamburg: Kovač.

Kirsch, W. (1971). *Entscheidungsprozesse* (Bd. I–II). Wiesbaden: Gabler (Erstveröffentlichung 1970).

Kirsch, W. (1977). *Einführung in die Theorie der Entscheidungsprozesse*. Wiesbaden: Gabler.

König, E., & Vollmer, G. (2012). *Systemisches coaching*. Weinheim: Beltz.

Königswieser, R., Sonue, E., & Gebhardt, J. (2006). *Komplementärberatung*. Stuttgart: Klett-Cotta.

3

Königswieser, U., Burmester, L., & Keil, M. (2012). *Komplementärberatung in der Praxis. Schnelle Optimierung bei nachhaltiger Entwicklung.* Stuttgart: Schäffer-Poeschel.

Krumboltz, J. D. (2003). Creating and capitalizing on happenstance in educational and vocational guidance. In *SVA/ASOSP.* ▶ http://www.svb-asosp.ch/kongress/start.html. Zugegriffen: 09.10.2016.

Lang, R., & Rybnikova, I. (2014). *Aktuelle Führungstheorien und -konzepte.* Heidelberg: Springer.

Laux, H., Gillenkirch, R. M., & Schenk-Mattes, H. Y. (2014). *Entscheidungstheorie.* Heidelberg: Springer.

Müller, J. J. (2012). Subjektive Theorien und Entscheidungsstrategien in der beruflichen Beratung. In C. Baumeler, B. J. Ertelt, & A. Frey (Hrsg.), *Diagnostik und Prävention von Abbrüchen in der Berufsbildung* (S. 222–238). Landau: Verlag Empirische Pädagogik.

Nestmann, F., Sickendiek, U., & Engel, F. (2007). Die Zukunft der Beratung in Bildung, Beruf und Beschäftigung. In U. Sickendiek, F. Nestmann, F. Engel, & V. Bamler (Hrsg.), *Beratung in Bildung, Beruf und Beschäftigung* (S. 13–51). Tübingen: dgvt.

Osipow, M. (1983). *Theories of career development.* Englewood Cliffs: Prentice Hall.

Parson, F. (1909). *Choosing a vocation.* Montana: Kessinger Pub Co.

Rounds, J. B., & Tracey, T. J. (1990). From trait and factor to person-environment fit counseling: Theory and process. In B. B. Walsh & S. H. Osipow (Hrsg.), *Career counseling: Contemporary topics in vocational psychology* (S. 1–44). Hillsdale: Lawrence Erlbaum Associates.

Ruppert, J. J., & Ertelt, B. J. (2007). "They preach water and the drink wine" or The Unbearable Lightness of Rational Decission-Making Models in Career Counseling. AIOSP/IAEVG, Padova, Italy.

Sampson, J. P., Lenz, J. G., Reardon, R. C., & Peterson, G. W. (1999). A cognitive information processing approach to employment problem solving and decision making. *The Career Development Quarterly, 9,* 3–18.

Schiepek, G., Eckert, H., & Kravanja, B. (2013). *Grundlagen systemischer Therapie und Beratung.* Göttingen: Hogrefe.

Schiepek, G., Küppers, G., Mittelmann, K., & Strunk, G. (1997). Kreative Problemlöseprozesse in Kleingruppen. In W. Langthaler & G. Schiepek (Hrsg.), *Selbstorganisation und Dynamik in Gruppen* (S. 243–262). Münster: LIT-Verlag.

Schiersmann, C. (2007). Auf dem Weg zur Beratungswissenschaft für das Feld Bildung, Beruf und Beschäftigung. In U. Heuer & R. Siebert (Hrsg.), *Weiterbildung am Beginn des 21. Jahrhunderts* (S. 150–160). Münster: Waxmann.

Schiersmann, C., & Thiel, H. U. (2010). *Organisationsentwicklung.* Heidelberg: Springer VS.

Schiersmann, C., & Thiel, H. U. (2012). *Beratung als Förderung von Selbstorganisationsprozessen.* Göttingen: Vandenhoeck & Ruprecht.

Schiersmann, C., & Thiel, H. U. (2014). *Organisationsentwicklung.* Heidelberg: Springer.

Schiersmann, C., Friesenhahn, J., & Wahl, A. (2015). *Synergetisch beraten im beruflichen Kontext.* Göttingen: Hogrefe.

Schulz, W. E. (1995). *Fundamental counsling theories.* Ottawa: o. V.

Seters, Dv, & Field, R. (1990). The evolution of leadership theory. *Journal of Organizational Change Management, 3*(3), 29–45.

Super, D. E. (1990). A life-span, life-space approach to career development. In D. Brown, L. Brooks, & Associates (Hrsg.), *Career choice and development* (S. 197–261). San Francisco: Jossey Bass.

Thiel, H. U. (2003). Phasen des Beratungsprozesses. In C. Krause, B. Fittkau, R. Fuhr, & H. U. Thiel (Hrsg.), *Pädagogische Beratung* (S. 135–142). Paderborn: Schöningh.

Wegmann, O. (2005). *Individuelle Entscheidungsstrategien in der beruflichen Laufbahn im Vergleich zu Modellvorstellungen der beruflichen Laufbahnberatung.* Mannheim: Universität (Diplomarbeit).

Williamson, E. G. (1939). Training and selection of school counselors. ▶ https://onlinelibrary.wiley.com/doi/abs/10.1002/j.2164-5892.1939.tb02568.x.

Yukl, G. (1989). *Leadership in organizations.* Englewood Cliffs: o. V.

Theoretische Grundlagen von Beratungsansätzen im Feld Bildung, Beruf und Beschäftigung und Entwicklung eines an operativen Beratungstheorien orientierten Kompetenzrasters

© Springer Fachmedien Wiesbaden GmbH, ein Teil von Springer Nature 2019
A. Niggemeier, *Die Ausbildung zum Berater*, https://doi.org/10.1007/978-3-658-25767-5_4

In diesem Kapitel werden Beratungsansätze und Beratungsmethoden sowie Gegenstandstheorien dargestellt, die den Kriterien des sogenannten operativen Wissens (vgl. Ertelt 2013, S. 3) genügen. Die Auswahl der dargestellten Beratungsansätze, Beratungsmethoden und Gegenstandstheorien gründet auf deren hoher Repräsentativität in Studiengängen, die auf die akademische Ausbildung von Beraterinnen und Beratern im berufs- und organisationsbezogenen Kontext abzielen. Die Gegenstandstheorien werden nachfolgend als eigenständige Beratungsansätze dargestellt. Einschränkend ist jedoch zu beachten, dass sie nicht unabhängig voneinander betrachtet werden können, sondern es durchaus zu Mischformen verschiedener Ansätze kommen kann. Ferner ziehen die Methoden und Gegenstandstheorien mitunter auch die Inhalte anderer Theorien heran.

4.1 Personalentwicklung und -training

Die Personalentwicklung spielt in dem Bereich der berufs- und organisationsbezogenen Beratung eine wichtige Rolle. Entsprechende Ansätze haben sich in letzter Zeit stark spezialisiert. Personalentwicklung wird jedoch oft als betriebliche Weiter- und Fortbildung missverstanden und daher oft nur mit Seminaren und externen Fortbildungen assoziiert. Personalentwicklungsmaßnahmen, die direkt während der Ausübung des Berufs (on the Job) stattfinden, geraten hingegen häufig aus dem Blick. Eine der neuesten Interpretationen schreibt der Personalentwicklung Maßnahmen zu,

» „die die Handlungs- und Problemlösekompetenzen und die Lernfähigkeit der Mitarbeitenden erhalten und weiterentwickeln mit dem Ziel, einen nachhaltigen Organisationserfolg unter weitgehender Berücksichtigung der Mitarbeitendeninteressen zu sichern" (Münch 1995, S. 15 f.).

Die Definition von Münch (1995) zeigt auf, dass ein enger Zusammenhang zwischen der Personalentwicklung und der Organisationsentwicklung besteht. Hentze et al. führen (2005) aus, dass eine

» „bedürfnisorientierte Personal- und Organisationsentwicklung versucht, durch fortlaufende interne und externe Aus- und Weiterbildungsmaßnahmen die Lernfähigkeit und -bereitschaft der Organisationsmitglieder zu fördern, um eine bestmögliche Ziel- und Leistungsorientierung gewährleisten zu können" (ebd., S. 255).

Unter Personalentwicklung sind also nicht unbedingt Fortbildungsmaßnahmen zu verstehen, sondern vielmehr eine Weiterentwicklung persönlicher Merkmale, die in Bezug auf die berufliche Rolle der betreffenden Person wichtig sind. Diese Merkmale sollen im Hinblick auf die entsprechende Tätigkeit optimiert werden. Entsprechende Maßnahmen im Rahmen von Bildung und Beratung können in diesem Rahmen dabei unterstützen, Veränderungen zu bewältigen und dabei zugleich die Ziele und Interessen der Organisation mit denjenigen der Mitarbeiter in Einklang zu bringen. Lerche (2001) zeigen auf, wie wichtig ein solches Gleichgewicht ist:

» „Personalentwicklung umfasst alle Maßnahmen, die sich auf die Qualifikation und die individuelle berufliche Entwicklung aller Mitarbeiterinnen und Mitarbeiter richten, und die in den angestrebten Wirkungen gegenwärtige und zukünftige betriebliche Anforderungen ebenso berücksichtigen wie persönlich Interessen" (ebd., S. 15; vgl. Merchel 2004).

Dieser Definition zufolge muss die Unternehmens- und Organisationsstrategie so gewählt werden, dass sie eine Personalentwicklung der Mitarbeiter durch konkrete Weiterbildungsmaßnahmen ermöglicht. Zu diesem Zweck muss die übergeordnete Strategie des Unternehmens in einzelne Personalentwicklungsmaßnahmen überführt werden. Personalentwicklung setzt also ein transparentes, langfristiges und nicht zuletzt planvolles Vorgehen voraus, das die Unternehmensstrategie und die individuellen Interessen des jeweiligen Mitarbeiters gleichermaßen berücksichtigt. Zu diesem Zweck sind ein entsprechendes Konzept und passende Bildungs- und Trainingsmaßnahmen zu entwickeln.

Weiterbildungsmaßnahmen, die im Rahmen einer Personalentwicklung stattfinden, lassen sich anhand verschiedener Aspekte differenzieren: 1) nach dem Träger der Maßnahme, 2) nach dem Zusammenhang mit der derzeitigen beruflichen Tätigkeit, 3) nach dem Ausmaß der Organisation, 4) nach den Zielgruppen, an die sie sich wenden und 5) nach dem zeitlichen Aspekt, also z. B. ihrer Dauer (vgl. Friedrich 2010, S. 82). Idealerweise nimmt ein Mitarbeiter während seiner ganzen beruflichen Laufbahn immer wieder an Maßnahmen zur Personalentwicklung teil. Zum ersten Mal sollte dies im Rahmen einer Ausbildung erfolgen, die ihn auf seinen späteren Beruf vorbereitet, wie etwa ein Studium, danach wieder zum Berufseinstieg sowie immer dann, wenn er neue Aufgaben und Verantwortungsbereiche übernimmt. Auch Coachings für Führungskräfte gehören in diesen Bereich, ebenso Maßnahmen, die dann stattfinden, wenn die jeweilige Beschäftigung sich dem Ende nähert, etwa weil der Mitarbeiter bald in den Ruhestand geht. Die Outplacement(-Beratung) ist ein weiterer Bereich, in dem die Personalentwicklung immer wichtiger wird. Hier findet sie meist in einem der folgenden sechs Bereiche statt: 1) Personalentwicklung into the job, 2) Personalentwicklung on the job, 3) Personalentwicklung near the job, 4) Personalentwicklung along the job, 5) Personalentwicklung off the job, 6) Personalentwicklung out of the job.

Aus diesen Überlegungen lässt sich darauf schließen, welche Anforderungen die Personalentwicklung künftig erfüllen muss. Wichtig ist zunächst einmal, dass sie verstärkt als Führungsaufgabe aufgefasst wird. Zu diesem Zweck müssen die entsprechenden Maßnahmen so gestaltet werden, dass sie sich im normalen beruflichen Alltag umsetzen lassen. Die Mitarbeiter sollten stärker als bisher an der Personalentwicklung beteiligt werden, etwa indem sie gemeinsam über entsprechende Maßnahmen nachdenken und diese festlegen. Auch feste Ziele können dabei vereinbart werden. Zudem sollte die Personalentwicklung berücksichtigen, dass sich die Anforderungen an berufliche Tätigkeiten im Laufe der Zeit ändern können. Dazu sind zum einen konkrete, möglichst genaue Tätigkeitsbeschreibungen erforderlich, und zum anderen muss bereits vorausgesehen werden, welche Anforderungen künftig an die jeweilige Tätigkeit gestellt werden könnten. Um die Personalentwicklung tatsächlich umsetzen zu können, ist ferner eine organisationale Lernkultur erforderlich, die dafür Sorge trägt, dass die Mitarbeiter sich über ihr Wissen untereinander austauschen und Prozesse transparent gemacht werden. Zudem muss die Personalentwicklung individuelle Unterschiede zwischen den Mitarbeitern berücksichtigen.

Auch der Personalentwickler muss seinerseits einen Entwicklungsprozess durchlaufen und sich die Fähigkeiten und Kompetenzen aneignen, die er zur Ausübung seiner Tätigkeit braucht. Dazu gehört es unter anderem, dass er Führungskräfte dabei unterstützt, ihre Tätigkeit im Sinne der Personalentwicklung zu realisieren. Um dies leisten zu können, muss er verstehen, worin konkret die Aufgaben von Team- und Abteilungsleitern bestehen. Auch ein strategisches Verständnis ist nützlich, denn es hilft ihm dabei,

4

vorauszusehen, welche Handlungsanforderungen künftig erforderlich sein werden, um die Unternehmensstrategie zu realisieren. Zudem muss er erkennen, welches Potenzial die Mitarbeiter jeweils haben, um die Personalentwicklung entsprechend gestalten zu können. Die Potenziale muss der Personalentwickler dementsprechend in einer Messung erheben und anschließend interpretieren. Eventuell muss er auch die Anforderungs-profile von bestimmten Tätigkeiten oder auch Arbeitsstellen genau beschreiben, sodass sich alle Beteiligten daran orientieren können. Zu seinen weiteren Aufgaben gehört es, im gesamten Unternehmen eine Lernkultur zu entwickeln und zu fördern, was er z. B. dadurch umsetzen kann, dass er Workshops oder Seminare anbietet, deren Struktur und Inhalte er ebenfalls selbst festlegt. Zusammenfassend lässt sich sagen, dass die Aufgabe des Personalentwicklers darin besteht, die einzelnen Mitarbeiter in ihrer individuellen Persönlich so zu unterstützen, dass sie ihre Ressourcen optimal nutzen können, und zwar gerade auch Mitarbeiter, deren Tätigkeit oder auch Arbeitsplatz individuell angepasst werden muss, etwa weil sie unter bestimmten Einschränkungen leiden. Daher muss der Personalentwickler auch die Integration von Mitarbeitern fördern, indem er Arbeits-teams so zusammenstellt, dass auch Mitarbeiter, die eine besondere Unterstützung brau-chen, ihre Fähigkeiten und Fertigkeiten in optimaler Weise einsetzen können.

4.1.1 Kritische Würdigung der Personalentwicklung

Der folgende Abschnitt setzt sich kritisch mit dem Konzept der Personalentwicklung auseinander.

Der erste Kritikpunkt, der sich gegen die Personalentwicklung anführen lässt, besteht darin, dass ihre Möglichkeiten, eine Weiterentwicklung der Mitarbeiter durch bestimmte Maßnahmen zu realisieren, begrenzt sind. Die Mitarbeiter haben sich im Laufe ihres ganzen bisherigen Lebens, vor allem ihrer Sozialisation, umfangreiches Wissen und Fähigkeiten angeeignet, die auf ihren individuellen Wahrnehmungen, Erkenntnissen, Interessen und Erfahrungen basieren. All diese Bereiche werden mitbeeinflusst, wenn die Mitarbeiter nun im Rahmen der Personalentwicklung ihre bisherige Arbeitsweise oder -einstellung verändern sollen. Gerade wenn sie dabei unter Druck gesetzt wer-den, besteht das Risiko, dass sie einen inneren Widerstand oder eine Barriere dagegen aufbauen. Um erfolgreich zu sein, muss die Personalentwicklung also die individuellen Stärken und Interessen der Mitarbeiter berücksichtigen und sie dementsprechend zuvor sorgfältig erfassen.

Ein weiterer Kritikpunkt besteht darin, dass ein nachhaltiger Lernerfolg nur teilweise erreicht werden kann. In den ersten vier Monaten, nachdem eine Personalentwicklung durchgeführt wurde, nimmt die Arbeitsleistung der Mitarbeiter zwar zunächst signi-fikant zu, und sie verändern auch ihr Verhalten entsprechend, doch nach acht Monaten verringern sich diese Veränderungen wieder, und die Mitarbeiter fallen in alte Mus-ter zurück. Zudem sind Personalentwicklungsmaßnahmen für eine Organisation oft relativ kostenintensiv. Zwar bedeuten sie eine aktive Investition in die Ressourcen der Mitarbeiter, doch ist diese mit einer gewissen Erpressungsmacht verbunden (vgl. von Rosenstiel 2003). Darüber hinaus fallen häufig höhere Lohnkosten an, weil die Mit-arbeiter nach der Realisierung der Personalentwicklung besser qualifiziert sind und ein dementsprechend höheres Gehalt bekommen, auch wenn sie die neuerworbene Quali-fikation möglicherweise gar nicht nutzen. Gerade besser qualifizierte Mitarbeiter wan-dern zudem nicht selten in andere Abteilungen oder sogar Unternehmen ab, in denen sie ihre neuen Fähigkeiten ihrer Ansicht nach besser einsetzen können. Weil das Unternehmen daraufhin neues Personal suchen muss, ergeben sich neue Kosten, und zudem geht ihm die Investition in den bisherigen Mitarbeiter verloren. Aus diesem Grund ist es oft vorteilhafter, nach Alternativen zur Personalentwicklung zu suchen.

4.2 Organisationsentwicklung

Da die heutige Gesellschaft relativ komplex geworden ist, wird eine (organisationale) Beratung immer wichtiger und damit auch das Ziel, eine Beratungstheorie zu entwickeln, die langfristig gültig bleibt. Während Experten, die sich mit dieser Thematik befassen, sich bisher vor allem auf klassische therapeutische Interventionsschulen gestützt haben, vermischen sie inzwischen oft verschiedene Ansätze miteinander, was „sich bisweilen als theoretisch nicht explizit begründeter Methodenmix darstellt" (Schiersmann und Thiel 2012, S. 7). Die Organisationsentwicklung nutzt inzwischen zahlreiche Praktiken, Techniken und Methoden, um Organisationen die Anpassung an ihre sich kontinuierlich wandelnde Umwelt zu ermöglichen. Bennis (1969) zufolge umfasst die Organisationsentwicklung

» „eine komplexe bildungsorientierte Strategie, die genutzt wird, um Einstellungen, Werte und Verhaltensweisen von Organisationsmitgliedern so zu ändern, dass die Organisation besser auf neue Technologien, Märkte und weitere Herausforderungen reagieren kann und in verstärktem Maße Wandel durchführt" (Jones und Bouncken 2008, S. 635; vgl. Bennis 1969).

Im Vordergrund stehen dabei die Ziele, die Leistung der Organisation effektiver zu machen, mehr Handlungsalternativen zu entwickeln und das Potenzial der Mitarbeiter optimal zu nutzen. Dies entspricht dem sogenannten Unfreezing, Wandel und Refreezing.

In diesem Unterkapitel sollen verschiedene Ansätze erläutert werden, die in der Organisationsentwicklung realisiert werden. Sie lassen sich in zwei Kategorien einteilen: 1) Ansätze zum Umgang mit Wandelbarrieren und 2) Ansätze zur Bewältigung des Wandels (vgl. ◘ Abb. 4.1).

4.2.1 Die Überwindung von Barrieren in Veränderungsprozessen

Hindernisse, die einen Veränderungsprozess einschränken können, finden sich in allen Bereichen der Organisation, besonders dort, wo es um Beeinflussung und Machtausübung geht. Dies kann sowohl die Beziehung zwischen einzelnen Mitarbeitern betreffen als auch Gruppen oder Teams. Auch darüber, ob der Wandel wirklich notwendig und wie dringend er ist, herrschen häufig geteilte Meinungen. Eventuell kann sogar der Wandel selbst ein Hindernis darstellen, das Widerstand hervorruft. Dieser lässt sich oft verringern, indem prozessbegleitende Kommunikationstrainings durchgeführt oder die Mitarbeiter darin geschult werden, bestimmte Methoden einzusetzen, durch die sie sich selbst sowie andere stärker an den entsprechenden Prozessen beteiligen können.

Da ein Wandel oft mit großer Unsicherheit verbunden ist, ist auch der Widerstand dagegen häufig stark und die Motivation der Mitarbeiter, die jeweilige Veränderung zu realisieren, gering. In Trainings, Weiterbildungen und Kommunikationsprozesse können Berater ihnen entsprechende Informationen vermitteln und ihre Unsicherheit

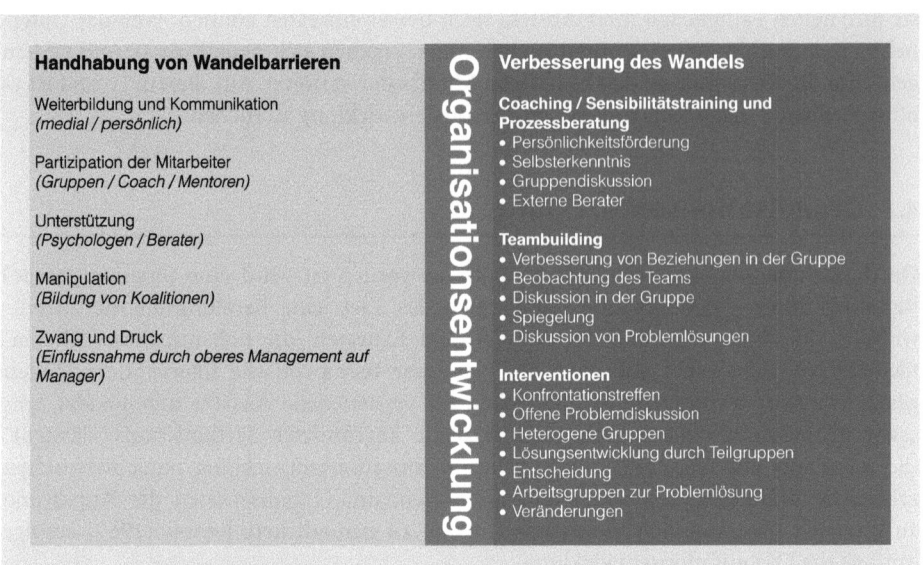

□ Abb. 4.1   Handhabbarkeit von Wandelbarrieren zur Verbesserung des Wandels. (Eigene Abbildung in Anlehnung an Jones und Bouncken: Organisation – Theorie, Design und Wandel, Pearson Studium, München 2008, S. 635)

dadurch verringern. Dies kann auf unterschiedliche Weise geschehen und stellt den besten Weg dar, um den Mitarbeitern Ängste zu nehmen und sie für den weiteren Prozess zu gewinnen. Zu diesem Zweck sollten die Informationen, die sie erhalten, möglichst konkret und genau sein. Führungskräfte befürchten oft, dass die Mitarbeiter versuchen könnten, eine solche Kommunikation negativ zu beeinflussen oder sogar zu verhindern, doch tatsächlich sind diese oft kooperativ. Eine wertschätzende Kommunikation in angemessenem Umfang kann also wesentlich dazu beitragen, eventuelle mögliche Widerstände gegen die Veränderung zu verringern oder sogar abzubauen.

Werden die Mitarbeiter direkt in den Veränderungsprozess einbezogen, so handeln sie dabei zugleich selbstständiger, so etwa in der Umsetzung bestimmter Prozessschritte, und werden dadurch stärker motiviert, den Wandel zu unterstützen. Wenn das mittlere Management Mitarbeitern, die ihm unterstellt sind, Befugnisse erteilt, realisiert es dadurch zudem Empowerment. Grundsätzlich ist eine Veränderung sowohl für die Mitarbeiter als auch für die Führungskräfte oft mit hohem Stress verbunden, da sie sowohl Beziehungen und Aufgaben als auch Verhaltensweisen beeinflusst. Externe Berater oder Psychologen können wesentlich dazu beitragen, diesen Stress zu verringern und dadurch die Leistung der Mitarbeiter und Führungskräfte zu bewahren, besonders dann, wenn die Reorganisationen und Konsolidierungen in der Organisation besonders umfassend sind.

Wenn Mitarbeiter an Verhandlungen teilnehmen dürfen, bietet ihnen dies eine zusätzliche Möglichkeit, um Konflikte zu steuern und zu lösen. Dabei ist es besonders wichtig,

»   „das aufeinander zugehen und die Bildung von Kompromissen […], um den Wandel zu bewältigen. [Wird dennoch deutlich], dass einige Individuen oder Gruppen sich dem Wandel nachhaltig widersetzen, dann müssen obere Führungskräfte sich der Situation annehmen" (ebd., S. 638).

Grundsätzlich besteht ein hohes Risiko, dass Führungskräfte, die einen großen Verantwortungsbereich haben, die Veränderung behindern. Gerade dann, wenn diese Personen einen inneren Widerstand aufbauen, entstehen häufig Konflikte zwischen verschiedenen Bereichen der Organisation. Dieses Abwehrverhalten lässt sich häufig nur durch

» „geschickte politische Einflussnahme wie etwa mittels Kooperation und der Bildung von intra-organisationalen Allianzen und Netzwerken bewältigen" (ebd., S. 638).

Wenn dies misslingt, wird es oft notwendig, konkrete Anordnungen oder sogar Verbote zu erteilen, indem z. B. Mitarbeiter und Führungskräfte gezwungen werden, bestimmte Handlungen zu realisieren oder gerade nicht auszuführen. Hat auch dies keinen Erfolg, so sind arbeitsrechtliche Schritte erforderlich.

4.2.2 Die Verbesserung des Wandels durch Organisationsentwicklung

Die Organisationsentwicklung greift auf bestimmte Methoden und Techniken zurück, die es ermöglichen sollen, einen organisationalen Wandel zu realisieren und zu etablieren. Sie können grundsätzlich auf allen Ebenen der Organisation eingesetzt werden und müssen dabei jeweils an die konkrete Situation angepasst werden.

Wie eine bestimmte Vorgehensweise oder ein Verhalten interpretiert wird, hängt jeweils von der individuellen Persönlichkeit ab. Diese ist jedoch relativ gefestigt und lässt sich kaum verändern. Entsprechend können

» „Trainings nicht gleich an der Veränderung der Persönlichkeit ansetzen, sondern müssen die Wahrnehmungen einer Situation und die Einstellungen ihr gegenüber angehen" (ebd., S. 639 f.).

Golembiewski erwähnt in diesem Zusammenhang das Sensibilitätstraining, das er als eine besonders intensive Form des Coachings versteht (vgl. Golembiewski 1978). Es kann im Rahmen der Organisationsentwicklung verwendet werden, um es Mitarbeitern leichter zu machen, sich an die Organisation anzupassen.

Die Organisationsentwicklung kann auch gezielt dazu genutzt werden, eine Veränderung innerhalb einer Gruppe oder zwischen Gruppen zu realisieren, z. B. das Teambuilding, das die Mitglieder einer Gruppe dazu anregt, ihre Zusammenarbeit zu verbessern. Das Teambuilding nimmt besonders die Arbeitsbeziehungen in der Gruppe in den Blick und dient weniger dazu, die Leistung der einzelnen Teammitglieder zu steigern. Das gruppenübergreifende Training wirkt sich noch intensiver auf die Teambeziehung aus.

» „Das Ziel des gruppenübergreifenden Trainings liegt darin, die jeweils erforderlichen gemeinsamen Aktivitäten zur Zielerreichung zu untersuchen und zu verbessern. Gerade wenn cross-funktionale Koordination wichtig ist, wie etwa bei Reengineering und Total Quality Management, stellt das gruppenübergreifende Training eine sehr wichtige Rolle dar" (Jones und Bouncken 2008, S. 642).

4

Das Konfrontationstreffen stellt eine Methode dar, die sehr direkt in die Beziehung zwischen Führungskräften oder Mitarbeitern eingreift (vgl. Beckhardt 1967). Dabei diskutieren alle Führungskräfte der Organisation gemeinsam darüber, ob es erforderlich ist, die Ziele neu auszurichten. Anschließend werden dann konkrete Schritte festgelegt, um eine entsprechende Veränderung einzuleiten. Veränderungen, die eine Restrukturierung, ein Reengineering oder ein Total Quality Management umfassen, werden häufig mithilfe solcher Interventionstechniken realisiert.

Insgesamt lässt sich der organisationale Wandel als dauerhafter Prozess verstehen, der dazu beitragen soll, die Organisation effektiver zu machen. Aus diesem Grund kann er jederzeit stattfinden, sodass alle Betroffenen darauf vorbereitet sein müssen, sich schnell an mögliche Veränderungen anzupassen und Widerstände abzubauen. Diese stehen häufig mit Macht und Konflikten in Verbindung, weiterhin mit Unterschieden in Bezug auf die funktionale Orientierung, die mechanische Struktur sowie die Organisationskultur, aber auch mit Gruppennormen, die einander widersprechen, sowie mit Gruppenzusammenhalt und Gruppendenken. Auch hier können gezielt Techniken der Organisationsentwicklung eingesetzt werden, um solche Widerstände zu verringern oder abzubauen.

4.2.3 Kritische Würdigung der Organisationsentwicklung

Ein Kritikpunkt, der in der Fatur gegen die Organisationsentwicklung besonders häufig vorgebracht wird, besteht darin, dass sie stark theoretisch orientiert ist. Quantitative Studien, die sich mit den Techniken und Diagnosemethoden befassen, die in der Organisationsentwicklung eingesetzt werden, kommen oft zu unterschiedlichen Ergebnissen (vgl. Burkart 2014, S. 69). Daher liefert die Organisationsentwicklung

> » „grundsätzlich wenig Anhaltspunkte, bestimmte Interventions-
> und Partizipationstechniken als geeignet bzw. als ungeeignet zur Erreichung der
> formulierten Zielsetzungen zur identifizieren" (ebd., S. 69).

Sie kann als Trainingsinstrument aufgefasst werden, das zu dem Zweck eingesetzt wird, Routinen und subjektive Organisationstheorien, die belastend empfunden werden, abzubauen und stattdessen professionelle Methoden wie etwa eine intensive Kommunikation, Teambildung und Trainingsmaßnahmen zu nutzen.

4.3 Human Resource Management

Das Human Resource Management umfasst zentrale Prozesse und Funktionen, die dazu dienen sollen, Humanressourcen zu erkennen, weiterzuentwickeln und zu bewahren. Es betrachtet also den Menschen als Ressource und untersucht, wie diese am besten eingesetzt werden kann, sodass der entsprechende Mitarbeiter motiviert und seine Leistung optimiert wird. Die operative Praxis des Human Resource Managements umfasst bestimmte Kernprozesse, die festlegen, welche seiner Tätigkeitsfelder unerlässlich sind, um Mitarbeiter für die Organisation zu gewinnen, sie zu motivieren und ggf. auch freizustellen, etwa damit sie bestimmte Aufgaben übernehmen können. In ◻ Abb. 4.7 wird ein Rahmenmodell des Human Resource Managements gezeigt.

Um passende Kategorien für diese Form des Managements entwickeln zu können, sind das Berufs- und das Menschenbild des Human Resource Managements von besonderer Bedeutung. Sie werden daher im Folgenden näher erläutert und zusätzlich operative Aufgaben und aktuelle Trends dieser Managementform beschrieben, die mit ihren Kerninhalten in Verbindung stehen. Zudem wird das Human Resource Management von anderen Beratungsfeldern abgegrenzt. Um Dopplungen und Mehrfachnennungen zu vermeiden, sollen nur neue Inhalte vorgestellt werden, die sich speziell auf HR beziehen.

4.3.1 Berufsbilder des Human Resource Managements

Das Human Resource Management bezieht sich auf eine Fülle von Berufsgruppen, wobei jedoch der Personal- und Organisationsbezug eine relativ einheitliche Gruppe bestimmter Berufe umfasst (vgl. Rowold 2015, S. 1), die inhaltlich dadurch verbunden sind, dass in Hinblick auf Human Resources grundsätzlich die gleichen Anforderungen an die jeweilige Tätigkeit bestehen. Unterschiedlich sind hingegen die spezifischen Tätigkeitsschwerpunkte. In den letzten Jahren haben sich in der Arbeitswelt große Veränderungen vollzogen, die insbesondere auch die Bedingungen am Arbeitsplatz betreffen. Dadurch haben sich auch die Arbeitsfelder des Human Resource Managements gewandelt, was Rowold (2015) zufolge vor allem durch folgende Aspekte bedingt ist:

Die Internationalisierung wird für das Human Resource Management immer wichtiger. Mitarbeiter, die in diesem Bereich tätig sind, müssen zunehmend häufiger als früher in internationalen Teams arbeiten und sich dabei mit interkulturellen Fragestellungen befassen. Immer mehr Arbeitsteams bestehen aus Mitgliedern mit unterschiedlichen kulturellen und sozio-kulturellen Hintergründen, und dies betrifft auch ihre jeweiligen Kompetenzen, Erwartungen und Werte, die deshalb miteinander in Einklang gebracht werden müssen. Da die technische Entwicklung rasch voranschreitet, muss das Human Resource Management zudem verstärkt neue Technologien berücksichtigen, sodass die Mitarbeiter, die auf diesem Gebiet tätig sind, eine hohe Lern- und Entwicklungsbereitschaft aufweisen müssen. Zudem müssen sie fähig sein, die Lern- und Entwicklungsbereitschaft in anderen Arbeitsbereichen zu erhöhen, und dazu wiederum benötigen sie Methodenkompetenz in ihrem fachspezifischen Tätigkeitsfeld. Auch betriebswirtschaftliche und juristische Grundkenntnisse erhalten einen immer wichtigeren Stellenwert. Sie setzen ihrerseits wiederum konkrete Softwarekenntnisse voraus. Da somit die anfallenden Aufgaben- und Problemkonstellationen immer komplexer werden und sich die anfallende Arbeit immer mehr verdichtet, müssen

» „Human Resource Experten [zudem] in der Lage sein, Informationen zu reduzieren, Entscheidungen vorzubereiten, zu fällen und durchzusetzen sowie ihre eigene Arbeitszeit nach Prioritäten zu strukturieren" (ebd., S. 2).

Weiterhin gehört es zum Tätigkeitsfeld eines Human-Resource-Experten, Kontakte zu den Vertretern verschiedenster Interessengruppen im Unternehmen aufzubauen und regelmäßig mit ihnen zu kommunizieren. Darüber hinaus erfordert

4

» „das veränderte Rollenverständnis von `Human Resource Experten noch` weitere Kompetenzen: Weil sich immer mehr Human Resource Abteilungen im Unternehmen als strategischer Partner der Geschäftsführung ansehen, müssen hierfür nötige Kompetenzen erworben werden, die typischerweise `nicht` […] durch klassische Ausbildungsangebote abgedeckt werden" (ebd., S. 2).

Human-Resource-Abteilungen sollten sich daher zunehmend selbst als Business-Partner betrachten, nicht als passives Organ des Unternehmens, das Befehle von anderen Abteilungen entgegennimmt. Ihre Mitarbeiter sollten in der Lage sein, Problemlöseprozesse, Teamgespräche und Konflikte zu moderieren und zu steuern. Um ihr Wissen immer auf dem neuesten Stand zu halten, sollten sie es regelmäßig überprüfen, reflektieren und erweitern, sodass es ihnen in der Praxis von Nutzen ist.

4.3.2 Das Menschenbild des Human Resource Managements

Oben wurde bereits deutlich, dass das Fachgebiet Human Resource Management zahlreiche Untergebiete und Anwendungsbereiche umfasst, von denen viele auf der Betriebswirtschaftslehre und der Psychologie basieren. Da sich das Wissen auf diesen Gebieten nach wie vor stark vermehrt, werden ständig neue Erkenntnisse über die Prozesse und das Potenzial des Human Resource Managements gewonnen.

Im Folgenden sollen zunächst einige Schlüsselbegriffe kurz definiert werden. Anschließend wird untersucht, welche Menschenbilder dem HRM zugrundeliegen.

Nach Rowold (2015) beschreiben Menschenbilder, welche Rolle einem Akteur

» „von einem anderen Akteur […] zugebilligt wird. `Da Menschenbilder das` Handeln eines Akteurs leiten, werden je nach Menschenbild auch bestimmte Arbeitsprozesse, interpersonelle `Beziehungen und Arbeitsinstrumente` bevorzugt oder eher abgelehnt" (ebd., S. 6).

Daraus lässt sich ableiten, dass Menschenbilder individuell verschieden sind, weil sie von der Sozialisation der jeweiligen Person beeinflusst werden. Zudem können sie sich verändern, wenn die betreffende Person neues Wissen und Erfahrungen erwirbt oder eine Reflexion durchführt. Sie werden jeweils unbewusst konstruiert.

Edgar Schein entwarf in den 1980er Jahren ein Kategoriensystem, das vier Komponenten umfasst und die Menschenbilder des Human Resource Managements sowie ihre Bedeutung für die Praxis des Personalwesens verdeutlicht (vgl. ◘ Tab. 4.1).

4.3.3 Darstellung der operativen Aufgaben des Human Resource Managements

In der Praxis wird das Human Resource Management meist in der Personalverwaltung eingesetzt. Personalreferenten haben häufig mit alltäglichen Aufgaben zu tun, die immer wieder anfallen. Aus der Gesamtstrategie des Unternehmens ergibt sich dabei der operative Aspekt, der dazu dient, diese Aufgaben praktisch umzusetzen (vgl. Bühner 2005). Das Human Resource Management wird in diesem Zusammenhang eingesetzt, um Personalakten sowie Arbeitszeit- und Urlaubskonten zu verwalten oder administrative

☐ Tab. 4.1 Menschenbilder des Human Resource Managements. (Vgl. Rowold 2015, S. 7)

Menschenbild	Rational-ökonomisch	Sozial	Selbstver-wirklichung	Komplex
Philosophie	Hedonismus Utilitarismus	Kooperation Anthropologie	Humanismus Positivismus	Inter- und intraindividuell unterschiedlich
Blickwinkel auf die Organisation	Technikfokussiert, zentralistisch	Menschenorientiert	Technik- und menschenfokussiert, dezentral	Technik- und menschenfokussiert, dezentral
Blickwinkel auf den Akteur	Aus Egoismus heraus motiviert	Aus sozialen Bedürfnissen heraus motiviert	Von der Suche nach Sinn motiviert	Mehrere Werte motivieren, je nach Situation
Blickwinkel auf die Beziehung zwischen den Akteuren	Distanz	Nähe	Nähe, Autonomie	Distanz/Nähe, je nach Situation
Implikationen für das Management	Mitarbeiter kontrollieren, belohnen, bestrafen	Kooperation und Wertschätzung unter Kollegen sowie Mitarbeiter fördern	Selbstdisziplin, Selbstkontrolle, sinnliche Ebene des Mitarbeiters, Selbstverwirklichung und Entwicklung fördern	Je nach Fokus und Zielsetzung variabel
Beginn der Verbreitung	Seit 1890	Seit 1950	Seit 1960	Seit 1980
Zielkriterien	Produktion	Zufriedenheit	Siehe links, zusätzlich: Kompetenz-erweiterung	Siehe links, je nach Zielsetzung

◼ **Tab. 4.2**	Tätigkeiten und Handlungsfelder des Personalreferenten. (Vgl. Rowold 2015, S. 218)
	Tätigkeiten und Handlungsfelder des Personalreferenten
Transparenz	*Ansprechpartner, Prozesse und Verantwortlichkeiten werden festgelegt und kommuniziert und können somit im Unternehmen wahrgenommen werden*
Flexibilität	*Dies bezieht sich auf die Anforderungen an die Personalreferenten, auf Wünsche und Anliegen der Mitarbeiter schnell zu reagieren. Dieser Anspruch wird zunehmend größer*
Kundennähe	*Die Verbindung von Personalreferenten zu den Mitarbeitern wird enger, sodass auf kurzfristige Anfragen passgenauer reagiert werden kann*
Problemorientierung	*Es werden Bearbeitungsmöglichkeiten geschaffen, welche übergreifend eingesetzt werden und sicherstellen, dass individuelle Lösungen marginalisiert und Arbeitsprozesse standardisiert werden*
Integration	*Aufgabenstellungen sollen funktional ausgerichtet und in den Kontext des Unternehmens eingepasst werden, um Doppelarbeit möglichst zu vermeiden. Dies bedeutet, dass Prozesse im Arbeitsalltag der Personalreferenten transformiert werden*
Vernetzung	*Durch die Zusammenarbeit verschiedener Abteilungen können schnellere Alternativen zur Problemlösung gefunden werden. Entsprechend sollte auch übergreifend mit anderen Abteilungen zusammengearbeitet werden, um Schnittstellen im Unternehmen optimal nutzen zu können*
Vermittlungsfähigkeit	*Die Herausforderungen der Verbesserungen von Koordination und Umsetzung gestellter Aufgaben der administrativen Personalarbeit*

Tätigkeiten wie die Entgeltabrechnung und die Sozialverwaltung durchzuführen. Olfert (2010) kategorisiert die Administration des operativen Human Resource Managements in sechs Hauptaufgaben, die sich jeweils auf folgende Bereiche beziehen: 1) Beschaffung oder Einsatz von Mitarbeitern, 2) Entlohnung, 3) Betreuung, 4) Entwicklung und 5) Freistellung.

Dabei muss sichergestellt werden, dass die organisationalen bzw. operativen Kernaufgaben des Unternehmens auf effiziente Art realisiert werden. Die operativen Aufgaben des Human Resource Managements stellen also auf administrativ-organisatorischer Ebene eine wichtige Grundlage dar, damit das Unternehmen Erfolg erzielt (vgl ◼ Tab. 4.2).

Die funktionsbezogene Organisationsstruktur kategorisiert bestimmte Teilbereiche wie etwa Personalentwicklung, Personalbeschaffung und Personalplanung und bearbeitet sie. Der Personalreferent ist jeweils für ein konkretes Aufgabengebiet und einen bestimmten Personenkreis verantwortlich. Mithilfe des Computerprogramms SAP vereinfacht er Arbeitsprozesse. Eine weitere zentrale Komponente des operativen Human Resource Managements ist die Karriereplanung der Mitarbeiter, die wiederum im Rahmen der Personalentwicklung stattfindet.

4.3.4 **Kritische Würdigung des Human Resource Managements**

Es gibt eine ganze Reihe von Kritikpunkten, die gegen das Human Resource Management (HRM) vorgebracht werden. Hulin et al. (1990) identifiziert sogar drei innere Widersprüche, die dieses Konzept enthält. Zum einen strebt es danach, die Ressourcen jedes Mitarbeiters im Unternehmen mit einzubeziehen, und jeder von ihnen soll das Gesamtziel verfolgen. Dabei bezieht es die Bindung der Mitarbeiter an das Unternehmen mit ein, die sie zum Engagement verpflichte. Zum anderen verlangt es jedoch eine personelle Flexibilität, die bewirken kann, dass bestimmte Aufgaben oder Aufgabenbereiche, aber auch Kollegen, Abteilungen oder sogar das gesamte Unternehmen getrennt bzw. anders aufgeteilt werden, wodurch genau diese Bindung wieder verloren geht. Zudem ist die Organisationskultur, die es anstrebt, relativ unflexibel und von Machtstrukturen geprägt, was es dem Unternehmen erschweren kann, sich an neue Situationen oder Aufgaben anzupassen. Ferner finden sich im HRM auch Mehrdeutigkeiten, denn die Mitarbeiter sollen einerseits flexibel agieren, andererseits aber auch die eher starre Unternehmenskultur fördern. Vor allem aber ist nach wie vor unklar, wie das HRM realisiert und insbesondere standardisiert werden soll und welche Instrumente, Praktiken und andere Methoden, Systeme und Institutionen dazu erforderlich sind. Zuletzt ist noch kritisch anzumerken, dass das HRM bislang noch keine ausreichende theoretische Basis besitzt (vgl. Legge 2005).

4.4 Unternehmensberatung und Consulting

Um die Unternehmensberatung und ihre Voraussetzungen insbesondere in Bezug auf den Berater in ihrer Komplexität angemessen zu würdigen und zu ordnen, werden diese Voraussetzungen unter drei verschiedenen Aspekten betrachtet: 1) das Beratersystem vor dem Hintergrund der Unternehmensberatung, 2) Festlegung konkreter Voraussetzungen, die eine Ausbildung zum Unternehmensberater erfüllen muss, und 3) genaue Betrachtung der Ausbildung von Unternehmensberatern am Beispiel der Niederlande.

4.4.1 Die Darstellung des Beratersystems im Kontext von Unternehmensberatung

Nachfolgend wird das Beratungssystem als Beratungsunternehmen aufgefasst. Demnach unterliegt es

» „[a]ls offenes System den Einflüssen des beschriebenen Umfelds und kann wie bereits das Klientenunternehmen durch die Determinanten Strategie, `Struktur`, Ressourcen und Kultur beschrieben werden" (Strasser 1993, S. 61).

Je nachdem, wie diese Einflüsse von dem Beratenden umgesetzt werden, wird auch die praktische Unternehmensberatung gestaltet. Damit festgelegt werden kann, wie ein Unternehmen grundsätzlich ausgerichtet sein soll, ist eine **Strategie** erforderlich, die sich speziell auf Organisationen bezieht und die Inhalte und Schwerpunkte der Beratung festlegt, um auf diese Weise sicherzustellen, dass die betreffende Organisation wirtschaftlich arbeitet und stetig eine gute Leistung erbringt. Gerade im Bereich der Beratung bezieht sich dies auch auf den personellen Aspekt. Daher orientiert sich die Struktur einer Unternehmensberatung von der Organisation her meist an der operativen Beratungstätigkeit, was sich darin zeigt, dass Abteilungen und Beraterteams sich immer auf das Ratsuchende System konzentrieren und dieses bei jedem Entwicklungsprozess

▢ **Tab. 4.3**   Geografische Tätigkeitsfelder der in Anspruch genommenen Berater. (Vgl. Strasser 1993, S. 63)

Unternehmensgröße	Groß	Mittel	Klein	*Insgesamt*
Tätigkeit des Beraters				
Regional	1	2	2	*5*
National	1	3	5	*9*
International	6	2	0	*8*
Insgesamt	*8*	*7*	*7*	*22*

mitberücksichtigt wird. Oft werden Projektteams gebildet, die auf diesen Bereich spezialisiert sind, und so die Struktur des Beratungsprozesses verändert bzw. erweitert.

Die räumlichen Strukturen sind jeweils am operativen Geschäft ausgerichtet, konzentrieren sich also auf die zu lösenden Problemstellungen und die Klienten des Unternehmens. Wenn diese international tätig sind, suchen sie häufig gezielt nach einem Beratungsunternehmen, das ebenfalls international agiert (vgl. ▢ Tab. 4.3).

Welche **Werte** eine Unternehmensberatung vertritt, hängt häufig von ihren ethischen Beratungsnormen und ihrer Unternehmensphilosophie ab. Wenn sie einem Berufsfachverband angehört, nimmt sie zudem oft eine entsprechende kulturelle Grundhaltung ein. Der **Berater** fungiert als Dienstleister, der den Beratungsprozess steuert und über drei zentrale Qualifikationen verfügt: eine fundierte theoretische Aus- und Weiterbildung und die Bereitschaft, sich kontinuierlich weiterzubilden, praktische Erfahrungen in dem operativen Umfeld, in dem er tätig wird, sowie eine gefestigte Persönlichkeit (vgl. ebd., S. 64 f.). Dies ermöglicht es ihm, unterschiedliche Problemkonstellationen zu bearbeiten, die mitunter sehr komplex sein können. Viele Berater spezialisieren sich auf ein bestimmtes Gebiet oder einen Kompetenzbereich. Im Folgenden werden einige grundlegende Anforderungen erläutert, die Unternehmensberater erfüllen sollten.

4.4.2 Darstellung empirischer Befunde zur Ausbildung von Unternehmensberatern am Beispiel der Beraterausbildung in den Niederlanden

In diesem Kapitel wird näher untersucht, welche Anforderungen Unternehmensberater erfüllen sollten, und dazu als Beispiel die Beraterausbildung in den Niederlanden betrachtet. Zugrunde gelegt wird dabei die Studie von Bosscher und Hendriks (1989), eine der ersten und grundlegendsten in diesem Bereich.

Grundsätzlich lassen sich die Voraussetzungen, die ein Unternehmensberater erfüllen muss, in drei Kategorien einteilen: Persönlichkeitsmerkmale, Berufs- und Praxiserfahrung und durchlaufene Ausbildung (Bosscher und Hendriks 1989, S. 317). Eine Befragung großer Beratungsunternehmen führte

» „zu einer Liste mit 77 Persönlichkeitsmerkmalen, welche insgesamt 270-mal genannt wurden. Nach Eliminierung von Merkmalen mit maximal drei Nennungen wurden letztlich 27 Persönlichkeitsmerkmale erfasst, die in eher

beeinflussbare und eher unbeeinflussbare unterteilt wurden. Die kleinen Beratungsunternehmen wurden um eine Auswahl von vier **Persönlichkeitsmerkmalen** aus einer vorgegebenen Auflistung **ersucht"** (Bosscher und Hendriks 1989, S. 317).

Daraus kann man schließen, dass große Beratungsunternehmen Merkmale in den Vordergrund stellen, die sich leichter beeinflussen lassen, kleinere Unternehmen dagegen eher ein Gleichgewicht zwischen diesen Merkmalen und solchen herstellen, die sich weniger beeinflussen lassen. Zu den Persönlichkeitsmerkmalen, die relativ fest vorgegeben sind, zählen u. a. analytische Fertigkeiten, die in großen und kleinen Unternehmen jeweils einen ähnlich großen Stellenwert haben (34 % bzw. 35 %) (vgl. ebd., S. 318). Merkmale, die sich leichter beeinflussen lassen, sind vor allem soziale und kommunikative Fähigkeiten, die in großen Unternehmen einen Stellenwert von 54 % und in kleinen von 62 % haben. Der Erfahrungsaspekt spielt als Anforderungskriterium dagegen eher eine untergeordnete Rolle und wurde nur von der Hälfte der betrachteten Unternehmen als wichtig erachtet. Einen hohen Stellenwert hatte dagegen eine Hochschulausbildung, vor allem in Betriebswirtschaftslehre sowie Ökonomie und den technischen Wissenschaften. Solche Bewerber wurden von einem Großteil der befragten Unternehmen bevorzugt. Aus diesen Ergebnissen lässt sich schließen, dass im Rahmen der Selektionskriterien Persönlichkeitsmerkmale den höchsten Stellenwert haben und die Erfahrung nur als geringfügig relevanter betrachtet wird als die Ausbildung (vgl. ◻ Tab. 4.4).

Manche Unternehmen sind überzeugt, es gebe eine ideale Ausbildung für Berater, die sich folgendermaßen gestalte: zuerst eine allgemeine Universitätsausbildung, dann eine mehrjährige Tätigkeit in verschiedenen Aufgabenbereichen und Wirtschaftszweigen, anschließend dann auch als Unternehmensberater, und im letzten Schritt sollte der Berater erneut eine Ausbildung absolvieren, diesmal speziell auf dem Gebiet der Unternehmensberatung.

4.4.3 Schlussfolgerungen zur Entwicklung eines Ausbildungskonzeptes für Unternehmensberater

Aus der hier vorgenommenen Analyse ergibt sich, dass ein Unternehmensberater durchschnittlich 44 Jahre alt ist, über eine Hochschulausbildung verfügt und anschließend elf Jahre lang Berufserfahrung gesammelt hat. Eine einheitliche, allgemein anerkannte Ausbildung zum Unternehmensberater, vorzugsweise an einer Hochschule, existiert jedoch bislang noch nicht. Bosscher und Hendriks (1989) zufolge ist es wichtig, zu untersuchen, ob die Unternehmensberatung soweit fortentwickelt werden kann, dass sie einen eigenen Berufsstand bilden kann. Sollte dies der Fall sein, so müssen entsprechende konkrete Wertvorstellungen und ethische Normen verpflichtend festgelegt, weiter ausgebaut und schließlich standardisiert werden.

So wäre es etwa denkbar, eine Weiterbildung zum Unternehmensberater in Form einer Postdiplom-Ausbildung oder eines Studiums anzubieten. Ein Postdiplom-Studium sollte idealerweise mindestens folgende Aspekte der Weiterbildung berücksichtigen, die gerade für die Erwachsenenbildung relevant sind:

- praktische Anwendung der Lerninhalte
- Einsicht in den Lernprozess (vgl. Rickenbacher 1989).

4

Tab. 4.4 Rangordnung der Selektionskriterien Persönlichkeitsmerkmale, Ausbildung und Erfahrung. (Vgl. Bosscher und Hendriks 1989, S. 320)

Rang-ordnung/ Gesamt-zahl	Persönlichkeitsmerkmale Häufigkeit		Ausbildung Häufigkeit		Erfahrung Häufigkeit		Gesamtzahl Häufigkeit	
	Absolut	Relativ	Absolut	Relativ	Absolut	Relativ	Absolut	Relativ (%)
Priorität 1	39	87	1	2	5	11	45	100
Priorität 2	3	7	21	47	21	47	45	100
Priorität 3	3	7	23	5	19	42	45	100
Unternehmen ins-gesamt	45	100 %	45	100 %	45	100 %	–	–

Praktisch umsetzen lässt sich dies, indem im Rahmen eines Train the Trainer-Programmes Fallbeispiele bearbeitet werden und die Studierenden Reflexionsgruppen bilden, in denen sie gemeinsam nach einer Lösung für die zu bearbeitenden Problemfälle suchen. Weitere wichtige Aspekte sind folgende: 1) regelmäßige Weiterbildung auf fachlicher, persönlicher und kommunikativer Ebene; 2) homogene Teilnehmergruppen, die jeweils nach den entsprechenden Tätigkeitsbereichen zusammengestellt werden; 3) ein Ausbildungsprogramm, das gezielt an den Bedürfnissen der Teilnehmer ausgerichtet ist; 4) genügend Zeit für die Studierenden, um die Studieninhalte individuell aufzubereiten; 5) ein Aus- bzw. Weiterbildungskonzept, das sich berufsbegleitend umsetzen lässt. Werden all diese Aspekte berücksichtigt, so können die so ausgebildeten Berater eine qualitativ hochwertige Beratung leisten. Aber auch innovative Ausbildungsansätze sollten in Zukunft vermehrt berücksichtigt werden. Diese könnten

» „in der Verbesserung für Menschen und Organisationen durch Generationen-Integration [ältere Manager, jüngere Berater], Mobilitätsforschung [lehrende Berater oder beratende Lehrer], interkulturelle Kommunikation [Zusammenwirken von Beratern verschiedener Kulturen], Weiterbildungs-Design, Prozessveränderung durch Umkehr der Bedingungen im Sinne der Beratung als Probebewusstmachung – und nicht primär als Problemlösung – bestehen" (Strasser 1993, S. 65).

4.4.4 Kritische Würdigung der Unternehmensberatung

Die Unternehmensberatung wird von allen Tätigkeitsfeldern, in denen Beratung stattfindet und die in dieser Studie beschrieben werden, sowohl vom quantitativen als auch vom qualitativen Aspekt her am stärksten öffentlich kritisiert, wobei auffällt, dass dies besonders in nicht-wissenschaftlichen Medien der Fall ist. Daher erwies sich die Recherche nach kritischen Inhalten zur Unternehmensberatung, die sowohl aussagekräftig als auch wissenschaftlich fundiert sind, als relativ schwierig. Ein weitverbreiteter Kritikpunkt besteht darin, dass in der Unternehmensberatung noch keine konkreten Instrumente oder Methoden existieren, die speziell auf die Beratung zugeschnitten sind, sondern dass die entsprechenden Methoden aus Nachbardisziplinen stammen und auch vor diesem Hintergrund verwendet werden. Zudem steht die Expertenberatung im Vordergrund (vgl. Walger und Scheller 1998), deren Effektivität und wissenschaftliche Fundierung ebenfalls in Zweifel gezogen werden. Unklar ist auch, ob die Unternehmensberatung überhaupt eine Beratung im wissenschaftlichen Sinne darstellt oder nicht vielmehr eine zeitlich begrenzte Form des externen Managements ist, dessen Ziel darin besteht, eine konkrete Lösung für das betrachtete Problem zu finden und diese umzusetzen. Ferner existieren auch sehr viele unberechtigte bzw. unbegründete Kritikpunkte, die sich vor allem gegen die Honorar- und Vergütungsmodelle der Berater wenden. Da diese Aspekte jedoch wissenschaftlich bislang kaum erörtert wurden, sollen sie im Folgenden außer Acht gelassen werden.

4.5 Personalberatung als Sonderform der Unternehmensberatung

Headhunter suchen gezielt nach Managementtalenten, wobei sie sich jedoch lange Zeit nicht zu erkennen geben. Daher werden sie oft als geheimnisvoll betrachtet. Ihre Auftraggeber pflegen

> » „einen vertraulichen Umgang mit ihnen, brauchen sie doch selber ihren Headhunter, wenn es die Karriereleiter weiter `aufwärts gehen soll`, und besonders natürlich, wenn es gilt, einen Knick in dieser Leiter zu vermeiden oder auszubügeln" (Ruppert 1998, S. 88; vgl. Neudeck und Pranzas 1995, S. 6 ff.).

Mit der Realität hat dies jedoch oft wenig zu tun. Die Personalberatung bildet einen Unterbereich der Unternehmensberatung, der sich komplett spezialisiert hat und in dem ausschließlich Mitarbeiter mit großer Erfahrung tätig sind. Ihre Arbeit wird danach beurteilt, ob und in welchem Grad sie dazu beitragen, eine Führungsposition angemessen zu besetzen. Vor diesem Hintergrund lassen sich drei Kategorien von Spezialisten und Generalisten identifizieren: 1) reine Personalberater; 2) Human Resource-Managementberater, die ausschließlich oder großteils auf diesem Gebiet agieren und daher über ein cross-selling-Potenzial verfügen, das es ihnen ermöglicht, vakante Stellen mit den passenden Mitarbeitern zu besetzen, und 3) die sogenannten „Gelegenheits-Täter, die nur im Ausnahmefall aufgrund ihrer Kontakte tätig werden" (ebd., S. 89). Daneben gibt es noch Berater, die das sogenannte „old-boy-Netzwerk" nutzen. Sie sind für die vorliegende Untersuchung jedoch von untergeordneter Bedeutung und sollen daher hier vernachlässigt werden. Eine Besonderheit in der Personalberatung liegt darin, dass der Berater hier keine Unternehmer und Systeme berät, sondern mit Einzelpersonen arbeitet, deren Persönlichkeit in diesem Zusammenhang besonders relevant ist.

Zudem ist es jederzeit denkbar, dass die Auftraggeber in die Kandidatenrolle wechseln. Eine Personalberatung strebt immer danach, dass alle Beteiligten gemeinsam in einer angemessenen Zeitspanne den optimalen Kandidaten für die vakante Stelle finden. Der Ratsuchende fordert vom Personalberater „unbedingte Loyalität, Offenheit und Fachkompetenz" (ebd., S. 90), und genau dies sind drei der wichtigsten Kompetenzanforderungen, die ein Personalberater erfüllen muss. Die Loyalität hängt oft eng mit der Kultur des betreffenden Personalberatungsunternehmens zusammen, und wie stark sie ausgeprägt ist, wird vor allem von der Persönlichkeit des Beratenden und seinen Wertvorstellungen beeinflusst. Offenheit kann man sich jedoch nur sehr schwer nachträglich aneignen. Die Fachkompetenz der Beratenden ist von grundlegender Bedeutung und sollte

> » „sowohl im ureigenen Geschäft des Beraters […] `als auch im Geschäft und` Marktfeld des Klienten entwickelt sein. Denn nur `so ist der Berater in der` Lage, die Sprache des Klienten zu verstehen und zu sprechen" (ebd., 90 f.).

In formeller Hinsicht sollte der Berater möglichst über Berufserfahrung im gehobenen Management sowie über ein ausgeprägtes persönliches Beziehungsnetzwerk verfügen. Besondere Bedeutung besitzt auch die Kommunikationsfähigkeit. So sollte der Berater in der Lage sein, intensive Interviews zu führen, dem Klienten geduldig und genau zuzuhören, Arbeitsunterlagen exakt zu analysieren und mit dem Researcher zu kommunizieren, der den Kontakt zum Kandidaten herstellt. Im nächsten Schritt moderiert er die Vertragsverhandlungen zwischen Unternehmen und Kandidaten. Ggf. sollte aber dennoch zusätzlich ein Anwalt hinzugezogen werden. Nachdem der Arbeitsvertrag zwischen Kandidat und Unternehmen geschlossen wurde, begleitet der Berater den Kandidaten weiter und unterstützt ihn dabei, sich im Unternehmen zu integrieren. Auch hier wird er wieder als Moderator und Vermittler tätig und hilft zugleich dabei, auftretende Probleme zu lösen.

4.6 Changemanagement

Organisationen stehen ständig unter Druck, sich zu verändern, um die sich wandelnden Anforderungen des Marktes oder ihres Umfelds erfüllen zu können. Oft ist es hilfreich, diesen Veränderungsprozess durch Beratung zu unterstützen. Im Folgenden wird daher das Veränderungs- bzw. Changemanagement näher betrachtet und zu den Beratungsdisziplinen in Beziehung gesetzt. Im nächsten Schritt wird erläutert, wie sich Veränderungstheorien praktisch nutzen lassen.

Das Veränderungs- oder Change Management fokussiert die

» „Planung und Durchführung aller Aktivitäten, welche die betroffenen Führungskräfte und Mitarbeiter auf die zukünftige Situation vorbereiten und ihnen eine möglichst optimale Umsetzung der veränderten Anforderungen ermöglichen" (Stolzenberg und Heberle 2013, S. 6).

Im Mittelpunkt steht dabei also die überfachliche Seite einer Veränderung, die dabei jedoch mit der fachlichen Seite in Einklang gebracht werden soll. Das Veränderungsmanagement umfasst vier Schlüsselthemen: Entwicklung und Realisierung einer Vision, Kommunikation mit den Betroffenen sowie viertens deren Einbeziehung in den Veränderungsprozess und ihre Qualifizierung (vgl. ebd., S. 6). Indem ein Unternehmen fachliche Veränderungen einleitet, werden diese Kernthemen wirksam, sodass die Veränderung immer auch mit den jeweiligen fachlichen Phasen (Planung, Umsetzung und Evaluation) zusammenhängt.

Die Organisationsentwicklung ist aus den sozialwissenschaftlichen Disziplinen heraus entstanden, auf die sich ihr Veränderungskonzept nach wie vor stützt (vgl. Werther und Jacobs 2014, S. 45). Ihr liegt ein komplexes Menschenbild zugrunde. Demzufolge streben Menschen an, sich selbst zu verwirklichen und dabei alle ihre persönlichen Möglichkeiten zu nutzen. Daher sollten Personen, die von einem Veränderungsprozess unmittelbar betroffen sind, darin einbezogen werden, und er sollte ihnen transparent gemacht werden. Zu diesem Zweck wird eine Vielzahl von Methoden und Interventionen genutzt, die aus den Sozialwissenschaften stammen. Trotzdem gibt es noch immer keine einheitliche Theorie der Organisationsentwicklung (vgl. von Rosenstiel 2003). Doppler und Lauterburg (2008) beobachteten, dass der Begriff der Organisationsentwicklung zunehmend durch den des „Change Managements" ersetzt wird. Die folgende Tabelle gibt eine Übersicht über die Merkmale der beiden Konzepte, sodass sie sich leichter voneinander differenzieren lassen (vgl. ◨ Tab. 4.5).

Theorien, die sich mit der Organisationsentwicklung befassen, stützen sich häufig auf Phasenmodelle von Veränderungsprozessen. Auf solchen Theorien basiert oft auch das Veränderungsmanagement. Nachteilig ist dabei jedoch, dass entsprechende Phasenmodelle oft nur eine oberflächliche Orientierung ermöglichen. Zudem sind Anfang und Ende eines Veränderungsprozess oft nicht klar markiert. Nach wie vor ist es schwierig,

◻ **Tab. 4.5**   Abgrenzung von Organisationsentwicklung und Change Management. (Vgl. Werther und Jacobs 2014, S. 47; von Rosenstiel 2003; Doppler und Lauterburg 2008)

	Organisationsentwicklung	Change Management
Entstehung des Begriffs	Sozialwissenschaftlich geprägter Begriff für geplanten Wandel auf organisationaler Ebene, also auf die gesamte Organisation bezogen	Umgangssprachlicher Sammelbegriff für beliebige Veränderungen in Organisationen
Organisationsverständnis	Ganzheitliche Perspektive aus personeller und struktureller Perspektive auf die Organisation als einzigartiges System	Technisches Verständnis von Organisationen, häufig wenig differenziert und ein eher verallgemeinerndes, komplexitätsreduzierendes Modell
Schwerpunkte	Veränderungsmaßnahmen sind längerfristig und auf Nachhaltigkeit hin angelegt	Optimierungen mit unterschiedlichen, zum Teil punktuellen Schwerpunkten, z. B. bezüglich Kostensenkungen oder Qualitätsmanagement
Zeitliche Perspektive	Mittel- bis langfristige Perspektive der Planung und Umsetzung	Kurz- bis mittelfristig Perspektive der Planung und Umsetzung
Typische Protagonisten	Prozessberater mit Schwerpunkten in Beratung, Coaching und Training, oftmals sozialwissenschaftliche Ausbildungshintergründe	Wirtschafts- und naturwissenschaftlich orientierte Berater mit oftmals technischer Perspektive auf Veränderung
Zentraler Annahmen	Partizipation, das Streben aller Menschen nach Weiterentwicklung und „die lernende Organisation"	Verordnung von Veränderungen nach dem Prinzip des Bombenwurfs

die Phaseneinteilung empirisch zu sichern (vgl. Kotter 2006; Schiersmann und Thiel 2014; Haken und Schiepek 2010). ◻ Tab. 4.8 vergleicht drei Phasenmodelle von Veränderungsprozessen, die im Folgenden ausführlicher betrachtet werden sollen (vgl. ◻ Tab. 4.6).

◻ **Tab. 4.6**   Phasenmodelle von Veränderungsprozessen. (Vgl. Werther und Jacobs 2014, S. 51)

Lewin (1953)	Streich (1997)	Kotter (1996)
Auftauen *Verändern* *Einfrieren*	• Schock • Verneinung • Einsicht • Akzeptanz • Ausprobieren • Erkenntnis • Integration	• Gefühl der Dringlichkeit erzeugen • Koalition der Führung etablieren • Vision und Strategie entwickeln • Vision kommunizieren • Mitarbeiter zur Umsetzung befähigen • Kurzfristige Erfolge garantieren und sichtbar machen • Veränderung vorantreiben und nie nachlassen • Verankerung der Veränderung in der Unternehmenskultur

Zahlreiche Theorien der Organisationsentwicklung stützen sich auf das **Modell von Kurt Lewin,** das ursprünglich dem Zweck diente, individuelles Lernen zu erklären. Aspekte, die für Organisationen bedeutsam sind, wurden ihm erst später hinzugefügt. Am Anfang steht die Phase des „Auftauens", in der vor allem solche Informationen relevant sind, die geeignet sind, um organisationale Muster zu erklären. In der zweiten Phase werden das Verhalten und/oder die inneren Einstellungen der Betroffenen verändert, und in der dritten Phase wird dieses neu erlernte Verhalten wiederholt und dadurch allmählich gefestigt. Auf dieser Grundlage kann dann eine Reflexion bzw. Veränderung stattfinden, die ein dauerhaftes Ergebnis aufweist. Grundlegend ist dabei die Annahme, dass zu Anfang und zum Ende der Veränderung jeweils ein statischer, stabiler Zustand vorliegt, der durch den Veränderungsprozess schließlich ein höheres Niveau erreicht. Allerdings ist keineswegs sicher, ob und inwiefern es im KVP bzw. in einer lernenden Organisation überhaupt möglich ist, ein solches Gleichgewicht herzustellen (vgl. ◨ Abb. 4.2).

Das **7-Phasen-Modell von Streich** (vgl. ◨ Abb. 4.3) wird sowohl in der Praxis als auch in der Wissenschaft genutzt und ist grundlegend für eine Vielzahl von Konzepten. Es beruht auf der Hypothese, dass ein Veränderungsprozess sich leichter umsetzen lässt, wenn der Betroffene weiß, dass er dazu tatsächlich in der Lage ist. Zunächst bemerkt er, dass seine eigenen Erwartungen und diejenigen anderer Personen stark voneinander abweichen, und erfährt dadurch einen Schock. In der zweiten Phase lehnt er die Veränderung zunächst ab, weil sie ihn verunsichert. In der dritten Phase erkennt er, dass er sein Verhalten ändern muss, um die neue Situation zu bewältigen, und in der vierten Phase akzeptiert er schließlich die Maßnahme, die dazu notwendig ist. In der fünften Phase probiert er ein neues Verhalten aus, um dann in der sechsten Phase darüber zu reflektieren, ob dieses erfolgreich war oder nicht. In der letzten Phase integriert er schließlich dasjenige neue Verhalten, das er als erfolgreich bewertet, in sein Handlungsrepertoire. Diese sieben Phasen bieten zugleich Anhaltspunkte dafür, wie sich ein

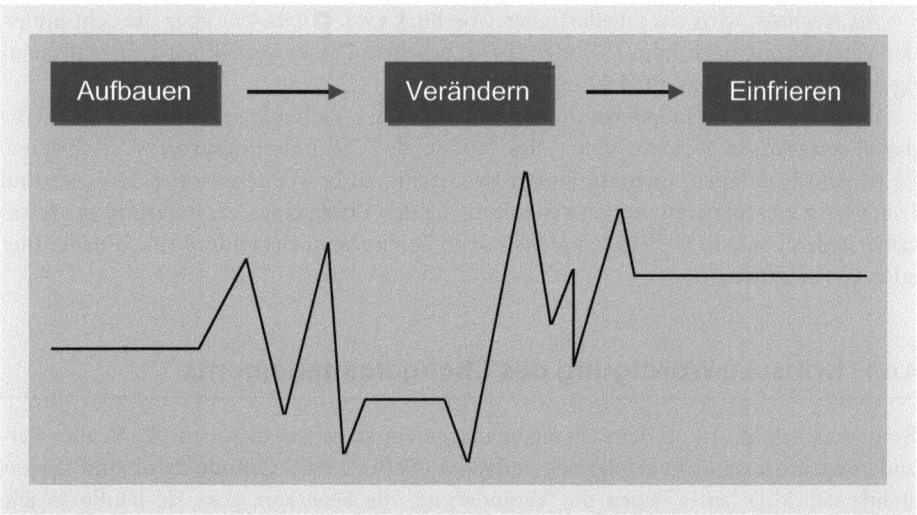

◨ **Abb. 4.2** 3-Phasen-Modell von Kurt Lewin. (Eigene Abbildung in Anlehnung an Werther und Jacobs 2014, S. 52)

4

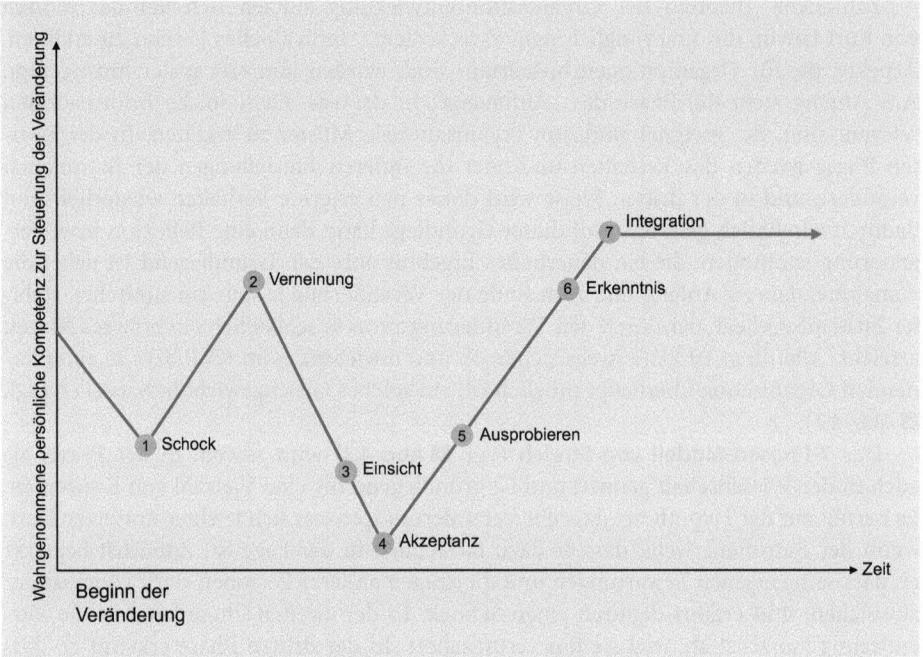

● **Abb. 4.3**　7-Phasen-Modell. (Vgl. Werther und Jacobs 2014, S. 53)

Veränderungsprozesse praktisch gestalten lässt. Demnach kann es vorkommen, dass sich die Mitarbeiter, die von einer Veränderung betroffen sind, zu einem bestimmten Zeitpunkt während der Veränderung in unterschiedlichen persönlichen Entwicklungsphasen befinden und daher auch die Phasen der Veränderung jeweils unterschiedlich erleben und sich nicht im gleichen Tempo daran anpassen.

Als Nächstes wird ein tabellarischer Überblick (vgl. ● Tab. 4.7) über die acht Stufen der Veränderung nach John P. Kotter (1996) gegeben. Dieses Modell wird ebenfalls häufig in der Organisationsentwicklung eingesetzt.

Die Stufen sollten möglichst immer in der gleichen Reihenfolge bearbeitet und keine davon ausgelassen werden, denn dies könnte den Veränderungsprozess erschweren. Es ist jedoch möglich, mehrere Stufen gleichzeitig zu bearbeiten. Kotter, Doppler und Lauterburg identifizieren mehrere Faktoren, die den Erfolg eines Veränderungsprozesses sicherstellen können. Sie wurden jedoch oben bereits beschrieben und sollen daher hier ausgelassen werden.

4.6.1　Kritische Würdigung des Changemanagements

Besonders kritisch ist an dem Changemanagement zu sehen, dass rund 70 % aller Veränderungsprozesse nicht erfolgreich verlaufen (Kotter 1996). Gründe dafür sind Widerstände der Mitarbeiter gegen die Veränderung, die bewirken, dass sie häufig in alte Verhaltensmuster zurückfallen, statt die neuen zu übernehmen. Obwohl das Changemanagement umfassend überarbeitet wurde, verlaufen noch immer viele Changeprozesse erfolglos. Allerdings wird das Changemanagement auch mit einer Reihe von

◘ Tab. 4.7 Die acht Stufen der Veränderung von John P. Kotter

	Die acht Stufen der Veränderung von John P. Kotter
1	Gefühl der Dringlichkeit erzeugen: Auf der ersten Stufe steht die Untersuchung des Marktes und des Wettbewerbs im Fokus. Somit werden die Identifikation und Diskussion von Krisen und Chancen im Kontext der Weiterentwicklung angeregt
2	Koalition und Führung etablieren: Im Fokus steht hier die Konstitution und Etablierung einer Koalition, welche den Veränderungsprozess gestaltet. Dabei ist zu beachten, dass die sogenannte Steuerungsgruppe sich zu einem Team formieren muss (resp. der Teambildung) und dementsprechender Aufmerksamkeit bedarf
3	Visionen und Strategie entwickeln: Um einen Anhaltspunkt für den gesamten Veränderungsprozess zu erhalten, sollte in einem ersten Schritt eine Vision entwickelt werden, aus der dann im nächsten Handlungsschritt eine Strategie abgeleitet wird, die auf einer konkreten Handlungsebene realisiert werden kann
4	Vision kommunizieren: Die Kommunikation der Vision und der Strategie sollte einen hohen Stellenwert im Veränderungsprozess einnehmen. So sollte nach Möglichkeit jedes Medium genutzt werden, um die Vision und die Strategie permanent zu kommunizieren
5	Mitarbeiter zur Umsetzung befähigen: In dieser Phase sollten Hindernisse der Veränderung konsequent beseitigt werden. Dies kann auch die Umstellung grundlegender Strukturen zur Folge haben. Neue Visionen und Ideen sollten trotz möglicher Risiken konsequent gefördert werden
6	Kurzfristige Erfolge garantieren und sichtbar machen: Es sollte angeregt und kommuniziert werden, kurzfristige Erfolge und Verbesserungen zu erzielen. Dies schließt die Auszeichnung von Personen ein, die zu diesen Erfolgen beigetragen haben
7	Veränderungen vorantreiben und nie nachlassen: In dieser Phase geht es um konsequente Sanktionierung von Personen, die den Veränderungsprozess blockieren, und die Förderung von Personen, die ihn unterstützen. So müssen alle Abläufe, Strukturen und Systeme in Richtung der neuen Vision ausgerichtet werden
8	Verankerung der Veränderung in der Unternehmenskultur: Es sollte herausgestellt und kommuniziert werden, dass die neuen Verhaltensweisen und Strukturen mit dem Unternehmenserfolg verknüpft sind

Schwierigkeiten konfrontiert, nicht zuletzt damit, dass es Mitarbeitern oder Organisationen häufig sehr schwerfällt, alte Strukturen, die sich über lange Zeit verfestigt haben, aufzugeben, selbst dann, wenn diese eigentlich gar nicht mehr zeitgemäß sind.

4.7 Projektmanagement im Kontext organisationaler Veränderung

Obwohl inzwischen zahlreiche moderne Organisationsentwicklungs- und Veränderungsmethoden entstanden sind, sind Projekte noch wichtiger, um Ideen zur Veränderung zu erfassen, auszugestalten und umzusetzen. Am Anfang steht dabei die Auftragsklärung, dann wird ein Startszenario entworfen und schließlich folgt die Realisierung. Die organisationale und personelle Entwicklung stellt daher meist den nächsten Schritt dar, nachdem das Projekt zunächst umfassend geplant wurde.

In letzter Zeit ist das Projektmanagement in die Kritik geraten, doch wenn man sich die einzelnen Kritikpunkte genauer anschaut, stellt man fest, dass es sich nicht um Schwachpunkte des Konzepts handelt, sondern dieses vielmehr oft nicht sorgfältig genug umgesetzt wird und die einzelnen Schritte nicht genug Aufmerksamkeit erfahren. So findet sich häufig eine

» „mangelnde Unterstützung durch die Leitung, Nichtbeachtung der Tatsache, dass dieses Verfahren nur bei komplexen Aufgabenstellungen sinnvoll ist […], eine unzureichende Schulung der Teilnehmer [und] die Nichtbeachtung von Teamentwicklungsprozessen [in] Projektgruppen" (Schiersmann und Thiel 2014, S. 186; vgl. Schmidt 2003; Trebsch 2003).

Da Projekte immer komplexer werden, ist es oft nicht zielführend, sie linear umzusetzen. Stattdessen sollten sie besser in einzelne Felder aufgeteilt werden, die dann nach und nach bearbeitet werden. Eine zentrale Rolle spielt dabei die Selbstorganisation durch das Ratsuchende System, insbesondere dann, wenn das Projekt die Organisationsentwicklung betrifft. Daher sollte der Beratende sich während des gesamten Veränderungsprozesses an der Planung der Projekte beteiligen, etwa indem er Vorschläge zur Organisation macht, die Projektmitglieder entsprechend schult oder bei Konflikten in der Projektgruppe als Moderator fungiert. Er garantiert jedoch nicht, dass kleinere Anforderungen an die Leitung der Projektgruppe umgesetzt werden, sondern agiert vielmehr unabhängig gegenüber dem Auftraggeber und dem Projektergebnis. Daher braucht er an Sitzungen und Besprechungen der Projektgruppe auch nicht zwingend teilzunehmen.

Bei einem Projekt handelt es sich um eine besondere Tätigkeits- und Organisationsform, die zeitlich eingeschränkt ist und in der eine komplexe Entwicklung umgesetzt wird, die auch neuartig oder sogar riskant sein kann. Beteiligt sind daran Mitarbeiter aus unterschiedlichen Abteilungen, Teams und Hierarchiestufen, die gemeinsam ein vorab festgesetztes Leistungsziel erfüllen sollen. Besonders wichtig ist dabei, die verschiedenen Verantwortungs- und Kompetenzbereiche nachvollziehbar und eindeutig zu bestimmen.

4.7.1 Die Projektentwicklung und ihre Einbindung in organisationale Strukturen

Speziell auf organisationale Veränderungsprozesse bezogen, weist ein Projekt folgende Merkmale auf (vgl. ◘ Tab. 4.8).

Ein Projekt liegt dabei nur dann vor,

» „wenn es sich um eine für die jeweilige Organisation innovative und komplexe Aufgabenstellung handelt, die mit den vorhandenen Routinen unter traditionellen Organisationsstrukturen […] nicht zu bewältigen ist" (ebd., S. 187).

Schiersmann und Thiel (2014) entwickelten einen subjektiven Innovationsbegriff, der sich auf solche Problemkonstellationen bezieht, die in einer Organisation zum ersten Mal auftreten (vgl. Schiersmann und Thiel 2014, S. 187). Zudem ist ein Projekt nur dann sinnvoll, wenn ein komplexes Problem bzw. eine vielschichtige Aufgabe gelöst werden soll, da es sehr aufwändig umzusetzen und zudem nicht selten riskant ist. Mitarbeiter, die an einem Projekt beteiligt sind, müssen daher eine sehr hohe Eigeninitiative entwickeln.

❏ **Tab. 4.8**   Merkmale eines Projektes. (Vgl. Schiersmann und Thiel 2014, S. 187)

Merkmale eines Projektes
Die Aufgabenstellung zeichnet sich durch eine hohe Innovationskraft und durch eine komplexe Aufgabenstellung aus
Das Projekt verfolgt ein konkretes und definiertes Ziel
Die Zusammenarbeit im Projektteam erfolgt interdisziplinär fach-, abteilungs- und hierarchieübergreifend
In Projekten wird die Organisationsstruktur in drei Ebenen unterteilt: In die Träger- und Leitungsebene, die Koordinierungsgruppe und die Projektteams
Die Projektarbeit ermöglicht einen Beitrag zur Weiterentwicklung der Organisation. Diese Weiterentwicklung entsteht aus der parallelen ergebnisorientierten Problemlösung und dem prozessorientierten Lernen der Projektmitglieder

4.7.1.1 Die Planung und Entwicklung des Projektstarts

Bevor ein Projekt gestartet wird, sind vorab folgende Fragen zu beantworten (vgl. ❏ Tab. 4.9):

Oft ist es vorteilhaft, zu Anfang eines Projektes ein sog. Kick-Off-Meeting zu veranstalten. Ein solcher Workshop sollte möglichst im Rahmen einer Organisationsentwicklungsberatung geplant und abgehalten werden und kann eine Vielzahl von Zielen verfolgen. Von grundlegender Bedeutung ist es, sicherzustellen, dass alle Beteiligten den gleichen Informationsstand aufweisen. Weiterhin sollten jeweils die Erwartungen, Befürchtungen und Motivation zur Projektarbeit erörtert und den Mitarbeitern,

❏ **Tab. 4.9**   Checkliste zum Projektstart. (Vgl. Schiersmann und Thiel 2014, S. 196)

Ist die Projektaufgabe hinreichend konkret definiert?
Ist den Beteiligten die allgemeine Zielsetzung des Projektes klar?
Wurde vorab eine grobe und realistische Zeitplanung vorgenommen?
Wird deutlich, wer der Auftraggeber des Projekts ist?
Wird das Projekt durch die Unternehmensleitung gestützt bzw. gefördert?
Wurden die am Projekt beteiligten Instanzen (Projektgruppe, Koordinierungsgruppe) definiert?
Wurde ein Projektsprecher gewählt und ist den Beteiligten klar, um wen es sich dabei handelt?
Wurden die Befugnisse, Kompetenzen und Pflichten des Projektsprechers definiert?
Wurden die Auswahlkriterien für die Projektgruppenmitglieder geklärt und sind sie transparent?
Wurde die Freistellung der am Projekt beteiligten Personen geregelt?
Wurde die Verwendung von Sach- und Personalmitteln des Projektes definiert?
Wurden die Informations- und Entscheidungswege transparent kommuniziert?
Falls ein Berater das Projekt begleitet: Ist seine Rolle klar definiert?
Wurden die Mitarbeiterinnen und Mitarbeiter des Unternehmens über den Projektstart informiert?
Ist das Kick-Off-Meeting vorbereitet?

die an dem Projekt beteiligt sind, die entsprechenden Methoden und Verfahren der Projektarbeit vermittelt werden. Hilfreich kann es auch sein, konkrete Gruppenregeln festzulegen, um die Zusammenarbeit zu optimieren, und Ziele möglichst konkret auszuarbeiten. Letztlich reflektieren sie „die Besonderheit der Projektorganisation im Spannungsfeld zwischen Hierarchie und Selbstorganisation" (ebd., S. 197).

4.7.1.2 Die systemische Projektdurchführung

Die sieben Arbeitsphasen des Projekts orientieren sich an dem oben bereits erläuterten Problemlöseschema: 1) Analyse des Ist-Zustands, 2) Klärung und Ausarbeitung der Ziele (Zielplan), 3) Suche nach Lösungswegen und entsprechenden Möglichkeiten, sie umzusetzen (Projektstrukturplan), 4) Planung des Projekts unter besonderer Berücksichtigung zeitlicher, personeller und finanzieller Aspekte (Projektablaufplan), 5) Controlling (dies sollte erst in der Realisierungsphase stattfinden), 6) Evaluation und 7) Transfer. Wie bereits in ▶ Abschn. 5.2 erörtert, sind die Phasen nicht linear angeordnet, sondern können auch gleichzeitig ablaufen, oder es kann sogar um einen Schritt zurückgegangen werden. Auch Wechselwirkungen zwischen bestimmten Phasen können auftreten.

Da die Aufgaben eines Projekts meist sehr komplex sind, ist es häufig nicht möglich, einen konkreten, detaillierten Plan auszuarbeiten, sondern es muss flexibel vorgegangen werden, sodass der Prozessverlauf nachträglich angepasst werden kann.

4.7.1.3 Analyse der Ausgangssituation

Bevor eine Projektgruppe gebildet wird, wird zuerst allgemein festgelegt, welches Problem oder Thema in dem Projekt behandelt werden soll. Wenn alle Teilnehmer wissen, welches Thema bearbeitet wird, welche Probleme und Aufgaben dabei anfallen und wie sie vorgehen müssen, so werden das Projektthema und die entsprechenden Ziele genauer bestimmt. Zu diesem Zweck werden die Erfahrungen und Meinungen der Teilnehmer sowie wichtige Informationen und andere Faktoren herangezogen. Vor diesem Hintergrund wird dann die Ausgangssituation aus möglichst vielen unterschiedlichen Perspektiven betrachtet.

Eine solche Problemanalyse

>> „konzentriert sich auf das Aufzeigen von hypothetischen Zusammenhängen, vermuteten Interdependenzen bzw. Wechselwirkungen zwischen den Einflussfaktoren auf die Ausgangssituation" (ebd., S. 200).

In diesem Rahmen muss u. a. auch geklärt werden, ob die bisherigen Handlungen nach bestimmten Regeln abgelaufen sind und welche Rolle diese spielen. Hilfreich sind dabei Analysemethoden, die auf sozialwissenschaftlich ausgerichteten Disziplinen beruhen, wie etwa Interviews, Fragebögen, Erzählungen oder Beobachtungen. So lassen sich etwa „durch Erzählen von organisationalen Geschichten […] Hypothesen über Muster und Zusammenhänge herausfiltern" (ebd., S. 200).

4.7.1.4 Zielklärung und Konkretisierung von Projekten

Da der Ist-Zustand im Hinblick auf Projekte häufig problembehaftet ist, ist es unerlässlich, die Projektziele genau festzulegen und sie zugleich so weit wie möglich zu abstrahieren, um eine gemeinsame Basis zu finden, auf der die Mitglieder der Projektgruppe konstruktiv zusammenarbeiten können. Grundsätzlich sollten sich die Ziele auf zwei verschiedene Ebenen beziehen.

Die erste Ebene umfasst die Rahmenziele, d. h. allgemeinere Ziele, die das Projekt quasi einrahmen und mit denen sich die Gruppenmitglieder identifizieren. Dadurch wird zugleich der Zusammenhalt in der Gruppe gestärkt.

Die zweite Ebene umfasst die Ergebnisziele, an denen sich erkennen lässt, dass ein bestimmtes Teilziel oder auch das übergeordnete Ziel des Projekts realisiert wurde. Ziele sollten nach Möglichkeit SMART formuliert werden.

Die Einteilung in zwei verschiedene Zielebenen ist erforderlich,

» „weil erst durch die konkrete Formulierung von Ergebniszielen die notwendige Operationalisierung erreicht wird, die es Projektmitgliedern wie der Leitungsebene im Projektverlauf ermöglicht zu überprüfen, ob sich die Arbeit an der Erreichung dieser Ziele orientiert" (ebd., S. 202).

4.7.1.5 Die Entwicklung des Projektstrukturplans

Nachdem die einzelnen Aufgaben und mögliche Lösungswege zusammengetragen wurden, werden nun anhand des Projektstrukturplans die konkreten Aufgabenschritte ermittelt und jeweils den Beteiligten zugewiesen. Dies kann auch nach und nach geschehen. Hilfreich ist es dabei, konkrete Meilensteine festzulegen, die jeweils anzeigen, dass eine Projektphase erfolgreich abgeschlossen wurde. Anschließend ist dann jeweils zu entscheiden, wie weiter vorgegangen werden soll. Hierzu gibt es drei Möglichkeiten: Das Projekt wird so fortgesetzt, wie es zu Anfang geplant war, das weitere Vorgehen wird verändert oder das Projekt wird abgebrochen. Der Projektablaufplan bietet also eine Übersicht über die zeitlichen und inhaltlichen Rahmendaten. Nach der ersten Planung, in der die Ziele und Vorgehensweisen eher grob festgelegt wurden, schließt sich eine Feinplanung an, in der einzelne Teilaufgaben hinzugefügt oder gestrichen sowie die Aufgaben verteilt werden und festgelegt wird, bis wann sie bearbeitet werden sollen. Auch eine Kostenkalkulation zu den einzelnen Teilschritten des Projekts gehört in diese Phase. Da alle Beteiligten das Projekt gemeinsam planen und entwickeln, wird ein hoher Konsens unter ihnen erzielt, wodurch die Chancen, dass das Projekt erfolgreich realisiert werden kann, stark zunehmen.

4.7.1.6 Das Projektcontrolling

Wenn die Struktur des Projekts festgelegt und ein entsprechender Ablaufplan erstellt wurde, ist es sinnvoll, erneut zu prüfen, ob es sich umsetzen lässt. Zu diesem Zweck werden die konkreten Lösungsschritte im Kontext des gesamten Projektes betrachtet, also nicht vereinzelt für sich. Diese Machbarkeitsprüfung soll nachfolgend näher beschrieben und dabei untersucht werden, inwieweit sie sich während des Projektverlaufs realisieren lässt. Besonders wichtig ist es, bestehende Ressourcen und Risiken angemessen zu berücksichtigen. Der bloße Eindruck, alle wichtigen Faktoren erfasst zu haben, genügt hierzu nicht, sondern die Machbarkeitsprüfung sollte sehr exakt durchgeführt werden. Die Überprüfung

» „dieses Gesichtspunktes, [die im] Team [im] Kontext der Verabschiedung des PSP erfolgen sollte, schließt die Identifizierung, Analyse und Bewertung förderlicher [Potenziale] und hinderlicher Einflussfaktoren ein, die die Realisierung des PSP auf dem Weg der Zielerreichung positiv oder negativ beeinflussen können" (ebd., S. 214).

4

Die Machbarkeitsprüfung lässt sich zugleich als spezifische Form des Controllings verstehen. Sie setzt klar festgelegte Kriterien und Analyseansätze voraus und kann daher mithilfe einer Kopplung den PSP beeinflussen. Dabei spielen sowohl Einflüsse eine Rolle, die direkt mit dem Projekt verbunden sind, als auch externe Einflüsse wie etwa zeitliche, finanzielle und personelle Ressourcen. Sie sollen systematisch betrachtet werden, um die Wechselwirkungen

> » „zwischen den förderlichen und hinderlichen, projektinternen und -externen
> Faktoren" (ebd., S. 214) zu verstehen.

4.8 Prozessmanagement

Die Fähigkeit, Prozesse zu managen, ist sehr komplex und wirkt zugleich in einem Unternehmen am stärksten wertschöpfend. Am wichtigsten ist dabei die Fähigkeit, Prozesse in Gang zu setzen, durch die das Unternehmen einen Wettbewerbsvorteil gegenüber der Konkurrenz erzielt.

> » „Processes are the route to results and so to success in the customer
> economy" (Hammer 2001, S. 57).

Um Prozesse zu handhaben, gezielt steuern und zu optimieren, müssen die dafür notwendigen Handlungen und Abläufe nach und nach standardisiert werden. Projektberatung und Projektmanagement können hierbei die Motivation der Beteiligten stärken und sie bei der Planung und Umsetzung des Prozesses unterstützen. Die Prozesssteuerung hat schon seit längerer Zeit einen festen Platz in Industrie und Wirtschaft und bereits einen organisationalen Wandel initiiert. Die wirtschaftlichen Strukturen von Unternehmen sind meist sehr stabil, doch Abläufe können sich im Laufe der Zeit wandeln. Diese Tatsache wurde bisher eher außer Acht gelassen und bewährte Abläufe im Nachhinein kaum noch verändert. Zudem wurden starre Prozesse häufig durch geringe

> » „Vernetzungen, die Konzentration auf meist nur einen Firmenstandort und […] [die]
> vergleichsweise geringen Marktprozesse" (Mayer 2005, S. 2) begünstigt.

Zwar waren sich Unternehmen, Mitarbeiter sowie Berater durchaus bewusst, dass in einem Unternehmen bestimmte Prozesse ablaufen, ließen diese jedoch weitgehend außer Acht. Dies führte dazu, dass sie auch die Möglichkeiten des Prozessmanagements erst im Laufe der Zeit erkannten.

Horváth und Mayer (2002) definieren einen Prozess als eine Kette aufeinanderfolgender Aktivitäten, die dazu dienen, eine bestimmte Leistung, etwa eine Dienstleistung, für interne oder externe Kunden zu realisieren, die dem Unternehmen diese Leistung vorgeben (vgl. Mayer 2005, S. 3). Dies setzt voraus, dass die entsprechenden Ressourcen wie etwa finanzielle Mittel und Zeit vorhanden sind, die entsprechenden Anforderungen an die Qualität berücksichtigt und Verfahren und Regeln umgesetzt werden, die dafür notwendig sind.

Das folgende Kapitel bietet einen Überblick über verschiedene Ansätze, durch die Prozesse effektiver gestaltet werden können. Dabei wird in zwei Stufen vorgegangen. Zunächst werden die Qualitätsmanagementansätze dargestellt, also solche Ansätze, die

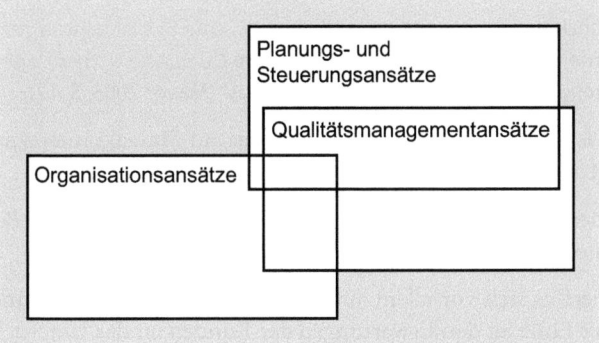

◘ Abb. 4.4   Ansätze zur Steigerung der Prozessperformance. (Brenner und Paulus 2005, S. 8)

die Prozessperformance in den Blick nehmen, und anschließend die Planungs- und Steuerungsansätze, die bewirken, dass der Prozess die gewünschte Performance erzielt.

Organisationsansätze besitzen fast immer einen primären Projektcharakter, da sie sich auf Strukturen und Arbeitsabläufe beziehen, die innerhalb des Unternehmens relevant sind. Qualitätsansätze sind dagegen in der Regel ganzheitlich geprägt und zielen darauf ab, dauerhaft eine gute Prozessperformance zu erreichen. „Ihnen fehlt jedoch die konsequente Einbettung in Planungs- und Steuerungssysteme des Unternehmens" (Brenner und Paulus 2005, S. 8). Planungs- und Steuerungsansätze haben sich auf der Grundlage von betriebswirtschaftlichen Systemen entwickelt, insbesondere aus Konzepten, die aus dem Controlling stammen. Oft wird versucht, Planungs- und Steuerungskomponenten, die sich auf einen Prozess beziehen, durch andere zu ersetzen (vgl. ◘ Abb. 4.4).

4.8.1 Qualitätsmanagement

Im Zusammenhang mit dem Qualitätsmanagement spielt zunächst einmal das **Total Quality Management (TQM)** eine wichtige Rolle, das auf Edwards W. Deming zurückgeht. Er entwickelte das sogenannte Deming-Rad, das vier Phasen beinhaltet: Planen, Ausführen, Überprüfen und Handeln. Zudem gab er das Konzept der Vollkontrolle über die Produkte auf und entwickelte stattdessen ein übergreifendes Qualitätsverständnis, das sich auf die gesamte Organisation bezieht. Joseph M. Juran berücksichtigte zudem den Aspekt des Nutzens, den ein Qualitätsmanagement haben kann. Ishikawa entwickelte auf dieser Basis ein Konzept, „welches erstmals die internen Kunden-Lieferanten-Beziehungen einbezog" (ebd., S. 12), und eine Weiterentwicklung dieser Ansätze generierte schließlich in den 70er Jahren das Total Quality Management. Dieses Konzept untersucht, wie sich wichtige Prozesse stetig weiter verbessern lassen. Der Einsatz eines Prozessmanagement-Systems stellt zugleich sicher, dass eine Prozessorientierung gegeben ist (vgl. Deming 1997, S. 87). Ob das TQM richtig umgesetzt wurde, wird von neutralen Institutionen kontrolliert, so etwa in Deutschland von der European Foundation for Quality Management (EFQM), die eigens zu diesem Zweck gegründet wurde. Weiterhin muss das Prozess- bzw. Qualitätsmanagementsystem zertifiziert werden, was oft standardmäßig durch die ISO-Zertifizierung geschieht.

4

» „Die ISO-Zertifizierung `bedeutet, dass das Qualitätsmanagement eines` Unternehmens dokumentiert ist. Über die `Qualität der operativen` Leistungserstellung sagt sie […] jedoch nichts aus" (Mayer 2005, S. 12).

An letzter Stelle ist noch das Kaizen zu nennen, das auf Masaaki Imai zurückgeht. Dieses Konzept verfolgt

» „eine Kultur der kontinuierlichen Verbesserung im Unternehmen unter Beteiligung aller Mitarbeiter" (Mayer 2005, S. 14).

Dabei konzentriert es sich vor allem auf Prozesse, Mitarbeiter und Kunden und orientiert sich in erster Linie an den Erwartungen der Kunden an das Unternehmen. Letztlich dienen die Verbesserungen dem Zweck, die Kundenzufriedenheit zu erhöhen.

4.8.2   Das Prozessmanagement und seine Bedeutung für die Organisationsberatung

Um das Prozessmanagement zu planen und zu realisieren, ist es hilfreich, sich am allgemeinen Modell des Problemlösekreislaufs (vgl. ◘ Abb. 4.1) zu orientieren. Zu diesem Zweck wird zunächst überprüft, ob eine Prozessoptimierung in dem jeweiligen Unternehmen überhaupt notwendig ist. Falls dies zutrifft, ist sicherzustellen, dass sie von allen Beteiligten akzeptiert und umgesetzt wird. In der folgenden Phase, der Zielklärung, wird das Prozessmanagement in die Unternehmensstrategie übernommen und geprüft, ob die geplanten Maßnahmen wirklich sinnvoll sind. In diesem Rahmen müssen entsprechende wertschöpfende Prozesse bestimmt werden. Kennzahlen lassen sich dabei gut mithilfe der Balanced Scorecard aufzeigen und strukturieren. Nun folgt die Diagnosephase, in der Prozesse erfasst und analysiert werden, die für das Unternehmen von Bedeutung sind, und anschließend die Phase der Prozessmodellierung. Nun werden das sogenannte Prozess-Soll und die Ziele ermittelt, die sich in Bezug darauf ergeben. Die letzte Phase ist die Prozessimplementierung, in der die Prozesse so, wie sie geplant wurden, realisiert werden.

Während der gesamten Umsetzung ist immer wieder zu überprüfen, ob die Prozesse effektiv sind. Sollten sich Prozesskennzahlen verändern, so ist dies zu berücksichtigen. Wenn sich durch das Prozesscontrolling neue Erkenntnisse ergeben, müssen diese in der Umsetzung des strategischen Managements erfasst werden.

4.8.3   Kritische Würdigung

Der Projektstatus im berufs- und organisationsbezogenen Beratungskontext wird oft aus verschiedenen Perspektiven interpretiert. Schiersmann und Thiel (2014) fassen Projekte als relevante Bestandteile von Wandlungsprozessen in der Organisation auf, während Kotter (1996) entsprechende Veränderungen als dauerhaften Prozess ansieht.

4.9 Coaching

Für den Begriff Coaching existiert eine Vielzahl unterschiedlicher Definitionen, wobei immer wieder neue Aspekte hinzukommen. Dies zeigt sich schon rein äußerlich daran, dass es eine ganze Reihe entsprechender Fachverbände gibt. Im Folgenden wird das Coaching speziell im Hinblick auf den beruflichen sowie den organisationsbezogenen Bereich betrachtet und dazu mehrere unterschiedliche Konzepte herangezogen. In ▶ Abschn. 4.9.1 wird zunächst das Business Coaching erläutert, bei dem es sich um eine spezielle Variante der Organisationsberatung handelt. In ▶ Abschn. 4.9.2 werden auf Grundlage der empirischen Studie „Implementierung von Business-Coaching in Organisationen" Handlungsempfehlungen ausgesprochen. In ▶ Abschn. 4.9.3 werden die Ausbildung und Qualifizierung von Coaches in den Blick genommen, die speziell im berufs- und organisationsbezogenen Bereich beratend tätig werden, und daraufhin in ▶ Abschn. 4.9.4 die Qualitätsstandards im Coaching erörtert. ▶ Abschn. 4.9.5 schließlich setzt sich kritisch mit den Grundlagen des Coachings in den entsprechenden Beratungskontexten auseinander.

4.9.1 Strategieentwicklung durch Business Coaching

Das Business-Coaching wird im strategischen Management eingesetzt und unterstützt die Verantwortlichen dabei, zuverlässig Einnahmen zu generieren. Es umfasst jedoch weitaus mehr als nur eine finanzielle Beratungsdienstleistung, denn es wird besonders auf dem Gebiet der Unternehmens- bzw. Personalstrategie und der Integration in die Unternehmenskultur wirksam. Im Folgenden wird näher untersucht, wie es sich in einer Organisation nutzen lässt.

Das Coaching als Konzept hat sich zwar erst in neuerer Zeit entwickelt, aber auf dem Markt schon sehr früh einen festen Platz gefunden. Zurzeit durchläuft es eine Professionalisierungsphase, die auch eine Coaching-Forschung hervorgebracht hat, die das Ziel verfolgt, Coachingprozesse auf eine wissenschaftliche Grundlage zu stellen und entsprechende Theorien zu entwickeln. Einige Experten sind der Ansicht, das Coaching stelle ein Instrument der Personalentwicklung dar, doch diese wird nicht von allen geteilt. Dies ist nicht zuletzt darauf zurückführen, dass das Coaching noch nicht ausreichend definiert wurde.

» „In einer Kooperationsstudie von Kienbaum und dem Harvard Business Manager (2007) gaben fast 40 prozent der Befragten [überwiegend Führungskräfte] an, dass es in ihrem Unternehmen keinen definierten Coaching-Prozess gebe. Dennoch waren viele mit der Nutzung von Coaching zufrieden" (Kalendruschat 2016, S. 189 f.).

In den letzten Jahren wurde vor allem die wirtschaftliche Komponente des Coachings wissenschaftlich untersucht. Das heißt,

» „dass sich Coaching zunehmend auf den Unternehmensnutzen beziehen muss und die organisationale Dimension stärker als in der Vergangenheit in den Mittelpunkt der Betrachtung rückt" (ebd., S. 190).

4

> ◘ **Tab. 4.10**   Zwei Phasen des Managements. (Vgl. Kalendruschat 2016, S. 190)

Theoretische Perspektive	Rational-entscheidungsorientierte und ökonomische Perspektiven, ressourcen- und wissensbasierte, organisationsökologische, evolutionäre und interpretative Ansätze
Prozesse der strategischen Zielplanung	Strategische Analyse und Prognose, Strategieformulierung und -bewertung und die Phase der Implementierung

Um diese These überprüfen zu können, sollten auch die beiden Nachbardisziplinen Betriebswirtschaft und Management mit herangezogen werden. Das klassische Management bzw. die Managementlehre betrachtet drei zentrale Aspekte: 1) konzeptionelle Grundlagen des Managements, 2) Planung und Kontrolle, 3) Personaleinsatz. Am komplexesten ist das strategische Management, das folgende zwei Phasen umfasst (vgl. ◘ Tab. 4.10).

Teildisziplinen des strategischen Managements sind die Betriebswirtschafts- und die Managementlehre. Es orientiert sich an der Zukunft der zu beratenden Organisation und untersucht in diesem Zusammenhang, wie sie langfristig erfolgreich sein und ihren Erfolg dabei möglichst noch steigern kann. Nach Bea und Haas (2005) befasst sich das strategische Management

» „mit der zielorientierten Gestaltung unter strategischen, d. h. langfristigen, globalen, umweltbezogenen und entwicklungsorientierten Aspekten. Es umfasst die Gestaltung und gegenseitige Abstimmung von Planung, Kontrolle, Information, Organisation, Unternehmenskultur und Strategischen Leistungspotenzialen" (Bea und Haas 2005, S. 20; vgl. ◘ Abb. 4.5).

Aufgabe des strategischen Managements ist es, zu analysieren, welche Inhalte und Faktoren genutzt werden können, um dem Unternehmen am Markt einen Wettbewerbsvorteil zu verschaffen.

4.9.2 Ergebnisse und Handlungsempfehlungen der empirischen Studie „Implementierung von Business-Coaching in Organisationen"

Die genannte empirische Untersuchung kommt zu dem Schluss, dass Coaching schon seit mehr als zehn Jahren in nahezu allen Branchen sowie von Unternehmen jeder Größe genutzt wird. Die Ausbildung der Coaches ist dabei nicht einheitlich geregelt, und auch die Frage, inwieweit Coaching sich als Beratungsangebot eignet, wurde noch nicht hinreichend untersucht. Zudem bezieht sich das Coaching kaum auf Faktoren wie bspw. das strategische Management oder die Unternehmensstrategie, die jedoch für eine Organisation sehr relevant sind, und betrachtet ferner eine Vielzahl unterschiedlicher Themen, die ebenfalls nicht immer mit organisationalen Parametern zu tun haben. Auch die Auftragsklärung erfolgt nicht immer in ausreichendem Maß und wird z. B. inhaltlich oft nicht evaluiert.

Auf der Grundlage der Studie lassen sich folgende Handlungsempfehlungen ableiten:

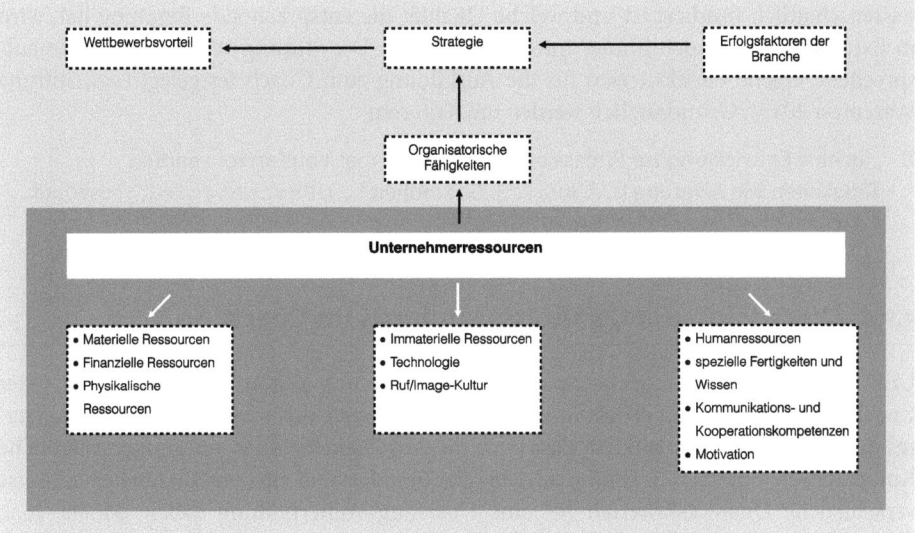

◘ Abb. 4.5 Die Zusammenhänge zwischen Ressourcen, Fähigkeiten und Wettbewerbsvorteilen. (Eigene Abbildung in Anlehnung an Grant und Nippa: Strategisches Management: Analyse, Entwicklung und Implementierung von Unternehmensstrategien, Pearson, London 2006, S. 183)

Die Strategie sollte vor allem das Ziel verfolgen, zu ermitteln, in welchen Bereichen das Business Coaching konkret dabei helfen kann, einen Wettbewerbsvorteil zu erlangen und auszubauen. Dabei sind auch die Unternehmensstrategie und die Personalstrategie mit einzubeziehen, die darauf aufbaut. Das Coaching sollte sich intensiver darauf konzentrieren, vorhandene Ressourcen und Fähigkeiten des Personals und der Organisation zu erkennen und zu nutzen. Wenn dies berücksichtigt wird, kann es wesentlich dazu beitragen, neue Strategien für Organisationen zu entwickeln.

4.9.3 Darstellung der Ausbildung und Qualifizierung zum Coach

Im Folgenden soll untersucht werden, wie die Ausbildung zum Coach dem Coaching zu mehr Professionalität verhelfen kann. Hierzu ist anzumerken, dass die Ausbildung zum Coach keine Ausbildung im (arbeits-)rechtlichen Sinne ist, sondern eine Weiterbildung. In den vergangenen 25 Jahren hat die Zahl solcher Weiterbildungen stark zugenommen.

» „Während es Anfang der 1990er Jahre im deutschsprachigen Raum erst einzelne Coaching-Ausbildungen gab, steigerte sich das Angebot in den Jahren 2000 auf über 300 Ausbildungen" (Rauen 2007, S. 29).

Laut dem DBVC lassen sich pro Jahr ca. 4000 Menschen zum Coach ausbilden (vgl. Strikker 2016, S. 415; vgl. DBVC 2014). Angeboten wird eine solche Weiterbildung von zahlreichen Beratungs- und Trainingsunternehmen, Instituten, Verbänden, Volkshochschulen, Industrie- und Handelskammern sowie zunehmend auch von Universitäten und Fachhochschulen. Zwar streben zahlreiche Coaching-Verbände an, qualitative Standards auf Hochschulniveau zu erfüllen, doch darüber, inwieweit das Coaching wissenschaftlich fundiert ist und welche Qualität die entsprechende Beratung hat, wird in Expertenkreisen noch immer intensiv diskutiert. Die Stiftung Warentest hat dementsprechend eigene Gütekriterien für die Ausbildung zum Coach festgelegt (vgl. Stiftung Warentest 2013). Grundsätzlich werden die Kriterien

» „für eine Entwicklung zur Professionalisierung […] meist aus artverwandten Tätigkeiten wie Beratung […], Jura […], Gesundheit […], Psychologie […] usw. auf Coaching übertragen" (Strikker 2016, S. 416).

4

4.9.4 Diskussion um Qualitätsstandards im Coaching

Unklar ist auch noch, welche Standards für Coaching gelten und ob sie von jeder Coaching-Weiterbildung erfüllt werden oder ob es hier Unterschiede gibt. Wenn Letzteres der Fall ist, wäre es denkbar, dass auch die Absolventen/innen über unterschiedliche Kompetenzen verfügen. Darauf deutet bereits hin, dass die einzelnen Anbieter teilweise verschiedene Qualitätskriterien für eine Coaching-Weiterbildung haben. Möller et al. (2011) entwickelten sechs Kriterien, an denen sich eine gute Coaching-Weiterbildung erkennen lässt (vgl. ◘ Tab. 4.11).

Diese Aspekte werden durch ein eindeutig geregeltes didaktisches und curriculares Konzept zur Ausbildung sowie ein transparentes Kompetenzmodell ergänzt. Fasst man sie zusammen, so zeigt sich, dass Coaching sich im Laufe der Zeit stärker professionalisieren wird, wenn der Ausbildungsverlauf stärker qualifiziert, eindeutig definiert sowie nach außen hin transparent gemacht wird und schließlich eine wissenschaftliche Fundierung erfährt, sodass sich das Coaching eindeutig von Nachbardisziplinen differenzieren lässt. Betrachtet man hochschulbedingte Zulassungsvoraussetzungen, so erkennt man, dass weniger Absolventen an einer Weiterbildung teilnehmen, wenn eindeutige Standards festgelegt werden. Dies könnte dazu führen, dass freie Anbieter künftig nicht mehr auf dem Ausbildungsmarkt tätig werden könnten, sondern die Hochschulen ein Aus- und Weiterbildungsmonopol für Coaching erlangen würden. Dadurch könnte einerseits der Beruf des Coachs auf einer fachlich-seriösen Ebene verankert, andererseits aber auch der Dialog zwischen Wissenschaft und Praxis gehemmt werden, was die Gefahr birgt, dass die Ausbildung auf Dauer zu theorielastig werden könnte. Die wesentliche Aufgabe des Coachings ist es, relevante Problemstellungen zu identifizieren und

◘ **Tab. 4.11** Sechs Kriterien für eine gute Coaching-Weiterbildung. (Vgl. Möller et al. 2011)

1	Ein stimmiges Theorie-Praxis-Konzept
2	Die Vermittlung von Methoden und Tools und einer beraterischen Identität
3	Die Aspekte Theorie, Praxis und Transfer mit unterschiedlichen Lernformen und einer Lernarchitektur verknüpfen, die an einem Lernort integriert werden
4	Bezüge zu anderen arbeitsweltlichen Beratungsformaten und zum beratungswissenschaftlichen Diskurs herstellen
5	Klare Aufnahmevoraussetzungen definieren und die Motivation in der Ausbildung systematisch reflektieren
6	Leitung durch erfahrene Ausbilder/innen

diese anschließend zu bearbeiten und nach einer Lösung zu suchen. Auch wenn die Bemühungen, das Coaching zu professionalisieren, scheitern sollten, wäre es trotzdem hilfreich, es eindeutig und auf möglichst professioneller Ebene zu definieren.

4.9.5 Kritische Würdigung

Bisher konnte noch nicht objektiv geklärt werden, wie effektiv Coaching tatsächlich ist, denn dies wurde bislang nur anhand von Befragungen der Teilnehmer an entsprechenden Weiterbildungsangeboten untersucht, etwa in einer repräsentativen Umfrage von Myer (2010). Hier erklärten 90 % der Befragten, mit dem Coaching zufrieden bis sehr zufrieden zu sein. Experten bezweifeln jedoch nach wie vor die Nachhaltigkeit des Coachings. Da der Begriff des Coachings zudem bis heute nicht eindeutig definiert wurde, wird er häufig willkürlich und widersprüchlich verwendet und kaum von anderen, ähnlichen Disziplinen abgegrenzt. Dadurch werden die positiven Effekte des Coachings oft nicht ausreichend beachtet.

4.10 Mentoring

Das Mentoring wird in der Pädagogik stark diskutiert. Es gilt als eine der wirkungsvollsten pädagogischen Methoden (vgl. Ziegler 2009, S. 8; vgl. Bloom 1984; Walberg 1984), an der häufig mehrere Disziplinen beteiligt sind. Metaanalysen kommen jedoch zu dem Schluss, dass seine Wirksamkeit sehr begrenzt ist (vgl. Allen et al. 2004; DuBois et al. 2002; Eby et al. 2008). Zudem wurde auch dieser Begriff bislang nicht einheitlich definiert. So urteilt Ziegler (2009), es handele sich dabei tendenziell „um eines jener berüchtigten Zahnbürstenkonzepte" (Ziegler 2009, S. 8). Das Mentoring hat ein weites, ganzheitlich orientiertes Handlungsspektrum, das sich u. a. auf die dyadische Arbeitsbeziehung zwischen einem Mentor und seinem Mentee bezieht. Auch E-Mentoring und Gruppenmentoring werden häufig eingesetzt. Im Folgenden wird das Mentoring als besondere Form der Beratung unter wissenschaftlichem Aspekt betrachtet und untersucht, wie es im Idealtypus gestaltet werden müsste. Auf dieser Grundlage kann dann erörtert werden, wie es entsprechend verändert werden könnte.

4.10.1 Eine idealtypische Definition des Mentoringbegriffs

Mentoring existierte bereits im zwölften vorchristlichen Jahrhundert, als es in einer archaischen Form verwendet wurde (vgl. ebd., S. 8). Auf dieses antike Vorbild stützen sich fast alle Autoren, die die zeitgemäße Vorstellung vom Mentoring prägten. Eine zeitgenössische Definition des Mentoring lautet:

> » „Mentoring ist eine zeitlich relativ stabile dyadische Beziehung zwischen einem/einer erfahrenen MentorIn und seinem/r ihrem/r `weniger erfahrenen` Mentee. Sie ist durch gegenseitiges Vertrauen und Wohlwollen geprägt, ihr Ziel ist die Förderung des `Lernens und der Entwicklung sowie das` Vorankommen des/der Mentees" (ebd., S. 11).

4

4.10.2 Diffferenzierung zwischen Mentoring und Coaching

Da der Mentoringbegriff nicht eindeutig bestimmt werden kann, ist es umso wichtiger, ihn eindeutig vom Coachingbegriff abzugrenzen. Megginson und Clutterbuck (2008, S. 5) identifizieren dabei folgende Unterschiede:

Ziel des Coachings ist es, Leistungen zu verbessern, die sich auf eine konkrete Kompetenz oder Fähigkeit beziehen. Wie dies genau geschehen soll, wird zusammen mit dem Coach festgelegt und dabei die individuellen Erfahrungen sowie das Wissen des Klienten berücksichtigt. Anschließend wird ein Zeitrahmen bestimmt und das genaue Vorgehen geplant. Meist gibt der Coach dem Klienten zudem ein äußeres Feedback. Im Mentoring wird dagegen vor allem nach Stärken und Potenzialen des Klienten gesucht, und die Beziehung zwischen Berater und Ratsuchendem erstreckt sich über einen längeren Zeitraum. Die Ziele des Mentorings können während des Beratungsprozesses verändert werden und werden immer vom Klienten festgelegt, der auch das Feedback initiiert. Der Mentor unterstützt ihn nur dabei, seine Selbstverwahrnehmungs- und Reflexionsfähigkeit zu stärken.

4.10.3 Beratungsmethoden und Ansätze im Kontext des berufs- und organisationsbezogenen Mentorings

Im Folgenden werden die Methoden und Techniken des Mentorings genauer beschrieben. Hierzu ist anzumerken, dass sie sich kaum von denjenigen unterscheiden, die in der berufs- und organisationsbezogenen Beratung eingesetzt werden. Peter Weber (2004) verfasste einen Praxisleitfaden für Mentoren, Mentees und Personalentwickler, indem er drei essenzielle Mentoring-Methoden identifizierte (vgl. Weber 2004, S. 67 ff.). So entstammt das

» „Führen durch Fragen [...] dem Repertoire eines Managers. Mit dem kontrollierten Dialog und den systemischen Pertubationen arbeiten viele Coaches. [...] Mehr methodische Kenntnisse sind eigentlich nicht notwendig, um in fast allen denkbaren Mentoring-Situationen angemessen agieren zu können" (ebd., S. 67).

Megginson und Clutterbuck (2008) erkennen dagegen einen Coaching- und Beratungskreislauf, der insgesamt 13 Phasen umfasst (vgl. ◻ Tab. 4.12).

Das Mentoring stützt sich also auf Beratungsformate und Methoden, die in der Praxis bereits gut etabliert sind. Ziegler (2009) untersuchte, wie wirksam konzeptionelle Grundlagen des Mentorings sind, und kam zu dem Schluss, dass es die beste Methode darstellt, um die sogenannten Big Four im beruflichen Alltag umzusetzen. Hilfreich ist es dabei, wenn der Mentor über ein passendes Handlungsrepertoire verfügt, das es ihm ermöglicht, Ziele festzulegen, die Umwelt mitzuberücksichtigen und den subjektiven Handlungsspielraum des Mentees zu erweitern. Wie gut dies gelungen ist, wird mithilfe spezifischer Gütekriterien beurteilt. Von besonderer Relevanz ist Ziegler (2009) zufolge die Systemperspektive. Da das Mentoring selbst ein Beratungssystem ist und sich zudem eine Weiterentwicklung im Handlungsrepertoire des Mentees nur in Form einer systemischen Entwicklung zeigt, ist es sinnvoll, auch die Mentoring-Beziehung aus dieser Perspektive zu sehen.

◻ **Tab. 4.12**	Coaching- und Beratungskreislauf von Megginson und Clutterbuck (2008)
1	Die Beratungsbeziehung aufbauen und erhalten
2	Ziele setzen
3	Situationen klären und verstehen
4	Selbsterkenntnis entwickeln
5	Das Verhalten anderer verstehen
6	Hindernisse meistern
7	Kreatives Denken stimulieren
8	Entscheidungen treffen
9	Die Entschlossenheit zum Handeln
10	Wie Klienten ihr Verhalten in den Griff bekommen
11	Netzwerke für Unterstützung, Einfluss und Lernen
12	Die Beratungsbeziehung beenden
13	Die Entwicklung eigener Verfahren

4.10.4 Empirische Untersuchung zur Wirksamkeit von Mentoring

Mentoringprogramme sowie die entsprechende Literatur zum Mentoring gibt es bereits seit 30 Jahren. In der Literatur haben sich besonders drei Aspekte als bedeutsam erwiesen:

Das Mentoring wurde bislang noch nicht einheitlich definiert, und auch die genutzten Methodologien oder Vorgehensweisen sind teilweise höchst unterschiedlich. Daher empfiehlt es sich, einen Idealtypus von Mentoring zu bestimmen, in dem konkrete Handlungsschritte umgesetzt werden. Ein einheitlich verlaufendes Mentoring würde zugleich die Motivation erhöhen, da es mehr Klarheit schafft. Da dies bisher jedoch noch nicht gelungen ist, sollten künftig die Wirkmechanismen des Mentorings stärker in den Blick genommen werden.

4.10.5 Kritische Betrachtung des Mentorings

Schneider und Blickle (2009, S. 139 ff.) führten eine Metaanalyse durch, in der sie zu dem Schluss kamen, dass Mentoring sich auf eine Organisation sowohl positiv als auch negativ auswirken kann. Problematisch wird es immer dann, wenn sich aus dem Mentoring ein Abhängigkeitsverhältnis entwickelt oder die Beziehung zwischen Mentor und Mentee durch Kontrolle, zu hohe Erwartungen oder Druck beeinträchtigt wird. Gerade wenn der Mentor autoritär ist oder den Mentee stark kontrolliert, kann sich die Beziehung verschlechtern. Misslingt das Mentoring, so resultieren daraus häufig Stress und Anspannung, und dies kann auch die Arbeitsmotivation und die eigene Reputation negativ beeinflussen. Am ungünstigsten wirken sich das marginale, das dysfunktionale und das negative Mentoring aus. Beim marginalen Mentoring verändert sich die Arbeitsleistung des Mentees entweder gar nicht oder nur geringfügig, doch im

4

dysfunktionalen Mentoring kann die Beziehung zwischen Mentor und Mentee für beide sehr belastend oder sogar völlig destruktiv sein. Beim negativen Mentoring schließlich spielen Arglist, Irreführung oder Betrug eine besondere Rolle. Daher ist es hilfreich, Netzwerke zu gründen, damit sowohl Mentor als auch Mentee noch weitere Bezugspersonen haben.

4.11 Supervision als besondere Form der beruflichen Beratung

Die Supervision entstand im Rahmen von Veränderungsprozessen auf ökonomischem, gesellschaftspolitischem und kulturellem Gebiet. Sie stellt kein methodisches Verfahren dar, sondern vielmehr eine besondere Form der Beratung, die durch ihren Gegenstand definiert wird. Vor diesem Hintergrund ist zu klären, wodurch sie sich von anderen Beratungsmethoden unterscheidet. Sie konzentriert sich meist auf berufliche Themen oder auch auf die Arbeit als solche, betrachtet also nicht den Klienten selbst oder das Team, in dem er tätig ist, und ebenso wenig Beziehungen sowie die Dynamik in einer Gruppe oder einer Interaktion. Auch die Organisation als System spielt eher eine untergeordnete Rolle. Da der zwischenmenschliche Aspekt jedoch oft wichtig ist, damit eine bestimmte Aufgabe gelingt, sollte

» „man sich zum Zweck des besseren Verständnisses des Gegenstandes der Supervision, also der vorgelegten Arbeit, auch mit den Menschen und mit ihren seelischen Besonderheiten befassen" (Buchinger und Klinkhammer 2007, S. 26).

Eine Supervision findet nur im Rahmen einer beruflichen Interaktion zwischen zwei oder mehreren Beteiligten oder auch in Gruppen und Teams statt. Interaktion und Gruppenprozesse spielen also durchaus eine Rolle, jedoch nur, um die konkrete Situation besser zu verstehen. Die Supervision und die Organisation beeinflussen sich gegenseitig, etwa im Hinblick auf ihre Methoden und Vorgehensweisen. Die Supervision setzt also durchaus organisationsrelevante Kenntnisse voraus, insbesondere solche über Organisationen als eigenständige, funktionale, nicht personenbezogene soziale Systeme, jedoch nur im Hinblick auf die Suche nach einer Problemlösung.

4.11.1 Begriffliche Definition von Supervision und ihre Abgrenzung zum Coaching

Supervision wird im Kontext der vorliegenden Untersuchung wie folgt aufgefasst:

» „Supervision ist eine Beratungsform, kein methodisches Verfahren. In der Supervision [...] steht die berufliche Tätigkeit des Klienten im Zentrum. Diese Tätigkeit wird durch Unterstützung des Supervisors [...] einer Reflexion zugeführt. Dabei werden folgende Aspekte besonders berücksichtigt: (1) Die Funktionen und Dynamik von Arbeitsbeziehungen, (2) die Situation der beteiligten Personen, (3) die Dynamik der Organisation, (4) die Eigendynamik der beruflichen Aufgaben beziehungsweise des Produktes oder der Dienstleistung der Organisation, in der die berufliche Tätigkeit ausgeübt wird" (ebd., S. 28).

Buchinger und Klinkhammer (2007) verstehen Coaching und Supervision grundsätzlich als Synonyme für die gleiche Tätigkeit, wobei sie die Supervision als professionelle Beratungsform im Sozialwesen betrachten. Als sie dort bereits gut etabliert war, zeigte sich, dass auch in der Wirtschaft ein entsprechender Beratungsbedarf bestand und sich die Supervision hierfür anbot. In der Wirtschaft bestehen jedoch kulturelle Hindernisse, sodass es oft relativ schwierig ist, die Supervision hier gezielt zu nutzen. Sie wird oft mit einer Hilfestellung assoziiert, die gerade im Wirtschaftsbereich oft abgelehnt wird, da hier der Leistungsgedanke im Vordergrund steht, der eher mit einem Wettkampf in Verbindung gebracht wird und einer vermeintlichen Hilfsbedürftigkeit widerspricht (vgl. ebd., S. 29 f.). Menschen, die in der Wirtschaft tätig sind, wünschen sich also keine Hilfe, sondern wollen ihre Leistung optimieren und nutzen ein Beratungsangebot daher nur dann, wenn sie dabei Möglichkeiten finden können, um ihre Leistung zu steigern. Daher sollte der Begriff „Coaching" eher als anschlussfähige (Ersatz-)Bezeichnung für „Beratungsdienstleistung" verwendet werden, auf der dann weiter aufgebaut werden kann (vgl. Buchinger 2001; Konas 2001).

Klienten aus Wirtschaftsunternehmen empfinden die berufliche Reflexion, die im Rahmen einer Beratung stattfindet, oft als Hindernis, das ihre Arbeit verlangsamt. Daher sind Supervision und Coaching klar voneinander abzugrenzen. Gerade in der Supervision hat die Reflexion abgeschlossener Arbeitsprozesse einen hohen Stellenwert, während das Ziel des Coachings darin besteht, die Handlungskompetenz in der jeweiligen beruflichen Rolle zu verbessern. Zudem sind beide im Hinblick auf die jeweiligen Prozesse anders ausgerichtet. Im Rahmen der Supervision laufen eher längere Prozesse ab, wobei konkrete Handlungen im Vordergrund stehen, während das Coaching eher zeitlich begrenzt ist (vgl. Buchinger und Klinkhammer 2007, S. 29) und den Ratsuchenden und seine Zukunft aus einer ganzheitlichen Perspektive betrachtet.

» „Oder aber umgekehrt: Supervision sieht den ganzen Menschen in einem umfassenden Arbeitszusammenhang, Coaching bearbeitet sehr ausgewählte Fragestellungen des Klienten" (ebd., S. 29).

Dennoch sind sich die beiden Konzepte grundsätzlich so ähnlich, dass nur schwer zwischen ihnen zu differenzieren ist, sondern die bestehenden Unterschiede eher eine bestimmte Bandbreite von Möglichkeiten darstellen, die im Rahmen einer Beratung abgedeckt werden kann. Da Beratende im Hinblick auf ihre Klienten und die konkreten Problemfälle im Hinblick auf die Methode flexibel sein sollten, können die Unterschiede zwischen Coaching und Supervision auch als methodische Differenzen verstanden werden. Dies ist gerade im Kontext der Beratung von bzw. in Wirtschaftsunternehmen hilfreich. Zudem wird darin, dass die Bezeichnung „Supervision" mit Reflexion assoziiert wird, deutlich, dass hier die Identifikation und Lösung von Problemen im Mittelpunkt steht, während der Schwerpunkt beim Coaching darauf liegt, Stärken bzw. Ressourcen des Klienten zu erkennen. Daher wird es in der Wirtschaft häufig favorisiert.

4.11.2 Zentrale Kompetenzen in der Supervision

Die Arbeit des Klienten, der in der Supervision ein Problem lösen will, entwickelt eine Eigendynamik, die der Supervisor erkennen muss. Ebenso muss er ihre Wirkung im Hinblick auf psychische Vorgänge, die Interaktionsdynamik im Berufsalltag sowie auf die Organisation, ihre Struktur und ihre Prozesse sowie schließlich auf die Tätigkeit

4

des Klienten mitberücksichtigen (vgl. ebd., S. 35 f.). Auch Wechselwirkungen zwischen Prozessen und Strukturen und ihre Folgen muss er beachten. Der Ratsuchende soll beobachten, wie seine Psyche mit den Tätigkeiten, die er im Rahmen seiner Arbeit durchführt, und der Organisation als soziales System interagiert. Dabei unterstützt ihn der Supervisor und hilft ihm zugleich, alternative Handlungsmethoden zu finden, die ihm die Ausübung seiner Tätigkeit erleichtern. Zu diesem Zweck muss er erkennen, auf welche Beratungs- bzw. Handlungsebene er den Schwerpunkt legen sollte. Er muss also ein relativ komplexes Gebiet bearbeiten und zugleich dort, wo sich Arbeitsbereiche überschneiden oder voneinander abhängen, ein kompetentes Schnittstellenmanagement betreiben. Hierzu sind solide Spezialkenntnisse erforderlich, sodass die Ausbildung in einer anerkannten Therapie- oder Beratungsschule nicht ausreicht. Ein Supervisor benötigt fundierte personenbezogene, interaktionsbezogene und organisationsbezogene Kenntnisse und muss mit den entsprechenden therapeutischen Theorien und Methodiken vertraut sein.

4.11.3 Die supervisorische Grundhaltung

Die Einstellung des Supervisors zu dem jeweiligen Beratungsprozess beeinflusst die Qualität der Supervision entscheidend mit. Viele Klienten nutzen eine Supervision, um ein bestehendes Problem zu lösen, und auch Supervisoren stellen diesen Aspekt oft in den Vordergrund und konzentrieren sich daher besonders auf Mängel, die im Rahmen der Supervision behoben werden sollen. Damit die gefundene Lösung nachhaltig wirkt, ist es jedoch häufig vorteilhafter, sich statt auf negative Aspekte auf positive zu konzentrieren, etwa auf Ressourcen, Stärken und Kompetenzen, über die der Klient verfügt. Das Problem, das diesen belastet, wird dabei als Symptom einer kreativen Leistung aufgefasst, die es ermöglicht, eine anstehende Aufgabe zu bearbeiten.

4.11.4 Kritische Würdigung

Die Methodik der Supervision wird in der Wissenschaft zunehmend kritischer betrachtet, vor allem in Hinblick auf zentrale Aspekte wie Wissenschaftlichkeit, Wirtschaftlichkeit, Effektivität und Risikolosigkeit (Leitner et al. 2004). In bestimmten Bereichen wie etwa im betrieblichen Gesundheitsmanagement oder in der organisationalen Intervention, um z. B. einem Burn-Out der Mitarbeiter vorzubeugen, ist ihre Wirksamkeit bis heute nicht nachgewiesen. Zwar steht außer Zweifel, dass sie in der Praxis tatsächlich eine Wirkung entfaltet, doch es muss noch genauer untersucht werden, worin diese besteht, denn es könnte sich zum Beispiel auch um negative Nebenwirkungen handeln.

4.12 Mediation als konfliktlösende Form der Beratung in beruflichen Kontexten

In der Mediation lösen Supervisor und Ratsuchender gemeinsam einen bestehenden Konflikt und suchen dabei nach einem Konsens. Es geht also nicht nur darum, Sachfragen zu beantworten, sondern die Beziehungsebene der an dem jeweiligen Konflikt

Beteiligten nimmt ebenfalls einen wichtigen Stellenwert ein. Im Folgenden wird nur die klassische Mediation näher betrachtet, die sogenannte Wirtschaftsmediation jedoch außer Acht gelassen.

4.12.1 Eine begriffliche Einordnung der Mediation

Der Begriff Mediation geht auf das griechische Wort mesitaes zurück und der Terminus Mediator wiederum auf das lateinische Wort medius. Eine Mediation lässt sich demnach als ein Konfliktlösungsverfahren umschreiben, das weltweit in zahlreichen Kulturen vorkommt. Köstler (2010) definiert sie als ein

» „Verfahren zur Vermittlung in Konflikten, bei dem `alle Konfliktbeteiligten` einbezogen sind und in direktem Kontakt zueinander unter der `Leitung und` Gesprächsführung eines Dritten, der konfliktunbeteiligt, in der Sache neutral und allparteilich für alle Konfliktparteien arbeitet, eine `einvernehmliche` Lösung, in der die Interessen und Bedürfnisse aller Seiten berücksichtigt sind, erarbeiten. Mediation ist freiwillig und alle Beteiligten `bleiben jederzeit` selbstbestimmt in ihren Entscheidungen. Mediation ist im Gegensatz zu einer Gerichtsentscheidung ein informelles `Verfahren, in dem es keine` entscheidungsbefugte Autorität jenseits der Parteien gibt" (Köstler 2010, S. 20).

Durch diese Merkmale lässt sie sich eindeutig von ähnlichen Verfahren wie etwa der Schlichtung, der Supervision oder der Moderation unterscheiden.

4.12.2 Die Vorgehensweise in der Mediation

Die Mediation läuft nach einem bestimmten Schema in verschiedenen Phasen ab, wobei der bestehende Konflikt schrittweise aufgearbeitet wird. Das Phasenmodell der Mediation unterscheidet hier zwischen insgesamt sechs Phasen (vgl. ☐ Tab. 4.13).

4.12.3 Die Einsatzgebiete der Mediation

Es gibt eine Vielzahl von Kontexten, in denen sich die Mediation zur Konfliktlösung anbietet. Die nachfolgenden Ausführungen konzentrieren sich speziell auf den berufs- und organisationsbezogenen Kontext.

4.12.3.1 Mediation in der Wirtschaft

In der Wirtschaft kommt die Mediation in zwei Tätigkeitsfeldern zum Einsatz, die sich grundlegend unterscheiden. In Form der Wirtschaftsmediation, die aus der Verhandlungsforschung heraus entstanden ist, wird sie genutzt, um eine Streitigkeit zwischen zwei Organisationen zu schlichten. Hier fungiert meist ein Jurist als Mediator, da oft vertragsrechtliche Aspekte betroffen sind. In letzter Zeit wurden viele Verträge so gestaltet, dass sie eine Mediation ermöglichen. Dies belegt, dass sie große Akzeptanz findet.

4

◻ Tab. 4.13   Die sechs Phasen der Mediation. (Vgl. Köstler 2010, S. 59)

Phase	Name	Ziel
1	Einführung	• Der Mediation einen sicheren Rahmen geben • Sicherstellen, dass die Konfliktparteien vollständig über die Mediation informiert sind bzw. sie entsprechend informieren
2	Sichtweisen der Konfliktparteien Konfliktaufriss und Themenklärung	• Die Parteien mit ihrer Situation, ihren Positionen, ihren Themen ankommen lassen • Beide Wirklichkeiten nebeneinander sichtbar werden lassen und den Parteien die Erfahrung ermöglichen, dass sie vom Mediator verstanden werden • Themen herausarbeiten und Reihenfolge der Themen festlegen
3	Konflikterhellung und Interessenklärung	• Verstehen, wie die Wirklichkeit der anderen Seite im Konflikt aussieht, und anerkennen, wie es der anderen Seite geht • Interessen und Bedürfnisse hinter den Positionen beider Seiten herausfinden • Verstehen, was den Konflikt verursacht und befördert • Den eigenen Anteil im Konflikt erkennen
4	Lösungssuche	• Optionen für Lösungen entwerfen
5	Verhandlungen	• Aus den Lösungsideen diejenige herausfinden, die den Zielen beider Seiten am besten dient
6	Vereinbarungen	• Miteinander Vereinbarungen treffen und schriftlich dokumentieren • Die Leistung der Konfliktparteien für die Lösung würdigen und sich verabschieden

Die zweite Form der Wirtschaftsmediation wird genutzt, um Konflikte innerhalb eines Betriebes zu lösen. Sie betrifft also die Arbeitswelt. Einen Sonderfall stellt die Unternehmensnachfolge dar. Dabei

» „handelt es sich um eine `innerbetriebliche Mediation, in der auch` Elemente der Familien-, eventuell auch Erbmediation relevant werden" (ebd., S. 82).

Soll die Unternehmensnachfolge hingegen durch Kauf oder Übernahme erfolgen, so hat die Mediation einen wirtschaftlichen Schwerpunkt.

4.12.3.2 Mediation im öffentlichen Bereich

Diese Form der Mediation zielt darauf ab, Konflikte zu lösen, die sich in Bezug auf öffentliche Projekte ergeben (z. B. Straßenbau, Erschließung und Ausweisung von Naturschutzgebieten etc.). Hier sind an der Mediation oft zahlreiche Parteien beteiligt,

» „die jeweils Vertreter in ein Mediationsverfahren entsenden, also nicht mehr selbst und persönlich in der Konfliktklärung mitwirken" (ebd., S. 77 f.).

Welche Parteien Akteure entsenden, hängt oft vom aktuellen Bearbeitungsstand des Konflikts ab. Damit die Mediation erfolgreich verläuft, sind eine straffe Moderation und klare Verfahrensrichtlinien erforderlich.

4.12.3.3 Mediation im Non-Profit-Bereich

Mediation im öffentlichen Dienst kann intern genutzt werden, so etwa in Organisationen, Verwaltungen oder Abteilungen, oder extern im Rahmen öffentlicher Verfahren, die z. B. die Planung und Errichtung von Gebäuden betreffen.

4.12.4 Zusammenfassung und kritische Würdigung

In den letzten Jahren hat die Mediation einen wesentlich höheren Stellenwert erhalten und ist mittlerweile weit verbreitet. Sie wird immer häufiger in immer mehr gesellschaftlichen Bereichen genutzt und ist in Verträgen inzwischen oft verpflichtend vorgesehen, um auftretende Konflikte zu lösen. Zudem werden zunehmend konkretere Methoden der Mediation erarbeitet. Sie stellt eine sehr gute Möglichkeit dar, um Konflikte zu lösen, und wird im Allgemeinen positiv empfunden. Daher findet sich in der Literatur auch kaum Kritik. Kritiker erwecken sogar oft „den Anschein einer Nestbeschmutzung von Mediation" (Busch und Mayer 2012, S. 161).

4.13 Organisations- und Unternehmenskommunikation

Organisationsformen sind nicht denkbar ohne Kommunikation. Aus dieser Sichtweise heraus ist die wissenschaftliche Disziplin der Organisationskommunikation entstanden, die die Beziehungen zwischen Organisationsform und Kommunikationsprozessen erforscht. Im Folgenden soll die Kommunikation in Organisationen und Unternehmen zunächst definiert werden. In diesem Zusammenhang wird auch das PR (Public Relations) in den Blick genommen. Anschließend wird die Change Communication erläutert, eine spezifische Form der Organisations- und Unternehmenskommunikation, die vor allem im Kontext von Beratung und Veränderung relevant und daher für die leitende Fragestellung der vorliegenden Abhandlung von besonderem Interesse ist. Die hierfür relevanten Kommunikationsaspekte werden nachfolgend ausführlicher dargestellt.

4.13.1 Begriffliche Einordnung der Organisations- und Unternehmenskommunikation

Wie der Begriff schon andeutet, bezieht sich die Unternehmenskommunikation speziell auf Unternehmen, die eine besondere Form von Organisationen darstellen. Es handelt sich dabei um soziale Interaktionssysteme, deren Mitglieder in Netzwerken agieren und auch kommunizieren, nicht nur mit anderen Unternehmensmitgliedern, sondern auch mit Außenstehenden wie z. B. Kunden oder Stakeholdern. Daneben weisen Unternehmen und andere Organisationen bestimmte institutionelle Strukturen auf, die die Rahmenbedingungen für Kommunikationsprozesse vorgeben. Die Unternehmens- und Organisationskommunikation wird immer wichtiger, was sich auf zwei verschiedene Gründe zurückführen lässt. Der erste liegt darin, dass sich die Wettbewerbsbedingungen von Organisationen und Unternehmen stetig verändern, wobei es immer entscheidender wird, in der Öffentlichkeit wahrgenommen zu werden und positive Bewertungen zu erhalten. Gerade auf dem Gebiet der Unternehmenskommunikation bildeten sich

4

zahlreiche Begriffe und Definitionen heraus, was „eine schnelle Orientierung und auch Verständigung behindert" (Mast 2010, S. 10). Da die Organisations- und Unternehmenskommunikation von zahlreichen verschiedenen Wissenschaftsdisziplinen untersucht wird, wird sie zum Teil sehr unterschiedlich definiert und angewendet, wobei der Kommunikationsbegriff so intensiv genutzt wird, dass er dadurch an Bedeutung verliert.

Die Unternehmenskommunikation, die, wie bereits ausgeführt, zur Organisationskommunikation gehört, bezieht sich auf Kommunikationsprozesse „zwischen den Unternehmen und ihren internen bzw. externen Umwelten" (ebd., S. 12) und umfasst somit

» „alle Kommunikationsprozesse, mit denen ein Beitrag zur Aufgabendefinition und -erfüllung in gewinnorientierten Wirtschaftseinheiten geleistet wird und die insbesondere zu internen und externen Handlungskoordinaten sowie Interessenklärung zwischen Unternehmen und ihren Bezugsgruppen [...] beitragen" (Zerfaß 2007, S. 23).

Die allgemeine Organisationskommunikation bezieht sich hingegen auf alle Organisationsformen und die dort ablaufenden Kommunikationsprozesse. Der Begriff Public-Relations wird dabei in den verschiedenen Wissenschaftsdisziplinen zum Teil sehr unterschiedlich interpretiert. Unter dem Aspekt der Marketingkommunikation stellt PR nur eines von zahlreichen Kommunikationswerkzeugen dar. PR-Experten postulieren jedoch zunehmend, „dass alle Organisationen [...] Kommunikationsarbeit mit zahlreichen Gruppen der Gesellschaft betreiben sollten" (Mast 2010, S. 12). Sie vertreten die Ansicht, dass Marketingkommunikation sich zu darauf konzentriert, Produkte und Dienstleistungen abzusetzen.

Beide Formen der Kommunikationspolitik stellen unterschiedliche Aspekte in den Mittelpunkt, verfolgen jedoch grundsätzlich die gleiche Aufgabe. PR bezieht sich vor allem darauf, mit Akteuren zu kommunizieren, die entscheidend dazu beitragen, den geschäftlichen Erfolg der Organisation zu realisieren. Im Hinblick auf Organisationen lassen sich drei Aufgaben- und Tätigkeitsfelder der Unternehmenskommunikation bestimmen (vgl. ◘ Abb. 4.6).

Die **Marktkommunikation** wird vor allem zu dem Zweck eingesetzt, Transaktionen mit bedeutenden Partnern der Organisation und deren Umgebung durchzuführen, orientiert sich dabei an den Wirtschaftswissenschaften und wird vom Marketing gesteuert. Die **Mitarbeiterkommunikation** nimmt die Bedürfnisse und Interessen der Mitarbeiter in den Blick, die sich im Rahmen ihrer jeweiligen Tätigkeit in der Organisation ergeben, orientiert sich also an den anfallenden Aufgaben. Die **Public Relationship** bezieht sich auf Kommunikationsbeziehungen zu Partnern der Organisation im sozialen und politischen Bereich, wobei die sozialwissenschaftliche Richtung überwiegt (vgl. ◘ Abb. 4.7).

4.13.2 Change Communication als besondere Form der Organisations- und Unternehmenskommunikation

Kommt es in einer Organisation wie etwa einem Unternehmen zu Veränderungen, so muss sich die Unternehmenskommunikation daran anpassen. Dies stellt für sie oft eine große Herausforderung dar, weil bisherige Gewohnheiten aufgegeben werden und

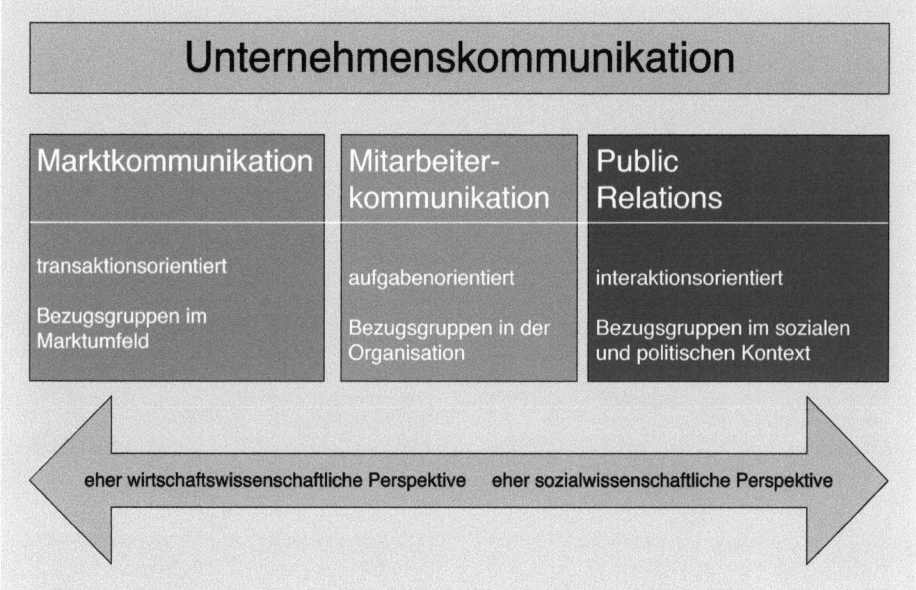

Abb. 4.6 Unternehmenskommunikation nach Funktionsfeldern. (Eigene Abbildung in Anlehnung an Mast 2010, S. 13; vgl. Mast et al. 2005, S. 37)

stattdessen neue Aufgaben bewältigt werden müssen. Dabei besteht die Gefahr, dass die an dem Veränderungsprozess beteiligten Personen den Überblick verlieren und sowohl das Unternehmen selbst als auch seine Stakeholder mit Unsicherheiten konfrontiert werden. Da Veränderungsprozesse in Unternehmen und ihre Ursachen bereits im ▶ Abschn. 4.5 ausführlich beschrieben wurden, soll im folgenden Unterkapitel nur noch erläutert werden, wie sich ein Kommunikationskonzept entsprechend planen lässt, um die Bewältigung solcher Veränderungsprozesse zu erleichtern.

Wie sich eine Kommunikation entwickelt, hängt von der Beziehung der Beteiligten ab, also von Sender und Empfänger. Im Rahmen eines Veränderungsprozesses

» „sollen zwar in erster Linie die Betroffenen durch das Veränderungsprojekt informiert und auf dem Laufenden gehalten werden. Hier wäre das Veränderungsprojekt der Sender und die Betroffenen die Empfänger" (Stolzenberg und Heberle 2013, S. 68).

Diese Rollen sollten jedoch nicht starr vorgegeben sein, sondern häufiger wechseln. Gefühle und Emotionen werden in Organisationen meist oft kaum beachtet, können jedoch im Kontext des Veränderungsmanagements von Bedeutung sein. Hierbei ist allerdings zu beachten, dass

» „gerade durch die emotionale Auseinandersetzung mit der Veränderung [Widerstände] [...] [zutage treten], die die Umsetzung im weiteren Verlauf behindern können. Eine zielgerichtete und geplante Kommunikation [unterstützt] den Veränderungsprozess nicht nur durch die zeitnahe Lieferung von Informationen. Sie kann darüber hinaus weitere Funktionen übernehmen" (ebd., S. 69).

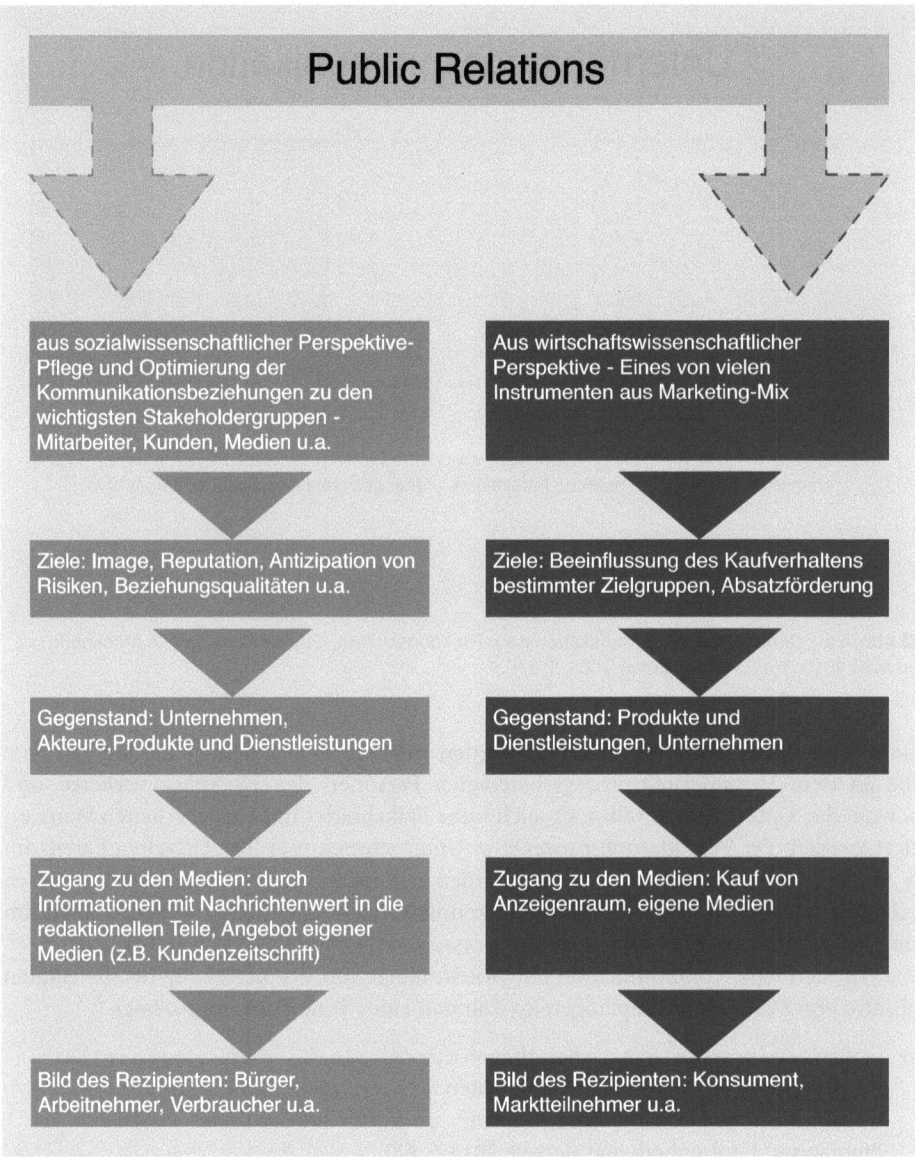

■ **Abb. 4.7**   Schwerpunkte einer sozial- und wirtschaftswissenschaftlich orientierten PR. (Eigene Abbildung in Anlehnung an Mast 2010, S. 15)

Je umfangreicher und komplexer der geplante Veränderungsprozess ist, desto wichtiger ist es, die entsprechende Kommunikation sorgfältig zu planen. Dabei sollte man sich an den Zielen orientieren, die mit der Veränderung verbunden sind. Die Kommunikation selbst vermittelt zwischen den Betroffenen und informiert sie. Dies kann auch bedeuten, dass sie bestimmte Inhalte quasi übersetzen muss, „da sie den Betroffenen Inhalte und Themen der Veränderung verständlich vermittelt und deren Feedback wieder an das Veränderungsprojekt zurückleitet" (ebd., S. 70). Wie die Beteiligungsmaßnahmen beteiligt auch die Kommunikation die Betroffenen aktiv am Veränderungsprozess, damit er von ihnen leichter akzeptiert wird.

Geht die Kommunikation über einen reinen Informationsaustausch hinaus, so ist es hilfreich, die Betroffenen methodisch mit einzubeziehen, und zwar bereits ab der Konzeptionierungsphase. Die folgende Abbildung verdeutlicht, wie Kommunikationsprozesse im Veränderungsprozess geplant und realisiert werden können.

4.13.3 Zusammenfassung und kritische Würdigung

Zusammenfassend kann festgehalten werden, dass ein Wandel im Unternehmen häufig mit Unsicherheiten und Ängsten einhergeht, die sowohl die Veränderung selbst als auch die Unternehmenskommunikation negativ beeinflussen können. Kritische Erfolgsfaktoren des Kommunikationsmanagements sind folgende: 1) eine Strategie mit klarer Stakeholderorientierung, 2) das genaue Vorgehen der Führungskräfte beim Kommunikationsprozess und 3) die Verbindung der Kommunikations- und der Geschäftspolitik. Ein weiteres Ziel speziell der Change Communication besteht darin, kognitive und emotionale Unsicherheiten der Beteiligten zu verringern und eine harmonische Interaktion zu gestalten. Ein Kommunikationsmanagement, das den Veränderungsprozess gezielt unterstützt,

» „achtet auf vier Dimensionen: die Klarheit der Kommunikationsinhalte, die Sicherheit bzw. Verlässlichkeit der Kommunikationsabläufe, die Einbeziehung von Beteiligten und Interessierten sowie die Verschmelzung von emotionalen und kognitiven Prozessen zur klaren Orientierung" (Mast 2010, S. 419).

Beim zielorientierten Kommunikationssystem stehen Inhalte im Vordergrund, die eine Orientierung ermöglichen, ferner Wissen und Akzeptanz der Veränderung sowie die Integration der Betroffenen in effektive Kommunikationsnetze. Nicht selten ist die Unternehmenskommunikation jedoch von mangelndem Vertrauen der Kunden, aber auch der eigenen Mitarbeiter geprägt, und zudem weichen die Erwartungen der Kunden oft stark von den Inhalten ab, die in der Unternehmenskommunikation angesprochen werden.

Literatur

Allen, T. D., Edy, L., Poteet, M., Lentz, E., & Lima, L. (2004). Career benefits associated with mentoring for proteges. *Journal of Applied and Personality, 14*, 503–521.

Bea, F. X., & Haas, J. (2005). *Strategisches Management*. Stuttgart: Lucius & Lucius.

Beckhardt, R. (1967). Confrontation meeting. *Harvard Business Review, 45*, 159–165.

Bennis, W. G. (1969). *Organizational development*. Upper Saddle River: Prentice Hall.

Bloom, B. S. (1984). The 2 sigma problem. *Educational Researcher, 13*, 4–16.

Bosscher, A. A., & Hendriks, I. (1989). Management Consulting und Beraterausbildung in den Niederlanden. In W. Sertl & K. Zapotocky (Hrsg.), *Neue Leistungsinhalte und internationale Entwicklung der Unternehmensberatung* (S. 291–343). Stuttgart: Kohlhammer.

Brenner, M., & Paulus, J. (2005). Ansätze zur Steigerung der Prozessperformance. In Horváth & Partners (Hrsg.), *Prozessmanagement umsetzen* (S. 7–16). Stuttgart: Schäffer-Poeschel.

Buchinger, K. (2001). Woran erkennt der Kunde einen guten Supervisor? *Systeme, 1*, 28–39.

Buchinger, K., & Klinkhammer, M. (2007). *Beratungskompetenz: Supervision, Coaching, Organisationsberatung*. Stuttgart: Kohlhammer.

4

Bühner, R. (2005). *Personalmanagement*. München: Oldenburg.

Burkart, C. (2014). *Begleitung von organisationalen Veränderungsprozessen*. München: Hampp.

Busch, D., & Mayer, C. H. (2012). *Mediation erforschen. Fragen – Forschungsmethoden – Ziele*. Wiesbaden: VS-Verlag.

Deming, W. E. (1997). *Out of the crisis*. o. V: Cambridge.

Deutscher Bundesverband Coaching e.V. (2014).

Doppler, K., & Lauterburg, C. (2008). *Change Management: Den Unternehmenswandel gestalten*. Frankfurt: Campus.

DuBois, D. L., Holloway, B. E., Valentine, J. C., & Cooper, H. (2002). Effectiveness of mentoring program for youth. *American Journal of Community Psychology, 30,* 157–197.

Eby, L. T., Allen, T. D., Evans, S. C., Ng, T., & DuBois, D. L. (2008). Does mentoring matter? *Journal of Vocational Behavior, 51,* 125–144.

Ertelt, B. J. (2013). Spezielle Theorien der berufsbezogenen Entwicklung. *Studienbrief*.

Friedrich, A. (2010). *Personalarbeit in Organisationen Sozialer Arbeit*. Wiesbaden: VS-Verlag.

Golembiewski, R. T. (1978). *The laboratory approach to organization change: Schema of a method*. Margulies: McGraw-Hill.

Grant, R. M., & Nippa, M. (2006). *Strategisches Management: Analyse, Entwicklung und Implementierung von Unternehmensstrategien*. London: Pearson.

Haken, H., & Schiepek, G. (2010). *Synergetik in der Psychologie. Selbstorganisation verstehen und gestalten*. Göttingen: Hogrefe.

Hammer, M. (2001). *The agenda*. New York: o. V.

Hentze, J., Graf, A., Kammel, A., & Lindert, K. (2005). *Personalführungslehre*. Bern: o. V.

Horváth, P., & Mayer, R. (2002). X-Engineering. *Information Management & Consulting, 17,* 48–54.

Hulin, C. L., Henry, R. A., & Noon, S. L. (1990). Adding a dimension: Time as a factor in generalizability of predictive relationships. *Psychological Bulletin, 107,* 328–340.

Jones, G. R., & Bouncken, R. B. (2008). *Organisation: Theorie, Design, Wandel*. München: Pearson.

Kalendruschat, P. (2016). Business-Coaching: Das ungenutzte Potenzial. In R. Wegener, S. Deplazes, M. Hasenbein, H. Künzli, A. Ryter, & B. Uebelhart (Hrsg.), *Coaching als individuelle Antwort auf gesellschaftliche Entwicklungen* (S. 189–201). Wiesbaden: Springer VS.

Kienbaum, & Harvard Business Manager. (2007). Coaching von Top-Managern. ▶ http://www.kienbaum.de/Portaldata/3/Resources/documents. Zugegriffen: 29. Nov. 2016.

Konas, E. (2001). Coaching. In ÖAS (Hrsg.), *Systeme* (Bd. 1). o. O.: o. V.

Köstler, A. (2010). *Mediation*. München: UTB.

Kotter, J. P. (1996). *Leading change*. München: Vahlen.

Kotter, J. P. (2006). *Das Pinguin-Prinzip*. Droemer: Knaur.

Legge, K. (2005). *Human resource management*. UK: Palgrave.

Leitner, S., Ostner, S., & Schratzenstaller, M. (2004). *Wohlfahrtsstaat und Geschlechterverhältnis im Umbruch*. Heidelberg: Springer.

Lerche, W. (2001). Personalentwicklung in sozialen Organisationen. Frankfurt a. M.: o. V.

Lewin, K. (1953). *Die Lösung sozialer Konflikte*. München: Christian Verlag.

Mast, C. (2010). *Unternehmenskommunikation*. München: UTB.

Mast, C., Huck, S., & Güller, K. (2005). *Kundenkommunikation*. Stuttgart: UTB.

Mayer, R. (2005). Prozessmanagement: Erfolg durch Steigerung der Prozessperformance. In Hórvath & Partners (Hrsg.), *Prozessmanagement umsetzen* (S. 1–7). Stuttgart: Schäffer-Poeschel.

Megginson, D., & Clutterbuck, D. (2008). *Making coaching work: Creating a coaching culture*. London: Cipd.

Merchel, J. (2004). *Qualitätsmanagement in der Sozialen Arbeit: Eine Einführung*. Weinheim: Beltz.

Möller, H., Kotte, S., & Liebelt, A. (2011). Denn sie wissen (oft) nicht, was sie tun. *Wirtschaftspsychologie aktuell, 3,* 5–30.

Münch, J. (1995). *Personalentwicklung als Mittel und Aufgabe moderner Unternehmensführung*. Bielefeld: o. V.

Myer, D. G. (2010). *Psychologie*. Heidelberg: Springer.

Neudeck, E. R., & Pranzas, D. (1995). *Research*. Düsseldorf: Springer.

Olfert, K. (2010). *Personalwirtschaft*. Herne: NWB.

Rauen, C. (2007). *Handbuch Coaching*. Bonn: Manager Seminare.

Rickenbacher, U. M. (1989). Sozialwissenschaftliche Aspekte zur Entwicklung eines Anforderungsprofils für die ausbildung von Management-Consultants. In W. Sertl & K. Zapotocky (Hrsg.), *Neue Leistungsinhalte und internationale Entwicklung der Unternehmensberatung* (S. 39–66). Stuttgart: o. V.

Rowold, J. (2015). *Human resource management.* Heidelberg: Springer.

Ruppert, M. (1998). Anforderungsprofil eines Personalberaters. In T. Sattelberger (Hrsg.), *Handbuch der Personalberatung* (S. 88–96). München: Beck.

Schiersmann, C., & Thiel, H. U. (2012). *Beratung als Förderung von Selbstorganisationsprozessen.* Göttingen: Vandenhoeck & Ruprecht.

Schiersmann, C., & Thiel, H. U. (2014). *Organisationsentwicklung.* Heidelberg: Springer.

Schmidt, S. J. (2003). *Geschichten und Diskurse.* Reinbeck: Rowohlt.

Schneider, P. B., & Blickle, G. (2009). Mentor-Protege-Beziehungen in Organisationen. In H. Stöger, A. Ziegler, & D. Schimke (Hrsg.), *Mentoring: Theoretische Hintergründe, empirische Befunde und praktische Anwendungen* (S. 139–160). Lengerich: Pabst.

Stiftung Warentest (2013). Coaching-Lehr-gänge: Coachen will gelernt sein. ▶ https://www.test.de/Coaching-Lehrgaenge-Coachen-will-gelernt-sein-4604619-0/ Zugegriffen: 05. Okt. 2016).

Stolzenberg, K., & Heberle, K. (2013). *Change Management: Veränderungsprozesse erfolgreich gestalten.* Heidelberg: Springer.

Strasser, H. (1993). *Unternehmensberatung aus der Sicht des Kunden.* Zürich: Schulthess.

Streich, R. K. (1997). Veränderungsmanagement. In M. Reiß, L. von Rosenstiel, & A. Lanz (Hrsg.), *Change Management. USW-Schriften für Führungskräfte* (Bd. 31). Stuttgart: Schäffer-Poeschel.

Strikker, F. (2016). *Coaching-Qualifizierungen.* Heidelberg: Springer.

Trebsch, K. (2003). Projektmanagement. *Organisationsentwicklung, 3,* 81–85.

von Rosenstiel, L. (2003). Eigenverantwortung in Unternehmens- und Führungsleitbildern. In S. Koch, J. Kaschube, & R. Fisch (Hrsg.), *Eigenverantwortung für Organisationen* (S. 193–206). Göttingen: Hogrefe.

Walberg, H. J. (1984). Improving productivity of America´s schools. *Educational Leadership, 41,* 19–27.

Walger, G., & Schleller, C. (1998). Das Angebot der Unternehmensberatung in Deutschland, Österreich und der Schweiz. *Schriften zur berufliche Weiterbildung*(Bd. 54). Berlin: o. V.

Weber, P. (2004). *Business mentoring.* Herdecke: Maori.

Werther, S., & Jacobs, C. (2014). *Organisationsentwicklung – Freude am Change.* Heidelberg: Springer.

Zerfaß, A. (2007). Unternehmenskommunikation und Kommunikationsmanagement: Grundlagen, Wertschöpfung, Integration. In M. Piwinger & A. Zerfaß (Hrsg.), *Handbuch Unternehmenskommunikation* (S. 21–70). Wiesbaden: Gabler.

Ziegler, A. (2009). *Mentoring: Konzeptuelle Grundlagen und Wirksamkeitsanalyse.* Lengerich: Pabst.

Die kompetenzorientierte Programm- und Studiengangsentwicklung für die arbeitsweltbezogene Beratung

© Springer Fachmedien Wiesbaden GmbH, ein Teil von Springer Nature 2019
A. Niggemeier, *Die Ausbildung zum Berater*, https://doi.org/10.1007/978-3-658-25767-5_5

Wissen wird mit dem Ziel erworben, es später anzuwenden, vor allem dann, wenn es sich um akademisches Wissen handelt und dieses zudem später dazu dienen soll, Menschen zu beraten, die sich in einer schwierigen (beruflichen) Situation befinden. Um das theoretische Wissen in der Praxis so anwenden zu können, dass es zu dem Ratsuchenden und seiner individuellen Situation passt, muss der Experte sehr verantwortungsvoll handeln und sollte daher unbedingt professionell dabei unterstützt werden, sein theoretisches Wissen auf die Praxis zu übertragen. Daher sollte schon das Curriculum zu dem entsprechenden Studiengang zumindest teilweise auch praxisorientiert sein. Im Folgenden soll der Frage nachgegangen werden, wie ein entsprechend gestaltetes Curriculum dazu beitragen kann, theoretisches Wissen auf die berufliche Praxis zu übertragen, und daraufhin eine entsprechende Ausrichtung in das Analysenraster integriert werden.

Als ein abgestuftes Studiengangsystems eingeführt wurde, das drei Zyklen umfasste, mussten die Hochschulen ihre Studienangebote entsprechend modifizieren, und zwar konkret „unter dem Leitziel der Kompetenzorientierung im alten Spannungsverhältnis von Wissenschaft, Beruf und Person" (Buschfeld und Dilger 2013, S. 201; vgl. Huber 1983, S. 136 f.). Vor allem in den Bachelor-Studiengängen sollte die Beschäftigungsfähigkeit stärker in den Vordergrund gerückt werden (vgl. Schindler 2004, S. 1 f.). Insbesondere wird gefordert,

» „dass die Bachelor-Studiengänge auf ein berufliches Handlungsfeld vorbereiten oder sogar für die Tätigkeit in ein Berufsfeld befähigen sollen und der Bachelor damit einen berufsqualifizierenden Abschluss darstellt" (Buschfeld und Dilger 2013, S. 201).

Im Folgenden wurde die Ausrichtung der neu entwickelten Studiengänge kontrovers diskutiert, wobei sich eine ausgeprägte Zweiteilung zwischen der Wissenschaftsorientierung und der praktischen Anwendbarkeit des Wissens zeigte (vgl. Kellermann 2009, S. 1 f.).

Im Folgenden sollen mögliche Missverständnisse untersucht werden, die sich aus dieser Aufteilung ergeben können.

5.1 Die Kompetenzorientierung im Spannungsverhältnis von Wissenschaft, Beruf und Person

Die Lehrangebote und Kompetenzen müssen so ausgerichtet werden, dass sie den Anforderungen des Bologna-Prozesses entsprechen. Diese so genannten.

» „Learning Outcomes [werden als] Aussagen darüber, was eine Lernende […] weiß, versteht und in der Lage ist zu tun, nachdem sie […] einen Lernprozess abgeschlossen hat" (Buschfeld und Dilger 2013, S. 204).

verstanden. Entsprechend werden sie als Kenntnisse, Fertigkeiten und Kompetenzen aufgefasst und in weitere Bereiche gegliedert: Wissen und Verstehen, ihre jeweilige Anwendung, Urteilsvermögen, Kommunikationsvermögen und Lernvermögen. Speziell im Hinblick auf den deutschen Hochschulqualifikationsrahmen wurden die Dimensionen Wissen, Verstehen und Können in drei Stufen genau voneinander abgegrenzt. Dabei zeigte sich, dass Kompetenzen vor allem unter kognitivem Aspekt betrachtet und entsprechend.

» „über die Struktur von Wissen […], die Wissenserschließung […] und die Anwendung von Wissen in sozialen […] Kontexten […] beschrieben" (ebd., S. 205).

werden. Besonders hervorgehoben wird im Zusammenhang mit den Reformen der KMK die Kompetenzorientierung, und zwar vor allem unter zwei Aspekten:

Zum einen sollen die in den Studiengängen vermittelten Inhalte komprimiert werden, zum anderen sollen sie sich stärker an der Praxis orientieren. Dabei werden jedoch zugleich die zu erwerbenden Kompetenzen reduziert. Das Grundprinzip besteht zwar nach wie vor darin, die Studiengänge wissenschaftlich auszurichten und den Studierenden zusätzlich bestimmte Schlüsselqualifikationen zu vermitteln, doch die „Intended Learning Outcomes" beziehen sich oft auf eher allgemeine Fertigkeiten und Kompetenzen, die quasi nebenher erworben werden, ohne dass dies ausdrücklich angestrebt wird. Die „Intended Learning Outcomes" nehmen daher eher eine Randposition ein.

Werden Kompetenzen und Kompetenzorientierung unter handlungstheoretischem Aspekt betrachtet, so liegt der Schwerpunkt darauf, die Anforderungen des Anwendungszusammenhangs sowie der erforderlichen individuellen Dispositionen zu untersuchen. Daraus resultiert eine disziplinübergreifende Strukturierung der erforderlichen Wissensanteile, Fertigkeiten und Einstellungen, die sich an Handlungen orientiert, was dazu führt, dass die Kompetenzorientierung sich vor allem auf die jeweilige, situative Anforderung (bspw. im Beratungsgeschehen) und die individuellen Kompetenzen bezieht, die sich daraus ergeben. Berufliche Anforderungen sollten daher eng mit der Wissenschaftsorientierung verknüpft und die bisherige Zweiteilung zwischen den beiden Bereichen verworfen werden. Letzten Endes ist jedoch für ein wissenschaftlich begründetes berufliches Handeln die Fähigkeit entscheidend, das wissenschaftliche Wissen in das berufliche Handeln zu integrieren. Dies ist unverzichtbar, damit das im Studium erworbene Wissen auf die Berufspraxis übertragen werden kann, sodass Curricula von Studiengängen für die akademische Ausbildung von Beratenden, die in berufs- und organisationsbezogenen Kontexten tätig sind, entsprechend gestaltet werden muss. Im Folgenden soll untersucht werden, wie sich dies realisieren lässt, und ferner zusätzliche, vertiefende Analysekategorien entwickelt werden, die sich insbesondere auf das Zusammenspiel zwischen wissenschaftlichem Wissen und berufspraktischen Anforderungen beziehen.

5.2 Universitäre Bildung im Spannungsfeld von Employability, Kompetenzorientierung und Wissenschaftsorientierung

In Bezug auf Bachelor- und Master-Programme steht in der Hochschullehre die Kompetenzorientierung im Vordergrund. Ihr Ziel besteht vor allem darin, die Studierenden zu befähigen, Probleme zu lösen und die Lebenssituationen zu meistern, mit denen sie künftig konfrontiert werden. Wissenschaftliches Handeln kann dabei auf zwei Arten verstanden werden, die miteinander verbunden werden müssen: als Praxis der Wissenschaft (▶ Abschn. 5.2.1) und als Wissenschaft in der Praxis (▶ Abschn. 5.2.2).

5.2.1 Praxis im Kontext der Wissenschaft

Wissenschaftliches Arbeiten ist in der Regel methodisch, mitunter auch handwerklich-methodisch, und verläuft reflektierend. Dabei kommt es vor allem darauf an, das Problem möglichst genau zu erkennen, die Ziele der durchzuführenden Untersuchung

5

festzulegen und auf dieser Grundlage das Untersuchungsdesign zu entwickeln. Diese Vorgehensweise entspricht quasi dem konzeptionellen Vorgehen in der Praxis, in dessen Rahmen Innovationen entwickelt, Handlungsabläufe begründet sowie Chancen und Risiken erfasst werden. Eine wissenschaftliche Praxis findet sich daher auch in Berufsfeldern, die der Wissenschaft auf den ersten Blick eher fernzustehen scheinen, und zeigt sich etwa in der Fähigkeit, auch komplexe Probleme zu lösen sowie in dem jeweiligen Berufsfeld Neuerungen zu entwickeln und einzuführen. Im Vordergrund steht dabei eine methodische Herangehensweise. Bei einer Beratung, die in berufs- sowie organisationsbezogenen Kontexten stattfindet, handelt es sich unzweifelhaft um eine wissenschaftliche Disziplin, zugleich ist sie jedoch stark praxisorientiert. Dies setzt voraus, dass die Absolventen in der Lage sind, wissenschaftliche Inhalte auf die Praxis zu übertragen.

5.2.2 Wissenschaft im Kontext der Praxis

Wissenschaft und Praxis werden oft als Gegensätze betrachtet. Praxis wird meist mit Alltagswissen, Interessengeleitetheit sowie Anwendbarkeit assoziiert, Wissenschaft hingegen mit Transparenz, Erkenntnis, Kritik, Reflexion und öffentlichem Diskurs. Sie hat aber auch großen Anteil an der gesellschaftlichen und beruflichen Praxis. Beispielsweise werden.

» „politische Entscheidungen, kulturelle Förderungen, neue Medikamente, die Reform von Gesetzen, Produktinnovationen usw. […] durch Einschätzungen von wissenschaftlichen Studien oder Gutachten gestützt" (ebd., S. 209).

Im beruflichen Alltag ist es daher unverzichtbar, mit wissenschaftlichen Veröffentlichungen und Studien für berufliche Zwecke umgehen zu können. Eine wesentliche Anforderung an den Absolventen beschreibt das folgende Zitat:

» „Die Kompetenz, mit wissenschaftlicher Expertise umzugehen und deren Güte abschätzen zu können sowie Konsequenzen für die individuelle berufliche Tätigkeit daraus ableiten zu können, ist daher eine berufsqualifizierende Anforderung" (ebd., S. 209).

Die beiden genannten Aspekte erhalten eine (curriculare) Qualität und Wirksamkeit, da sie die wissenschaftlich begründete Problemlösung als Entscheidungsgrundlage für berufsrelevantes Handeln nutzen. Dies bewirkt, dass die Absolventen methodische Vorgehensweisen verinnerlichen und deren Spezifik unmittelbar erleben.

5.3 Eine integrierende Konzeption für die universitäre Bildung und daraus abzuleitende curriculare Forderungen

Obwohl Berufspraxis und Wissenschaft unterschiedliche und teilweise sogar gegensätzliche Kompetenzen in den Vordergrund stellen, die im Rahmen der Gestaltung von Bachelor- und Master-Programmen berücksichtigt werden sollen, sollten sie doch so miteinander kombiniert werden, dass sie sich gegenseitig ergänzen. Anschließend kann dann näher bestimmt werden, wie ein entsprechendes Curriculum gestaltet werden sollte.

Die Wissenschaft versteht sich als internationale, interkulturelle und interdisziplinäre Disziplin, die auch in der Praxis vertreten ist. Absolventen einer wissenschaftlichen Ausbildung sollten in diesem Rahmen die Fähigkeit erwerben, ihr berufliches Handeln und ihre Lebenswelt zu wissenschaftlichen Ansätzen, Forschern und Berufspraktikern in Bezug zu setzen. Im Mittelpunkt der akademischen Ausbildung von Beratenden im arbeitsweltbezogenen Kontext steht die Kompetenz, Problemstellungen exakt zu skizzieren, passende Lösungen zu entwickeln, die auf einer methodischen Grundlage beruhen, und sie auf ihre Eignung hin zu prüfen, zu dokumentieren und schließlich anzuwenden. Studierende sollten dabei nicht nur einen Hochschulabschluss anstreben, sondern sich daran orientieren, ihre wissenschaftlichen Kenntnisse auf den Beruf zu übertragen, den sie später ausüben werden, vor allem dadurch, dass sie in der Lage sind, wissenschaftliche Methoden und Ergebnisse praktisch zu nutzen, und die Wissenschaft gleichrangig neben die berufliche Praxis stellen. Diese Haltung zeichnet sich dadurch aus, dass sie ihre beruflichen Praxiserfahrungen kritisch reflektieren sowie wissenschaftliche Ergebnisse und Daten in ihrem Berufsalltag nutzen, sodass die die Wissenschaft für sie eine methodische, instrumentelle Funktion erfüllt.

Curricula für Studiengänge, die für Beratende in berufs- und organisationsbezogenen Kontexten angeboten werden, müssen demnach so gestaltet werden,

» „dass Probleme und Anwendungszusammenhänge als Ausgangspunkt für die curricularen Überlegungen gesetzt werden, diese dann auch stärker disziplinenübergreifend gerade in und für die Orientierungsveranstaltungen ausgestaltet werden, so dass die Bezugnahme von Theorien und Konzepten sowie Methoden auf die Verwendungskontexte entweder durch die Studierenden selbst oder am Modell erfahrbar werden" (ebd., S. 212).

5.4 Abschließende Betrachtungen zur Übertragung von wissenschaftlich erworbenem Wissen in die Berufspraxis

Im ▶ Abschn. 5.1 wurde die Zweiteilung zwischen der Beschäftigungsfähigkeit und der Wissenschaftsorientierung untersucht, wobei sich zeigte, dass sie auf ein Begriffsverständnis zurückzuführen ist, das zu kurz greift. Die Beziehung zwischen Berufs- und Wissenschaftsorientierung sollte daher komplexer betrachtet werden. Das Ziel der Hochschuldidaktik bzw. von Curricula sollte darin bestehen, eine Harmonie zwischen Berufs- und Wissenschaftsorientierung herzustellen. Wissenschaftlich erworbene Kenntnisse sollten zwar das Handeln im Berufsalltag etwa eines Beraters bestimmen, die Komplexität des beruflichen Alltags jedoch angemessen berücksichtigen. Eine fundierte Ausbildung von Beratenden in arbeitsweltbezogenen Kontexten muss also beide Aspekte eng miteinander verbinden. In diesem Rahmen muss das Curriculum auf Anwendungszusammenhängen und Problemstellungen aufbauen, die dann disziplinübergreifend Thema der Ausbildung sind, damit die Studierenden auf Theorien und Konzepte, Methoden und Modelle zum jeweiligen Anwendungskontext zurückgreifen können.

Literatur

Buschfeld, D., & Dilger, B. (2013). *Durch Wissenschaft gut im Beruf*. Paderborn: Eusl.

Huber, L. (1983). Hochschuldidaktik als Theorie der Bildung und Ausbildung. In L. Huber (Hrsg.), *Ausbildung und Sozialisation in der Hochschule* (S. 114–138). Stuttgart: Klett-Cotta.

Kellermann, P. (2009). *Geschäft versus Wissenschaft, Ausbildung versus Studium*. Wiesbaden: VS-Verlag.

Schindler, G. (2004). *Employability und Bachelor-Studiengänge. Beiträge zur Hochschulforschung, 16*,6–26.

5

Darstellung wissenschaftlicher Ergebnisse zur Curriculagestaltung im Kontext der berufs- und organisationsbezogenen Beratung

© Springer Fachmedien Wiesbaden GmbH, ein Teil von Springer Nature 2019
A. Niggemeier, *Die Ausbildung zum Berater*, https://doi.org/10.1007/978-3-658-25767-5_6

Im Rahmen des CEDEFOP-Syntheseberichts „Strategien zur Laufbahnberatung in der Wissensgesellschaft" weist Sultana (2004) darauf hin, dass beratungswissenschaftliche Tätigkeiten einen nicht vollständig entwickelten Berufsstand darstellen. Dies ist teilweise mit dem Umstand begründbar, dass sich beratungswissenschaftliche Berufe in einem interdisziplinären Wechselspiel zu anderen Professionen befinden. Darüber hinaus rekrutiert sich das Personal aus Nachbardisziplinen, die z. T. besser etabliert sind und mit denen sich die Beratenden möglicherweise stärker identifizieren. Experten sind sich jedoch weitgehend einig, dass nur professionelle Beratungskräfte eine neutrale, wirkungsvolle und verantwortungsvolle Beratung leisten können. Die Frage, ob und inwiefern eine angemessene Ausbildung die Qualität der Beratung gewährleisten kann, wird kontrovers diskutiert. Oft werden verbindliche Mindeststandards gefordert, die ein eigenständiges Berufsbild vorsehen. Andere Experten befürchten, dass in diesem Fall Berater, die diesen Beruf bereits ausüben, künftig eine Randstellung einnehmen könnten, weil ihnen der wissenschaftliche Hintergrund fehlt. Schiersmann und Remmele (2004, S. 109 ff.) zufolge besteht zudem das Risiko, dass eine nichtprofessionelle Beratung stark subjektiv ausfallen könnte. Zusammenfassend lässt sich sagen, dass nichtprofessionelle Berater „recht unterschiedliche Sichtweisen und Grundüberzeugungen über Disziplinen als Ausgangspunkt für die Beratungsarbeit mitbringen" (ebd., S. 109).

Im Folgenden soll untersucht werden, wie sich die wissenschaftlich fundierte Aus- und Weiterbildung von Beratenden mithilfe des Curriculums gestalten lässt. Betrachtet werden zu diesem Zweck die Arbeiten von Ertelt und Schulz (1997, S. 9 ff.) und Ertelt (2007, S. 21 ff.), die sich vor allem auf Beratende im Kontext der Berufsberatung beziehen. Im Folgenden soll diese Sichtweise jedoch erweitert und ein Curriculum dargestellt werden, das die in den voranstehenden Kapiteln bereits herausgearbeiteten Aspekte in ein Gesamtkonzept einordnet.

Einem Synthesebericht, der aus dem Anfang der Neunzigerjahre stammt, lässt sich entnehmen, dass seinerzeit keine eigenständigen Beratungsprofessionen identifiziert werden konnten, da Beratung in berufs- und organisationsbezogenen Kontexten in zahlreichen (Erscheinungs-)Formen vorkommt. 1991 wurden dann die Beratungsberufe anhand von 19 Aufgaben im Hinblick auf die erforderlichen Aufgaben und Kompetenzen umfassend klassifiziert (vgl. Watts 1993, S. 7). Diese Analyse sowie ihre Evaluation.

» „bildeten die Grundlage für die Entwicklung von 15 Qualifizierungsmodulen für […] [Beratungskräfte] auf dem Niveau postgradualer Studiengänge" (Ertelt und Muswieck 2004, S. 21 f.; vgl. Ertelt 1992).

Anhand der gefundenen Module wurde anschließend versucht, eine europäisch orientierte Professionalisierung von Beratung umzusetzen.

6.1 Darstellung eines wissenschaftlich begründeten beispielhaften Ausbildungsverlaufs von arbeitsweltbezogenen Beratenden

◼ Tab. 6.1 zeigt Mindestanforderungen an die Module auf, die für die akademische bzw. wissenschaftliche Qualifizierung von Beratenden zwingend erfüllt sein müssen (vgl. Ertelt 2007, S. 23), wobei hier nun der Aufbau des Studienganges exemplarisch betrachtet werden soll, um auf diese Weise eine Vorlage für die Analyse des strukturellen Aufbaus der Curricula zu erhalten.

▣ Tab. 6.1 Mindestmodulanforderungen für die akademische bzw. wissenschaftliche Qualifizierung von Beratenden

Kompetenzbereich	Kerncurriculum (Modulbereich)
I Die gesellschaftliche Bedeutung von Beratung	Modul 1: Der Effekt von Beratung auf Individuen, Organisationen und Gesellschaft
II Ethische Aspekte in der Beratung	Modul 2: Professionalität als bedingende Voraussetzung in der Beratung Modul 3: Handlungsleitende ethische Aspekte in der Beratung
III Individualberatung, Diagnostik, Erstellen des Kontraktes, gezielte Informationen	Modul 4: Beratungstheorien, Beratungskonzepte, Methoden der Beratung (auf operativer Ebene) Modul 5: Eignungs- und Kompetenzdiagnostik auf personaler und organisationaler Ebene Modul 6: Rechtliche Rahmenbedingungen der Beratung/Auftragsklärung/Erstellung des Kontraktes Modul 7: Planung und Steuerung von Beratungsprozessen Modul 8: Individuelle und gezielte Information des Ratsuchenden, Einleiten von Realisierungs- und Umsetzungsmaßnahmen Modul 9: Personalentwicklung
VI Gruppen- und organisationsbezogene Beratung und Gruppenverfahren im Beratungsprozess	Modul 10: Formen von gruppenbezogener und organisationaler Beratung Modul 11: Organisationsentwicklung und Teamentwicklung Modul 12: Organisationswissenschaftliche Aspekte Modul 13: Team- und Organisationskulturen
V Personale und organisationale Veränderungsprozesse, Changemanagement und (Ergebnis-)Monitoring	Modul 14: Change-Management Modul 15: Coaching und Mentoring Modul 16: Kommunikation in Change-Prozessen Modul 17: Monitoring in Beratungsprozessen
VI Projektmanagement	Modul 18: Projektmanagement als phasenorientierter Lösungsprozess • Akquise von Projekten und Beratungsaufträgen • Analyse der Ausgangssituation • Zielklärung und Konkretisierung • Erstellung eines Projektstrukturplans (Systematisierung von Lösungswegen) • Erstellung eines Projektablaufplans (Zeitliche, personelle und finanzielle Gestaltung) • Controlling • Transfer
VII Personenbezogenes Beratungsprojekt	Modul 19: Auf Grundlage der zuvor erworbenen Kompetenzen führen die Studierenden ein personenbezogenes Beratungsprojekt durch. Parallel erfolgt die Erarbeitung eines Projektberichts, aus dem das methodologische Vorgehen des Studierenden begründend hervorgeht
VIII Organisationsbezogenes Beratungsprojekt	Modul 20: Auf Grundlage der zuvor erworbenen Kompetenzen führen die Studierenden ein organisationsbezogenes Beratungsprojekt durch. Parallel erfolgt die Erarbeitung eines Projektberichts, aus dem das methodologische Vorgehen des Studierenden begründend hervorgeht

(Fortsetzung)

6

◘ **Tab. 6.1**   (Fortsetzung)

Kompetenzbereich	Kerncurriculum (Modulbereich)
IX Relevante Objekttheorien in der Beratung	Modul 21: Führung in der Beratung Darstellung einschlägiger, objekttheoretischer Führungstheorien. Transfer in das Feld Beratung Modul 22: Entscheidungstheorien Die Studierenden lernen, komplexe Entscheidungen auf Grundlage von Entscheidungstheorien zu treffen Modul 23: Synergetik als Theorie der Selbstorganisation Die Theorie der Selbstorganisation wird im Kontext der berufs- und organisationsbezogenen Beratung dargestellt Modul 24: Die informationsstrukturelle Methodik (ISM) von Ertelt/Schulz
X Forschungsmethoden	Modul 25: Forschungsmethoden Die Studierenden erweitern und vertiefen ihre methodischen Kenntnisse Ein besonderer Schwerpunkt liegt auf der qualitativen Sozialforschung sowie der Anwendung empirischer Monitoringinstrumente
XI Thesis	Modul 26: Erstellen der Thesis
XII Kolloquium zur Thesis	Modul 27: Mündliche Verteidigung der Thesis

Das **erste Modul** bildet die Grundlage der akademischen Ausbildung und zeigt auf, dass die Beratung immer wichtiger wird, weil Gesellschaft, Beruf und Beschäftigung immer komplexer werden. Diese Entwicklung ist mit Trends wie Globalisierung, Individualisierung und einer zunehmenden Wissensflut verbunden, die die Menschen verunsichern und relevante Entscheidungen verlangen.

Das **zweite und dritte Modul** verbinden auf dieser Grundlage die Themenbereiche „Ethik in der Beratung" und „Der Professionalitätsbegriff in der Beratung" miteinander, um die ethischen Dimensionen in der Beratung als Basis für ein professionelles Selbstverständnis der Beratung zu nutzen. Zudem wird die Professionalität von Beratung aus kompetenztheoretischer Perspektive betrachtet.

Das **vierte Modul,** das Beratungstheorien und Methoden unter operationalem Aspekt vermittelt (vgl. ▶ Kap. 5), wird zunächst bewusst noch nicht näher ausformuliert. Für dieses Modul kommen grundsätzlich mehrere operative Beratungstheorien und Methoden infrage, die in das Curriculum aufgenommen werden können. Im **fünften Modul** werden die Studierenden mit methodologischen Vorgehensweisen vertraut gemacht, die sich an den Ressourcen des Klienten orientieren, sie im Rahmen einer Diagnose erfassen und im Hinblick auf das konkrete Ziel analysieren. Mit den rechtlichen Rahmenbedingungen für einen Beratungsprozesses sowie der Erstellung eines Vertrags, in dem Beratungsprozesse entsprechend geregelt werden, befasst sich das **sechste Modul** und das **siebte Modul** dann mit der ressourcen- und zielorientierten Planung und Steuerung des Beratungsprozesses. Hier lernen die Studierenden u. a., das phasenorientierte Prozessmodell gezielt zur Bearbeitung komplexer Aufgaben und Probleme zu nutzen. Das Konzept von Schiersmann und Thiel (2014) stützt sich auf die Forschungsergebnisse zur Selbstorganisation von psychischen und sozialen Systemen (vgl. Haken und Schiepek 2010). Modul 23 greift diesen Aspekt später wieder auf und vertieft ihn inhaltlich (vgl. Modul 23). Das **achte Modul** nimmt den Aspekt in den Blick, den Ratsuchenden zu informieren und Maßnahmen zu nutzen, mit denen sich das festgelegte Ziel realisieren lässt. Dieser erste Block stellt somit die Individualberatung in den Mittelpunkt und wird mit dem **neunten Modul** „Personalentwicklung" abgeschlossen, wobei grundsätzlich verschiedene Perspektiven betrachtet werden können.

Der vierte Modulblock legt den Fokus auf die organisationale Beratung, deren Varianten den Studierenden im **zehnten Modul** vermittelt werden, sodass sie sie klar unterscheiden können. Zudem lernen sie, organisationale Beratungsfelder auf andere Beratungsfelder zu transferieren und beides miteinander zu verbinden. Das **elfte Modul** betrachtet die klassische Organisationsentwicklung und in diesem Rahmen auch die Teamentwicklung. Das **zwölfte und dreizehnte Modul** vermitteln organisationswissenschaftliche Grundlagen, wobei im **dreizehnten Modul** die Organisationskultur im Vordergrund steht. Der vierte Modulblock bildet somit das organisationale Pendant zu Modulblock drei.

Im fünften Modulblock werden die personale und organisationale Beratung gemeinsam untersucht, wobei diesmal speziell der Aspekt von Veränderungsprozessen im Vordergrund steht. In **Modul vierzehn** werden die Studierenden in das Veränderungsmanagement in Beratungsprozessen eingeführt, woraufhin dann in **Modul fünfzehn** gezeigt wird, wie sich die Beratungsmethoden Coaching und Mentoring speziell im Rahmen von Veränderungsprozessen nutzen lassen. **Modul sechzehn** befasst sich mit der Unternehmenskommunikation, und zwar insbesondere mit der Change-Communication. Am Ende des Modulblocks steht das Prozess- und Ergebnismonitoring, das in **Modul siebzehn** erörtert wird. Dabei lernen die Studierenden das „Synergetische Navigationssystem" (SNS; vgl. Schiersmann et al. 2015, S. 36 ff.) und weitere Monitoringinstrumente kennen, die in der Beratungspraxis zum Tragen kommen.

Modul 18 bereitet die Studierenden durch Seminare zum Thema Projektmanagement auf die Praxismodule vor, wobei auch die Planung des Beratungsprozesses thematisiert wird und verschiedene Modelle der Projektgestaltung und -planung vorgestellt werden.

Der siebte Modulblock baut auf dem bislang erworbenen Wissen auf und umfasst die erste Praxisphase. In diesem Rahmen akquirieren die Studierenden ein Beratungsprojekt speziell zur personenbezogenen Beratung **(Modul 19)**. An bestimmten Tagen wird wieder das Praxismodul betrachtet, wobei die Studierenden ihre Praxiseindrücke in Kleingruppen reflektieren und einen Praxisbericht verfassen, in dem sie ihr Verhalten als Berater betrachten und aus dem erkennbar sind, wie sie methodologisch vorgegangen sind Zum Abschluss des Moduls stellen sie ihr Beratungsprojekt und die Erkenntnisse, die sie daraus gezogen haben, im Plenum vor.

Der nächste Schritt konzentriert sich dann wieder auf die Organisation **(Modul 20)**. Nun akquirieren die Absolventen ein neues Beratungsprojekt, das sich auf die organisationsbezogene Beratung bezieht und bei dem erneut Rückkehrtage zum Praxismodul abgehalten werden, an denen die Praxiseindrücke in kleineren Gruppen reflektiert werden. Auch diesmal schreiben die Studierenden wieder einen Praxisbericht, in dem sie erläutern, welche Methoden sie gewählt und wie sie sich als Beratender verhalten haben. Dies begründen sie jeweils, bevor sie erneut das Beratungsprojekt und ihre Erkenntnisse dazu vorstellen.

Die **Module 21–24** befassen sich damit, den Studierenden die Objekttheorien, die speziell für die berufs- und organisationsbezogene Beratung bedeutsam sind (vgl. ► Kap. 4), fachbezogen zu verdeutlichen. Auf diese Weise bekommen sie eine Grundlage, auf der sie diese Theorien mit den operativen Theorien verbinden können, die sie aus ihnen abgeleitet haben. Dadurch werden ihnen die historischen Wurzeln der einzelnen operativen Theorien vermittelt, was es ihnen erleichtert, die Theorien speziell in Verbindung mit der Objekttheorie in angemessener Weise zu nutzen.

Im nächsten Modul **(Modul 25)** ist ein Methodenseminar vorgesehen, das die Studierenden darauf vorbereiten soll, ihre Masterarbeit zu verfassen und in dem sie aktuelle Forschungsmethoden kennenlernen. Im Vordergrund stehen dabei die qualitative Sozialforschung sowie der Umgang mit Softwareprogrammen wie SNS, SPSS oder MAXQDA.

Anschließend verfassen die Studierenden ihre Masterthesis und verteidigen sie in einer Diskussion, die im Rahmen einer mündlichen Prüfung stattfindet. Zu diesem Zweck bietet es sich an, dass sie eine empirische Untersuchung vornehmen, die sie dann in ihrer Masterthesis umfassend darstellen. Auf diese Weise wird dem Umstand Rechnung getragen, dass sich der Studiengang stark an der Praxis orientiert. Wenn die Absolventen dies erfolgreich gemeistert haben, haben sie ihr Studium abgeschlossen.

Das hier erläuterte Curriculum stellt ein Muster dar, das im Folgenden als Idealtypus der akademischen Ausbildung von Beratenden fungieren soll, die in berufs- und organisationsbezogenen Kontexten tätig werden. In der nachfolgenden Untersuchung wird vor allem die Strukturierung des Studienganges bzw. des Curriculums in den Blick genommen und dabei zum einen inhaltliche Aspekte betrachtet, zum anderen strukturelle Aspekte, und zwar insbesondere die logische Gliederung des Studienganges. Zu diesem Zweck wird von jedem analysierten Curriculum ein sogenanntes gliederndes Fact-Sheet erstellt, das im nächsten Schritt auf den logischen Aufbau hin untersucht wird.

6.2 Begründete Variationen im strukturellen Aufbau der Curricula

Diese Untersuchung konzentriert sich darauf, speziell solche Curricula zu untersuchen, die sich auf die berufs- und organisationsbezogene Beratung beziehen, wobei als selbstverständlich vorauszusetzen ist, dass diese in unterschiedlichen Ausprägungen vorkommen kann. So unterscheiden sich auch die Curricula der 13 arbeitsweltbezogenen Beratungsdisziplinen, die in ▶ Kap. 5 vorgestellt wurden, zum Teil sehr stark voneinander und nehmen jeweils einen konkreten Schwerpunkt in den Blick. Ebenso stark unterscheiden sich demnach auch die Struktur der Curricula, Thema und Form des Studiengangs sowie die Art des Abschlusses. So kann ein Studierender einen Bachelor- oder Masterabschluss oder auch ein Zertifikat erwerben. Auch die verschiedenen Taxonomiestufen des Lernens spielen eine wichtige Rolle, denn es gibt sowohl theoretische als auch praktische Lernphasen, die beide relevant sind, damit ein Wissenstransfer stattfindet und die Studierenden lernen, ihr eigenes beratendes Handeln kritisch zu reflektieren (vgl. Brinker und Tremp 2012, S. 166 ff.). Zudem sind die entsprechenden Studiengänge berufsbegleitend, denn dies ist für die Studierenden günstiger, da sie ihr erworbenes Wissen so direkt im Berufsalltag praktisch anwenden können, was es ihnen erleichtert, es zu verinnerlichen und auf ihre berufliche Situation zu übertragen. In einem Vollzeitstudium hätten sie diese Möglichkeit in einer solchen Form nicht (vgl. ▶ Abschn. 7.1 und ▶ Kap. 8). Zugleich birgt die intensive Praxisorientierung jedoch das Risiko, dass theoretische Inhalte im Studium vernachlässigt werden, sodass z. B.

Objekttheorien im Rahmen eines berufsbegleitenden Studiums oder sogar eines Fernstudiums nicht genügend vertieft werden. In der hier durchgeführten Untersuchung wird daher besonders darauf geachtet, ob die Objekttheorien in berufsbegleitenden Studiengängen und deren Curricula angemessen berücksichtigt werden.

Ein inhaltliches Kriterium, das auf ein gut ausgearbeitetes Curriculum hinweist, besteht ferner darin, dass die operativen Theorien in adäquater Weise mit den Objekttheorien verbunden werden. Dies geschieht dadurch, dass die Objekttheorien in Bezug zu den operativen Theorien im praktischen Handlungsfeld genutzt werden, sodass die Studierenden ein tieferes wissenschaftliches Verständnis der darauf beruhenden Beratungsmethoden erlangen (vgl. Ivey et al. 2002, S. 97 ff.).

Literatur

Brinker, T., & Tremp, P. (2012). *Einführung in die Studiengangentwicklung.* Bielefeld: Bertelsmann.

Ertelt, B. J. (1992). *Weiterbildungsmodule in einer europäischen Dimension – Pädagogische und didaktische Handreichungen für Ausbilder von Berufsberatern.* Berlin: o. V.

Ertelt, B. J., & Schulz, W. E. (1997). *Beratung in Bildung, Beruf und Beschäftigung.* Leonberg: Rosenberger Fachverlag.

Ertelt, B. J. (2007). Berufsberatung und beraterische Kompetenz in europäischer Dimension. In U. Sickendiek et al. (Hrsg.), *Beratung in Bildung, Beruf und Beschäftigung* (S. 53–100). Tübingen: dgvt-Verlag.

Ertelt, B. J., & Muswieck, W. (2004). *Methodik für die berufliche Fernberatung – Distance Counselling.* Mannheim: o. V.

Haken, H., & Schiepek, G. (2010). *Synergetik in der Psychologie. Selbstorganisation verstehen und gestalten.* Göttingen: Hogrefe.

Ivey, A., D'Andrea, M., Ivey, M., & Simek-Morgan, L. (2002). *Theories of counseling and psychotherapy.* Boston: Allyn & Bacon.

Schiersmann, C., Friesenhahn, J., & Wahl, A. (2015). *Synergetisch beraten im beruflichen Kontext.* Göttingen: Hogrefe.

Schiersmann, C., & Remmele, H. (2004). *Beratungsfelder in der Weiterbildung – Eine empirische Bestandsaufnahme.* Baltmannsweiler: Schneider Verlag.

Schiersmann, C., & Thiel, H. U. (2014). *Organisationsentwicklung.* Heidelberg: Springer.

Sultana, R. G. (2004). *Guidance policies in the knowledge society. Trends, challenges and responses across Europe.* Luxemburg: Office for Official Publications of the European Communities.

Watts, A. G. (1993). *Occupational profiles and vocational counsellors in the European Community – A Synthesis report.* Berlin: CEDEFOP.

Methodik der Untersuchung

© Springer Fachmedien Wiesbaden GmbH, ein Teil von Springer Nature 2019
A. Niggemeier, *Die Ausbildung zum Berater*, https://doi.org/10.1007/978-3-658-25767-5_7

7.1   Untersuchungsgegenstand und Datenlage

In dieser Untersuchung sollen insgesamt vier Forschungsfragen systematisch untersucht und anschließend beantwortet werden. Zu diesem Zweck werden Hochschulcurricula anhand der Methode der strukturierenden qualitativen Inhaltsanalyse (vgl. Mayring 2010; Kuckartz 2016; Mayring und Gläser-Zikuda 2008) analysiert.

? Forschungsfrage 1
Inwieweit werden in den herangezogenen Curricula der akademischen Ausbildung von Beraterinnen und Beratern in berufs- und organisationsbezogenen Kontexten die relevanten Objekttheorien mit einbezogen?

Diese Fragestellung bezieht sich darauf, ob und in welchem Ausmaß die betrachteten Curricula Aspekte der Theorie der Selbstorganisation (▶ Abschn. 3.1), der Entscheidungstheorie (▶ Abschn. 3.2), der Führungstheorie (▶ Abschn. 3.3) sowie der Trait-and-Factor-Beratung (▶ Abschn. 3.4) und des ISM (▶ Abschn. 3.5) berücksichtigen und ob sich dabei ein Zusammenhang mit anderen Theorien und Ansätzen ergibt (bspw. in Kombination mit den operativen Theorien). Um eine Antwort darauf zu erarbeiten, wird ein differenziertes Kategoriensystem verwendet, anhand dessen die Curricula systematisch auf Aspekte des Objektwissens hin analysiert werden. Als Analysemethode wird eine qualitative, kategoriengeleitete Inhaltsanalyse genutzt.

? Forschungsfrage 2
Inwiefern finden sich die operativen Theorien in den entsprechenden Ausbildungscurricula wieder?

Um dies zu beantworten, wird untersucht, ob die jeweiligen Curricula Aspekte der Personalentwicklung (▶ Abschn. 4.1), der Organisationsentwicklung (▶ Abschn. 4.2), Inhalte des Human-Resource-Managements (▶ Abschn. 4.3), sowie der Unternehmensberatung (▶ Abschn. 4.4), der Personalberatung (▶ Abschn. 4.5), des Changemanagements (▶ Abschn. 4.6), des Projektmanagements (▶ Abschn. 4.7), des Prozessmanagements (▶ Abschn. 4.8), des Coachings (▶ Abschn. 4.9), des Mentorings (▶ Abschn. 4.10) und der Supervision (▶ Abschn. 4.11), der Mediation (▶ Abschn. 4.12) und der Organisations- und Unternehmenskommunikation (▶ Abschn. 4.13) enthalten und inwiefern sich eine Verbindung zu anderen Theorien und Ansätzen ergibt, z. B. zu den Objekttheorien. Auch hier wird wieder eine qualitative, kategoriengeleitete Inhaltsanalyse durchgeführt.

? Forschungsfrage 3
In welchen Aspekten werden gemeinsame curriculare Schwerpunkte erkennbar?

Diese Forschungsfrage wird ebenfalls mithilfe einer kategoriengeleiteten (Inhalts-)Analyse der Curriculuminhalte analysiert, denn dabei lässt sich gezielt untersuchen, wie oft konkrete Inhalte in den Curricula vertreten sind, und diese können gezielt miteinander verglichen werden. Zugleich können anhand der jeweiligen Inhalte Schlussfolgerungen zu den curricularen Schwerpunkten gezogen werden.

Zusätzlich wird die Struktur der Fact-Sheets in den Blick genommen, um zu untersuchen, welche curricularen Inhalten auf welche Weise mit Leistungspunkten verbunden sind. Daraus lassen sich konkrete curriculare Schwerpunkte ableiten, die anschließend qualitativ (durch beschreibende Modulinhalte) sowie quantitativ (durch die Zuordnung von Leistungspunkten zu bestimmten Inhalten untersucht werden.

? Forschungsfrage 4
Unterscheiden sich die Curricula von Universitäten und Hochschulen voneinander?

Um diese Forschungsfrage zu klären, werden die Analyseergebnisse unter zwei Aspekten analysiert und dabei zwischen Hochschulcurricula und Universitätscurricula differenziert. Die Untersuchung erfolgt mithilfe der Analyse-Software „MAXQDA", was voraussetzt, dass die Curricula vorab entsprechend gekennzeichnet und in der Software eingeordnet werden.

Die Curricula, die in diesem Rahmen untersucht werden, regeln konkret die Ausbildung von Beratenden im Kontext von Bildung, Beruf und Beschäftigung, wobei diese einen Bachelor- oder einen Masterabschluss erlangen können. Zusätzlich wurden Curricula aus Universitäts- und Hochschulstudiengängen in Deutschland, Österreich und der Schweiz herangezogen, die sich auf wissenschaftliche Fort- und Weiterbildungen beziehen, bei denen ebenfalls der Beratungsaspekt im Vordergrund steht.

Die strukturierende qualitative Inhaltsanalyse der Curricula ist eine sehr vorteilhafte Methode, um die hier betrachteten Fragestellungen systematisch zu beantworten.

7.1.1 Gegenstand der Untersuchung (Curricula)

Im Folgenden werden Gegenstand und Ziel der hier durchgeführten Untersuchung erläutert und daraufhin beschrieben, auf welchen Daten die Studie basiert.

Konkret handelt es sich bei der Untersuchung um eine vergleichende, inhaltliche und strukturelle Analyse von Hochschulcurricula, die für Studiengänge im Rahmen der beruflichen und organisationsbezogenen Beratung entwickelt wurden. Die entsprechende Ausbildung bezieht sich speziell auf folgende berufs- oder organisationsbezogenen Bereiche (vgl. ◘ Tab. 7.1).

Zunächst werden die Curricula einem der in der Tabelle genannten Bereiche zugewiesen. Weitere Themen und Professionen, die im Hinblick auf Beratung relevant sind, etwa Beratungen, die im psychosozialen Kontext stattfinden, werden dabei aus Gründen des Umfangs außer Acht gelassen, ebenso solche, die eine enge Verbindung zur Steuer-, Finanz- und Wirtschaftsberatung aufweisen, auch wenn sich mitunter Überschneidungen zwischen diesen Bereichen und den hier betrachteten Professionen ergeben, so etwa in der Unternehmensberatung. Die vorliegende Untersuchung beschränkt sich ausschließlich auf die Klärung der oben vorgestellten Forschungsfragen und lässt alle zusätzlichen Aspekte unberücksichtigt, die hierfür nicht unmittelbar relevant sind.

Die Qualität der akademischen Ausbildung von Beratenden lässt sich auf mehreren Ebenen erfassen und analysieren. In der vorliegenden Untersuchung steht die curriculare bzw. konzeptionelle Ebene im Vordergrund, denn sie ist für die Beratungsqualität von großer Bedeutung, weil sie „eine orientierende und ordnende Rolle bei der Gestaltung von Beratung spielt" (ebd., S. 197; vgl. Hughes 2012; Plant 2010).

◨ Tab. 7.1 Ein-bezogene Beratungs-disziplinen	Nr.	Professionsgruppe
	1	Organisationsentwicklung
	2	Personalentwicklung
	3	Human Resource Management
	4	Unternehmensberatung
	5	Personalberatung
	6	Change-Management
	7	Coaching
	8	Mediation
	9	Supervision
	10	Mentoring
	11	Unternehmenskommunikation
	12	Prozessberatung
	13	Projektberatung

7

Aus Platzgründen wird zwar nur eine Auswahl verschiedener Curricula analysiert, die in Bezug auf die hier untersuchten Aspekte jedoch die gesamte Bandbreite der Curricula abdeckt, die in Deutschland, Österreich und der Schweiz verwendet werden. Der Vergleich auf einer internationalen deutschsprachigen Ebene ermöglicht es,

» „Unterschiede und Gemeinsamkeiten in der Konzeptionalisierung des Gegenstands Qualität in der […] [akademischen Ausbildung von Beratenden] herauszuarbeiten" (ebd., S. 197).

Um die Forschungsfragen zu beantworten, wird das Datenmaterial auf qualitativ-induktive Art analysiert und strukturiert, um der Komplexität des Forschungsgegenstands Rechnung zu tragen.

7.1.2 Datengrundlage

Die Entscheidung, Ausbildungscurricula auf Hochschulniveau als Material zu nutzen, um zu untersuchen, wie die Ausbildung von Beratenden geregelt ist, wurde deshalb getroffen, weil Curricula sehr wirkungsvolle Konzepte darstellen (vgl. ▶ Abschn. 7.1.1), denn gerade sie nehmen eine.

» „Art Sandwichposition [ein]: Auf der einen Seite bilden Studiengänge den Rahmen für das Lernen und Lehren […]. Auf der anderen Seite sind Studiengänge und deren Entwicklung in hohem Maße abhängig von verfügbaren Ressourcen, Profilbildungen, Kapazitätsverordnungen und anderen rechtlichen Regelwerken" (Reimann in: Brinker und Tremp 2012, S. 19).

Daher ist es ein wichtiger Bereich der Hochschulforschung, zu untersuchen, wie Curricula entwickelt werden. Bei dem Material, das im Folgenden verwendet wird, handelt es sich um Modulhandbücher für Bachelor-, Master- und Zertifikatsstudiengänge, die in (Fach-)Hochschulen und Universitäten in Deutschland, Österreich und der Schweiz genutzt werden.

Im Rahmen der folgenden Untersuchung werden ausschließlich Module beschrieben, die im Hinblick auf den Beratungsaspekt bedeutsam sind. Bei einem Teil davon handelt es sich um Pflichtmodule, bei einem anderen Teil um Wahlmodule. Im Rahmen der Analyse wird der Frage nachgegangen, welche Inhalte sie vermitteln und wie diese in systematischer Hinsicht miteinander verknüpft sind. Auf dieser Grundlage wird die Struktur der Studiengangsmodule und Inhalte systematisch analysiert.

Insgesamt findet die Analyse somit auf drei Ebenen statt:
1. fachlich-inhaltlichen Analyse
2. strukturell-didaktischen Analyse
3. schwerpunktorientierte Analyse

Auf der inhaltlichen Ebene wird eine qualitative Inhaltsanalyse durchgeführt und zu diesem Zweck ein Kategoriensystem genutzt, das auf der relevanten Theorie basiert.

Auf der strukturell-didaktischen Ebene wird ebenfalls anhand eines Kategoriensystems untersucht, wie die Module in den Curricula jeweils geordnet sind, und zwar vor allem, ob ein bestimmtes Modul die Grundlage für weitere Module bildet, selbst auf einem anderen Modul beruht oder ob es eine isolierte Einheit bildet. Zu diesem Zweck werden die Curricula in Fact-Sheets umgesetzt, die alle Module eines Curriculums aufzählen (vgl. ◘ Tab. 7.2).

Um die jeweiligen inhaltlichen Schwerpunkte bestimmen zu können, werden die jeweiligen Inhalte der Module innerhalb des Studienganges entsprechend gewichtet. Zu diesem Zweck werden die Module des jeweiligen Studienganges der passenden Profession zugewiesen (vgl. ◘ Tab. 7.3).

Wenn der jeweilige Studiengang z. B. ein Modul enthält, das sich auf die Supervision bezieht, werden die Credit-Points des betreffenden Moduls in die Zeile „Supervision" eingetragen, und zwar für dasjenige Semester, in dem das Modul stattfindet (bspw. 5

◘ **Tab. 7.2** Exemplarisches Fact-Sheet-Raster

Titel des Studienganges:										
Hochschule / Universität:										
Studienabschluss:										
Modul-name	CP	Modul ist Voraus-setzung für:	Stand-Alone-Modul	Voraus-setzung für die Teil-nahme	Taxo-nomie	Vorheriges Modul	Nach-folgen-des Modul	Prüfungsform	Lerninhalte	Empfohlene Literatur

◘ Tab. 7.3   Exemplarisches Raster zur Analyse der curricularen Schwerpunkte

Inhaltsbereiche /Schwerpunkte	CP Semester 1	CP Semester 2	CP Semester 3	CP Semester 4	CP Semester 5	CP Semester 6	Gesamt
Organisationsentwicklung							
Personalentwicklung							
HRM							
Change-Management							
Unternehmensberatung							
Personalberatung							
Prozessberatung							
Projektmanagement/-beratung							
Coaching							
Mediation							
Mentoring							
Supervision		5					
Unternehmenskommunikation							
Masterarbeit/Wiss. Arbeiten							
Gesamt							

Credit-Points im zweiten Semester). Auf diese Art wird jedes Modul eines Studienganges entsprechend eingeordnet, sodass die Tabelle alle Credit-Points enthält, die im Studium vergeben werden. Diese Methode verdeutlicht unter inhaltlichem Aspekt sowohl die Schwerpunkte des jeweiligen Studiengangs als auch dessen Verlauf.

Wenn so die Ergebnisse für alle Curricula zusammengetragen wurden, werden sie im nächsten Schritt gezielt im Hinblick auf die entsprechenden Professionen ausgewertet.

7.1.3 Zugang zu den Curricula und deren Aktualität

Um diejenigen Dokumente auszuwählen, die für die vorliegende Untersuchung am besten geeignet sind, wurden konkrete Kriterien entwickelt. So wurden nur Curricula berücksichtigt, deren Schwerpunkt eindeutig darauf liegt, den Studierenden Wissen und Kompetenzen nahezubringen, die im Rahmen der berufs- und organisationsbezogenen Beratung relevant sind, und die dies jeweils auf Hochschulniveau realisieren. Eine weitere Voraussetzung war, dass die entsprechenden Curricula einen separaten Überblick

```
┌─────────────────────────────────────────────────────────────────────────────┐
│ Systematische Recherche (Internet, Studienführer der BA, Hochschulkompass)    │
│ nach Studiengängen im Kontext der berufs- und organisationsbezogenen Beratung │
└─────────────────────────────────────────────────────────────────────────────┘
```

```
┌─────────────────────────────────────────────────────────────────────────────┐
│ Sammlung und Clusterung der Studiengänge  im Kontext der berufs- und          │
│ organisationsbezogenen Beratung nach Bezeichnung in induktiv erstellte        │
│ Professionscluster (OE; PE; HRM; Unternehmensberatung; Personalberatung;      │
│ Projektberatung; Prozessberatung; Mentoring; Coaching; Mediation;             │
│ Supervision; Changemanagement; Unternehmenskommunikation)                     │
└─────────────────────────────────────────────────────────────────────────────┘
```

```
┌─────────────────────────────────────────────────────────────────────────────┐
│ Systematische Sichtung der Curricula der Studiengänge  im Kontext der berufs- │
│ und organisationsbezogenen Beratung                                           │
└─────────────────────────────────────────────────────────────────────────────┘
```

◼ Abb. 7.1   Ablauf der Materialauswahl. (Eigene Abbildung)

über die Module vermitteln, der sowohl ihre Abfolge als auch ihre Inhalte verdeutlicht. Grundsätzlich mussten die infrage kommenden Curricula über konkrete Mindestmerkmale verfügen:

- Name des Moduls,
- Höhe oder Anzahl der entsprechenden Credit-Points,
- Name der Hochschule oder Universität,
- Name des Studiengangs,
- Abschluss des Studiengangs bzw. Erwähnung der zu erwerbenden Qualifikation.

Die Dokumentenrecherche fand im Zeitraum zwischen Juni und August 2016 statt, wobei sich der Autor zunächst vergewisserte, dass ihm alle relevanten Curricula für eine Analyse zugänglich waren. Sollten die Hochschulen nach August 2016 Veränderungen an den Curricula vorgenommen haben, so müssen diese im Folgenden unberücksichtigt bleiben. Bei der hier durchgeführten Analyse handelt es sich quasi um eine Momentaufnahme der akademischen Ausbildung für Beratende im Kontext der berufs- und organisationsbezogenen Beratung, die deren aktuellen Zustand zu einem bestimmten Zeitpunkt beschreibt. Zudem ist anzumerken, dass einzelne Hochschulen und Universitäten aus der Schweiz nicht mit der Analyse einverstanden waren und dem Autor daher ihre Curricula nicht zugänglich machten. Auch diese Curricula konnten daher nicht mit einbezogen werden (vgl. ◼ Abb. 7.1).

Literatur

Brinker, T., & Tremp, P. (2012). *Einführung in die Studiengangentwicklung*. Bielefeld: Bertelsmann.

Hughes, D. (2012). ELGPN WP 4 Synthesis Meeting held in Dublin on 21st–23rd March 2012. Department of Education and Skills, Marlborough Street, Dublin 1. Reflection-Note.

Kuckartz, U. (2016). *Qualitative Inhaltsanalyse. Methoden, Praxis, Computerunterstützung*. Weinheim: Beltz.

Mayring, P., & Gläser-Zikuda, M. (2008). *Die Praxis der Qualitativen Inhaltsanalyse*. Weinheim: Beltz.

Mayring, P. (2010). *Qualitative Inhaltsanalyse – Grundlagen und Techniken*. Weinheim: Beltz.

Plant, P. (2010). Quality assurance/Evidence-base for policy and systems development. Work Package 4. Synthesis Report, 2009-2010. Draft, 18. März 2010. European Lifelong Guidance Policy Network (ELGPN), nicht veröffentlichtes Arbeitsdokument.

Beantwortung der Forschungsfragen auf Grundlage der Analyseergebnisse

© Springer Fachmedien Wiesbaden GmbH, ein Teil von Springer Nature 2019
A. Niggemeier, *Die Ausbildung zum Berater*, https://doi.org/10.1007/978-3-658-25767-5_8

8.1 Beantwortung Forschungsfrage 1

❓ **Forschungsfrage 1**
Inwieweit werden in den herangezogenen Curricula der akademischen Ausbildung von Beraterinnen und Beratern in berufs- und organisationsbezogenen Kontexten die relevanten Objekttheorien mit einbezogen?

Die relevanten Objekttheorien werden in den hier analysierten Curricula der akademischen Ausbildung von Beratenden in berufs- und organisationsbezogenen Kontexten nur am Rande berücksichtigt. Insgesamt wurden 4112 Textsegmente betrachtet, wobei sich nur 1,6 % der Markierungen der Oberkategorie 3.1 (Problemlöseprozesse unter der Beachtung der Synergetik) zuordnen lassen, 1,0 % der Markierungen der Oberkategorie 3.2(Entscheidungstheorien in berufs- und organisationsbezogenen Beratungskontexten), 2,14 % der Markierungen der Oberkategorie 3.3 (Führungstheorien in Veränderungsprozessen), 0,83 % der Markierungen der Oberkategorie 3.4(Vermittlung der Inhalte der Trait-and-Factor-Beratung) und 0,51 % der Markierungen der Oberkategorie 3.5 (Vermittlung des integrativen Modells/ISM). Damit findet die komplette Oberkategorie 3, Objekttheorien, nur in 6,1 % der curricularen Aussagen, die in der vorliegenden Studie identifiziert werden konnten, ihren Niederschlag. Da die Objekttheorien für die Vermittlung und Nutzung der operativen Theorien hochrelevant sind, ist diese geringe Präsenz als äußerst problematisch zu betrachten, weil die Studierenden somit nicht die Gelegenheit haben, die Grundlagen der anwendungsorientierten operativen Theorien zu vertiefen. Zu diesen quantitativen Ergebnissen passen auch die qualitativen Ergebnisse, denen sich entnehmen lässt, dass einzelne Curricula die Objekttheorien und ihre Inhalte durchaus gründlich behandeln. Der Großteil der Curricula vernachlässigt sie jedoch, sodass hier die systemische Beratung nur vereinzelt angesprochen wird. Führungs- und Entscheidungstheorien sind zwar in den Curricula etwas stärker repräsentiert, insgesamt betrachtet spielen die Objekttheorien in den Curricula nur eine marginale Rolle. Dies lässt sich dadurch begründen, dass die Curricula sich inhaltlich vor allem auf betriebswirtschaftliche Aspekte konzentrieren. Diese Sichtweise ist allerdings nicht unproblematisch, da arbeitsweltbezogene Beratung nicht mit Wirtschaftsberatung gleichzusetzen ist, sondern sich vor allem auf menschliche und systemische Einflussfaktoren im Veränderungsprozess bezieht.

8.2 Beantwortung Forschungsfrage 2

❓ **Forschungsfrage 2**
Inwiefern finden sich die operativen Theorien in den entsprechenden Ausbildungscurricula wieder?

Operative Theorien, die im Zusammenhang mit Beratung eine wichtige Rolle spielen, sind in den hier analysierten Curricula sehr stark vertreten. Textpassagen, die sich auf die Oberkategorie 2 (operative Theorien) beziehen, haben an den hier betrachteten Kategorien einen Gesamtanteil von 63,1 %, sodass die operativen Theorien den Großteil der Theorien darstellen. Vor allem betriebswirtschaftliche Aspekte sind mit einem Anteil von 13,7 % an allen untersuchten Kategorien stark vertreten, aber auch Methoden und

Inhalte des Coachings (9,1 % aller in der Untersuchung untersuchten Kategorien). Daraus lässt sich schließen, dass arbeitsweltbezogene Beratung sich immer stärker an der Praxis sowie der Ökonomie orientiert. Darauf deutet ferner hin, dass eine Beratung häufig erst dann angestrebt wird, wenn sich der Betroffene bereits in einer Notlage befindet, die nicht selten finanzieller Art ist. Auch das Coaching spielt als ergänzende Methode, um betriebswirtschaftliche Veränderungen zu realisieren, eine wichtige Rolle und verdrängt allmählich langfristig ausgerichtete, tiefgreifende Methoden wie Personalentwicklung oder Supervision.

8.3 Beantwortung Forschungsfrage 3

> ❓ **Forschungsfrage 3**
> In welchen Aspekten werden gemeinsame curriculare Schwerpunkte erkennbar?

Nahezu alle untersuchten Curricula legen einen besonderen Schwerpunkt auf betriebswirtschaftliche und sozioökonomische Aspekte, was letztlich dazu führt, dass vor allem Curricula, die den Fokus auf das Human Resource Management und die Organisationsentwicklung richten, sich inhaltlich stark ähneln. Verstärkt wird dies noch dadurch, dass Aspekte, die sich auf das Coaching beziehen, in den Curricula übergreifend betrachtet und stark verallgemeinernd betrachtet werden. Studiengänge, die die Personalentwicklung in den Mittelpunkt stellen, ähneln ferner in qualitativer Hinsicht stark solchen, die auf die Organisationsentwicklung und das Human Resource Management fokussieren. Somit vermitteln die Curricula in den Studiengängen Organisationsentwicklung, Personalentwicklung und Human Resource Management mit Ausnahme einiger bestimmter Arbeits- und Handlungsbereiche grundsätzlich die gleichen Inhalte, woraus sich schließen lässt, dass sie auf den gleichen theoretischen Grundlagen beruhen. Dies erleichtert es ihnen einerseits sehr, mit Nachbardisziplinen zusammenzuarbeiten, andererseits müssen sie sich jedoch stärker als bisher voneinander abgrenzen, um eigenständige, trennscharfe Disziplinen zu bilden.

8.4 Beantwortung Forschungsfrage 4

> ❓ **Forschungsfrage 4**
> Unterscheiden sich die Curricula von Universitäten und Hochschulen voneinander?

In den betrachteten Curricula zeigen sich in Bezug auf die operativen Theorien quantitative und qualitative Unterschiede, gerade auch zwischen Curricula von Hochschulen und Universitäten. Diese werden vor allem in den Kategorien 2.2.6, 2.2.7, 2.2.8, 2.2.9 und 2.2.11 sichtbar, die in Hochschulcurricula wesentlich intensiver behandelt werden als in Universitätscurricula, während die Letzteren sich stärker auf die Objekttheorien konzentrieren. Zusammenfassend könnte man sagen, dass Hochschulcurricula eher die praktische Umsetzung der Beratungsdisziplin in den Blick nehmen, während Universitätscurricula eher anstreben, diese Disziplin weiterzuentwickeln und ihre Effekte zu untersuchen.

Kritische Würdigung der durchgeführten Untersuchung

© Springer Fachmedien Wiesbaden GmbH, ein Teil von Springer Nature 2019
A. Niggemeier, *Die Ausbildung zum Berater*, https://doi.org/10.1007/978-3-658-25767-5_9

Im Folgenden soll die vorliegende Arbeit auf methodologische Unschärfen und andere Aspekte hin untersucht werden, die eventuell als kritisch bewertet werden könnten. Zunächst werden die Methodik sowie die Nutzung der qualitativen Inhaltsanalyse in der Untersuchung kritisch in den Blick genommen, im nächsten Schritt dann Aspekte, die sich auf das betrachtete Material beziehen, also die Curricula.

Mayring (2010) zufolge gibt es drei Aspekte, die die Möglichkeiten der qualitativen Inhaltsanalyse stark begrenzen.

Der erste Aspekt besteht darin, dass es sich um eine spezifische Auswertungstechnik handelt. Demnach muss die qualitative Inhaltsanalyse kombiniert werden „mit Techniken der Datenerhebung und Datenaufarbeitung, sie muss eingeordnet werden in einen übergeordneten Untersuchungsplan" (Mayring 2010, S. 124). Demnach genügt es noch nicht, sich strikt an das entsprechende Ablaufmodell zu halten, um zu aussagekräftigen Ergebnissen zu gelangen.

Zweitens kann es vorkommen, dass die Systematik der qualitativen Inhaltsanalyse nicht optimal zum Forschungsgegenstand oder zur konkreten Fragestellung passt. In diesem Fall muss sie durch andere Analyseverfahren ergänzt oder sogar völlig ersetzt werden.

Drittens muss sichergestellt sein, dass die Inhaltsanalyse „nicht zu starr und unflexibel wird. Sie muss auf den konkreten Forschungsgegenstand ausgerichtet sein" (ebd., S. 24) und auf einem Kategoriensystem basieren, das auf Grundlage des verwendeten Materials entwickelt wurde und sich auf entsprechende Theorien stützt. Durch „dieses Kategoriensystem werden diejenigen Aspekte festgelegt, die aus dem Material herausgefiltert werden sollen" (Mayring 1996, S. 91). Darin liegt allerdings zugleich ein großer Schwachpunkt in Bezug auf die Auswertungsmethode der strukturierenden, qualitativen Inhaltsanalyse. So konnte Steigleder (2008) in einer Studie belegen,

» „dass es im Rahmen einer wissenschaftlichen `Auswertungsmethodik gerade` nicht den forschungsmethodischen Erfahrungen eines Forschers [...] überlassen bleiben darf, auf welche `Art und Weise Kategoriensysteme überarbeitet` werden" (Steigleder 2008, S. 196 f.).

Aus diesem Grund wurden nach dem probeanalytischen Durchlauf einzelne Subkategorien zusammengefasst und so das Kategoriensystem insgesamt reduziert. Trotzdem blieb es insgesamt zu umfangreich bzw. zu unspezifisch. Dies ist nicht zuletzt auf die Forschungsfragen und das analysierte Material zurückzuführen. So hätten die Forschungsfragen spezifischer formuliert werden und sich stärker auf bestimmte Aspekte in den Curricula beziehen müssen, um auch das Kategoriensystem stärker spezifizieren zu können. Ferner lehnte sich die deduktive Entwicklung des Kategoriensystems stark an die operativen Beratungstheorien an, die allerdings relativ homogen sind und daher nur einen bestimmten Bereich des Spektrums umfassen. Daher beschränkte sich die hier durchgeführte Untersuchung auf weit verbreitete und allgemein anerkannte Theorien.

Auch die Stichprobenauswahl kann teilweise als kritisch bewertet werden, denn die konzeptionelle Qualität des analysierte Materials unterschied sich von Inhalt und Struktur her mitunter stark, sodass in diesen Fällen fraglich ist, inwiefern sich die entsprechenden Curricula überhaupt vergleichen lassen. Alternativ hätte die Möglichkeit bestanden, Curricula zu untersuchen, die einer bestimmten Zertifizierung bzw. Akkreditierung unterliegen und daher objektiv besser vergleichbar sind. Zusammenfassend lässt sich feststellen, dass sich in Bezug auf die Verfügbarkeit der Curricula von

Studiengängen, die die berufs- und organisationsbezogene Beratung thematisieren, teilweise große professions- oder auch disziplinspezifische Unterschiede zeigen. So erwies es sich beispielsweise als äußerst schwierig, eine ausgewogene konzeptionelle Stichprobe in angemessener Größe zu erhalten. Curricula aus den Bereichen Unternehmenskommunikation oder Mentoring blieben dem Autor weitgehend verschlossen, zu solchen aus den Bereichen HRM oder Organisationsentwicklung war der Zugang hingegen unproblematisch. Dies führte dazu, dass Curricula aus der ersten Gruppe nur in sehr geringem Ausmaß in die Analyse miteinbezogen werden konnten.

Zum Schluss ist festzustellen, dass auch wissenschaftliches, theoriegeleitetes Wissen nicht immer vollständig ist. Reale Beratungssituationen können sehr viel komplexer sein, als Theorien dies erfassen können (vgl. Hofer 2015, S. 141). In diesem Fall muss der Beratende sich auf seine eigenen Schlussfolgerungen, Erfahrungen oder persönlichen Präferenzen stützen, was jedoch die Gefahr birgt, dass die entsprechenden Handlungen irrational werden. Ferner müssen sich Handlungen, die auf Theorien basieren, am Wertesystem des Klienten bzw. der Organisation orientieren. Auch bestimmte Rahmenbedingungen wie etwa Zeitaufwand, Kosten, materielle Ausstattung oder organisationale Vorgaben können die vorhandenen Möglichkeiten einschränken und damit auch die Effektivität theoriegeleiteten Handelns in der Beratung begrenzen.

Literatur

Hofer, M. (2015). Theoriebildung im Bereich der Beratung. In B. J. Erteilt, A. Frey, & M. Scharf (Hrsg.), *Berufsberatung als Wissenschaf* (S. 134–144). Hamburg: Kovač.
Mayring, P. (1996). *Analytische Schritte bei Textinterpretation*. München: Oldenbourg.
Mayring, P. (2010). *Qualitative Inhaltsanalyse – Grundlagen und Techniken*. Weinheim: Beltz.
Steigleder, S. (2008). *Die strukturierende qualitative Inhaltsanalyse im Praxistest – Eine konstruktiv kritische Studie zur Auswertungsmethodik von Philipp Mayring*. Marburg: Tectum.

Schlussfolgerungen aus den Untersuchungsergebnissen und Handlungsempfehlungen für die Entwicklung von Curricula zur Ausbildung von Beraterinnen und Beratern im Bereich Bildung, Beruf und Beschäftigung

© Springer Fachmedien Wiesbaden GmbH, ein Teil von Springer Nature 2019
A. Niggemeier, *Die Ausbildung zum Berater*, https://doi.org/10.1007/978-3-658-25767-5_10

Die vorliegende Untersuchung verfolgte das Ziel, Curricula von Studiengängen im Kontext der berufs- und organisationsbezogenen Beratung anhand spezifischer Fragestellungen, die in ▶ Kap. 1 aufgeführt sind, zu analysieren. Als Analysemethode fungierte die strukturierende qualitative Inhaltsanalyse nach Phillip Mayring, und der Schwerpunkt lag darauf, zu überprüfen, ob und inwiefern die zugrundeliegende Theorie und die Inhalte der Beratungstätigkeit kongruent sind. Besonders relevant waren dabei die Zielgruppenorientierung und die empirische Fundierung der akademischen Ausbildung von Beratern in berufs- und organisationsbezogenen Handlungskontexten im deutschsprachigen Raum. Um die Forschungsfragen zu beantworten, wurde auf induktiver und deduktiver Grundlage ein Kategoriensystem entwickelt, anhand dessen daraufhin insgesamt 89 Curricula von Studiengängen im Kontext der berufs- und organisationsbezogenen Beratung bewertet wurden.

Insgesamt zeigte sich, dass die Curricula teilweise stark von den beratungsrelevanten Theorien abweichen. Schon die quantitative Analyse, die zu Anfang der Untersuchung durchgeführt wurde, konnte zeigen, dass viele Curricula andere Inhalte vermitteln, als die Bezeichnung der Studiengänge nahelegt. Dafür kann es eine Vielzahl von Gründen geben, so etwa eine unreflektierte und wenig trennscharfe Verwendung von Fachbegriffen oder eine große inhaltliche Ähnlichkeit der unterschiedlichen Beratungsdisziplinen.

Somit konnte festgestellt werden, dass die einzelnen Beratungsdisziplinen systemisch miteinander verbunden sind, wodurch die Bezeichnungen der jeweiligen Studiengänge weniger trennscharf wurden.

Weiterhin wäre es denkbar, dass die Hochschulen bewusst nach Bezeichnungen für ihre Studiengänge gesucht haben, die sich auf bestimmte Beratungstrends beziehen, obwohl diese Trends in den Curricula inhaltlich kaum vertreten sind. Hier wäre es von Vorteil, die Bezeichnung stärker an die Inhalte des Studiengangs anzupassen, um Missverständnisse zu vermeiden. Die qualitative Inhaltsanalyse gelangte zu dem Ergebnis, dass bestimmte Themen und Inhalte in den Curricula besonders stark repräsentiert sind, etwa solche, die sich auf die Oberkategorie 2.1.3 *(Betriebswirtschaftliche Aspekte der Beratung)* beziehen. Dies lässt sich durch die traditionelle Entwicklung der organisationsbezogenen Beratung erklären, die nach wie vor in erster Linie als Fachberatung aufgefasst wird. Im Mittelpunkt stehen dabei die Restrukturierung, die (finanzielle) Sanierung sowie Methoden der Personalführung- und Entwicklung (vgl. ▶ Abschn. 5.4). Stark vertreten ist auch die Oberkategorie 3.3 (Führungstheorien) in der Oberkategorie 3 (Objekttheorien), woraus sich schließen lässt, dass klassische betriebswirtschaftliche Ansätze für die Beratung nach wie vor als sehr relevant betrachtet werden.

Einen Kontrast zu diesem Verständnis von Beratung bildet das Konzept von Gieseke und Opelt (2004), dem zufolge Beratung sich nicht darauf beschränken darf, Fachinformationen zu vermitteln, sondern auch dafür sorgen muss, dass diese anschließend praxisbezogen genutzt werden. Diese Perspektive wird im Hinblick auf betriebswirtschaftliche Beratung in den Curricula bislang noch zu stark vernachlässigt.

Auch das Coaching ist für die Curricula relevant, was daran deutlich wird, dass allein die Oberkategorie 2.2.9 (Inhalte und Grundlagen des Coachings) bereits 10 % der Textpassagen ausmacht, die in der vorliegenden Analyse bestimmt werden konnten. Dies lässt sich beispielsweise dadurch erklären, dass das Coaching als Methode inzwischen sehr bekannt und weit verbreitet ist und dass der Begriff Coach als Berufsbezeichnung nicht geschützt ist. Das hat dazu geführt, dass ihm nicht immer die gleiche Auffassung zugrundeliegt und er mittlerweile zum Teil schon fast inflationär verwendet wird. Daraus ergibt sich die Frage, wie sich das Coaching besser von anderen Methoden differenzieren lässt (vgl. Seeg und Schütz 2016, S. 55), etwa vom Mentoring und der Supervision. Dieser Aspekt wird in der vorliegenden Untersuchung jedoch nur am Rande betrachtet.

Auch in den Curricula muss eine stärkere Differenzierung des Coachingbegriffs erfolgen. Dieser wurde bisher jedoch noch nicht einheitlich definiert, sodass eine solche Abgrenzung in Bezug auf den jeweiligen Berufsverband stattfinden müsste, auf den sich das Coaching jeweils bezieht. Dabei sollten dann auch die theoretischen Hintergründe des Coachings und seine Verbindung zu Nachbardisziplinen erkennbar werden.

Weiterhin ist anzumerken, dass die Curricula sich stark an wissenschaftlichen Aspekten orientieren. Auf Kategorie 1.2 (Kompetenztransfer: Theorie/Praxis) entfallen bereits 13 % aller Textpassagen, die im Rahmen der vorliegenden Untersuchung identifiziert werden konnten, auf die Subkategorie 1.2.6 insgesamt 3,9 % und auf die Subkategorie 1.2.4 (Verwendung wissenschaftlicher Methoden) 3,7 %. Ein Grund dafür liegt darin, dass zunehmend versucht wird, Beratungsmethoden auf ein wissenschaftliches Fundament zu stellen. Gerade in diesem Aspekt werden die größten inhaltlichen Unterschiede zwischen den untersuchten Curricula sichtbar.

Grundsätzlich sollte die Beratungspraxis sich in Zukunft noch stärker als bisher an der Theorie orientieren, besonders an den Objekttheorien, und zugleich klarmachen, inwiefern diese für die Praxis von Bedeutung sind und wie sie mit den operativen Theorien in den Curricula in Verbindung stehen.

Ferner zeigt sich, dass die operativen Theorien in den Curricula der Hochschulen stärker vertreten sind als in denjenigen von Universitäten, während es in Bezug auf die Objekttheorien umgekehrt ist. Dies lässt sich dadurch erklären, dass Hochschulen eher praktisch operationalisierbares Wissen vermitteln, Universitäten hingegen eher die wissenschaftlichen Hintergründe sowie die Wirkprinzipen und -nachweise konkreter Beratungsmethoden und -theorien.

Die Ergebnisse der vorliegenden Untersuchung legen nahe, dass es von großem Vorteil wäre, stärker als bisher zwischen grundlegenden Begriffen zu differenzieren, die sich auf die Beratungsdisziplinen beziehen, wie z. B. Mentoring, Coaching, Unternehmensberatung oder Personalberatung. Dabei sollte man sich an grundlegenden Theorien der jeweiligen Beratungsdisziplinen orientieren. Unterschiede zeigen sich jedoch nicht selten erst dann, wenn man die Beratungsdisziplinen unmittelbar miteinander vergleicht.

Inhalte, die dazu beitragen können, dass die Studierenden ihre Persönlichkeit stärker entwickeln können, lassen sich in den hier betrachteten Curricula kaum identifizieren; den wesentlichen Anteil macht die fachliche Vermittlung von Methoden aus. Die Persönlichkeitsentwicklung sollte daher deutlich mehr Beachtung finden, da die Persönlichkeit des Beratenden einen wesentlichen Einfluss darauf hat, wie er das theoretische Wissen in der Beratung nutzt.

Einen besonders hohen Stellenwert haben in den analysierten Curricula die operativen Theorien der Beratung. Operatives bzw. prozedurales Wissen wird häufig gezielt genutzt, um eine Lösung für ein bestehendes Problem zu finden. Die Kausalität der operativen Theorien: „Um eine gewünschte Wirkung W zu erzielen, wähle die Handlung H" (Hofer 2015, S. 137) erscheint für die Praxis besser geeignet, als die Ursachen eines Problems zu erörtern.

Da die heutige Gesellschaft immer komplexer wird, sollten sich die Curricula stärker als bisher auf die Objekttheorien stützen und sie enger mit den operativen Theorien verbinden, um sowohl das Problemverständnis als auch die Lösungsfindung angemessen zu berücksichtigen und auf dieser Grundlage das passende Beratungskonzept zu entwerfen. Dazu müssen die Curricula bestimmte Module stärker miteinander verbinden. So liegen z. B. den operativen Theorien und Ansätzen die Objekttheorien zugrunde.

Hinzu kommt, dass z. T. große Unterschiede zwischen den Beratungsansätzen einer bestimmten Disziplin bestehen, die in den Curricula berücksichtigt werden. Dies ist darauf zurückzuführen, dass die Beratung bzw. die Curricula jeweils verschiedene Zielgruppen ansprechen, so z. B. Menschen, die im Sozial- und Gesundheitswesen, in einer Bank oder auch in einem Industrieunternehmen tätig sind.

Vergleicht man die Curricula verschiedener Länder miteinander, so nehmen Curricula von Schweizer Hochschulen und Universitäten eine Sonderstellung ein, da 12 der 14 hier untersuchten Studiengänge mit einem Zertifikat abgeschlossen werden. Die Curricula dieser Studiengänge orientieren sich daher besonders stark an der Praxis, und zwar insbesondere am Coaching. Die analysierten Curricula aus Deutschland und Österreich sind sich von Struktur, Inhalt und Vermittlungsmethoden her sehr ähnlich und wesentlich umfangreicher als die Schweizerischen Curricula. Zudem dauert das Studium jeweils länger, die Inhalte werden intensiver behandelt und Objekttheorien sind stärker mit operativen Theorien verknüpft. In Deutschland und Österreich fokussieren die jeweiligen Curricula stärker den betriebswirtschaftlichen Aspekt, und ein wesentliches Ziel besteht darin, dass die Studierenden lernen, ihre erworbenen theoretischen Kompetenzen auf die Praxis zu übertragen. Diese Unterschiede zwischen den schweizerischen sowie den deutschen und österreichischen Studiengängen könnten darauf zurückzuführen sein, dass die Zertifikatsstudiengänge aus der Schweiz sich an Menschen richten, die bereits aktiv als Beratende tätig sind und sich in diesem Rahmen bereits ein umfassendes Grundlagenwissen angeeignet haben. Dieses Wissen braucht daher im Studium nicht mehr vertieft zu werden, sondern eher ergänzt.

Dennoch sollten die hier analysierten Zertifikatsstudiengänge den Inhalt ihrer Curricula stärker von den Inhalten anderer Beratungsdisziplinen abgrenzen, etwa das Coaching von der Supervision, und auch die jeweiligen Ziele des Studiengangs genauer ausformulieren.

Um die Ausbildung von Beratenden möglichst genau an die reale Situation und die Bedürfnisse ihrer späteren Klienten anzupassen, wäre es hilfreich, zu analysieren, welche Angebote diese im Kontext der berufs- und organisationsbezogenen Beratung konkret suchen. Die künftigen Beratenden müssen Instrumente, Methoden und Verfahren sicher handhaben können, um die Anliegen ihrer künftigen Klienten angemessen bearbeiten zu können. Dabei sind auch Aspekte zu beachten, die in Zukunft verstärkt eine Rolle spielen könnten, wie etwa die Digitalisierung der Arbeitswelt und ihre Bewältigung in den Organisationen, insbesondere durch deren Teams, Abteilungen und einzelne Mitarbeiter.

Zusammenfassend lässt sich festhalten, dass die analysierten Curricula zwar bereits stark wissenschaftlich orientiert sind, die Persönlichkeitsförderung jedoch noch nicht ausreichend berücksichtigen. Auch muss die gesellschaftliche Eignung der Curricula noch stärker in den Vordergrund gerückt werden. Eine Praxisorientierung, vor allem der Transfer von theoretischem Wissen in die berufliche Praxis, ist dagegen bereits in ausreichendem Maß gegeben.

Um curriculare Trends zu erkennen, die sich im Laufe der Zeit entwickeln können, und die Curricula quantitativ inhaltlich und evtl. auch strukturell einschätzen zu können, sollte die hier durchgeführte Untersuchung regelmäßig wiederholt werden. Hierbei wäre es sinnvoll, die entsprechende quantitative Untersuchung künftig um eine qualitative Befragung zu ergänzen und zu diesem Zweck Interviews mit Studierenden,

Arbeitgebern und Ratsuchenden im Beratungsprozess durchzuführen, wobei die praktische Umsetzung der Lehre im Studium im Mittelpunkt steht. Auf dieser Grundlage wäre es dann möglich, die jeweiligen Inhalte der Curricula und ihre mögliche Realisierung durch die Beratenden zu vergleichen und ihre Qualität daran zu messen, wie gut sie sich in der Praxis umsetzen lassen. Solche Folgeuntersuchungen sollten möglichst auf internationaler Ebene stattfinden, um so die Qualität der Beratung und die Problemlösekompetenz der künftigen Beratenden zu verbessern.

Ziel der vorliegenden Analyse war es, zur Weiterentwicklung von Curricula in Studiengängen der berufs- und organisationsbezogenen Beratung beizutragen. Wie oben erläutert, steht ein entsprechend ausgearbeitetes Curriculum am Anfang der Ausbildung angehender Beratender. Welche Kompetenzen sich die Studierenden jedoch letztlich aneignen und wie gut sie diese auf ihren späteren Berufsalltag übertragen können, muss sich im Verlauf ihres Studiums zeigen.

Literatur

Gieseke, W., & Opelt, K. (2004). *Weiterbildungsberatung II. Studienbrief. Zentrum für wissenschaftliche Weiterbildung.* Kaiserslautern: Universität Kaiserslautern.

Hofer, M. (2015). Theoriebildung im Bereich der Beratung. In B. J. Erteilt, A. Frey, & M. Scharf (Hrsg.), *Berufsberatung als Wissenschaft* (S. 134–144). Hamburg: Kovač.

Seeg, B., & Schütz, A. (2016). Wirkfaktoren für professionelles Coaching. In R. Wegener, S. Deplazes, M. Hasenbein, H. Künzli, A. Ryter, & B. Uebelhart (Hrsg.), *Coaching als individuelle Antwort auf gesellschaftliche Entwicklungen* (S. 455–467). Wiesbaden: Springer VS.

Weiterführende Literatur

Abels, H. (2009). *Einführung in die Soziologie. Band 1: Der Blick auf die Gesellschaft.* Wiesbaden: VS Verlag.

Abrahamson, E. (1996). Management fashion. *Academy of Management Review, 21,* 254–285.

Adelhofer, H. (2012). Optimierter Ablauf obligatorischer Praxisphasen und Nutzung zur Verbesserung von Schlüsselqualifikationen in Bachelor-Studiengängen gemäß aktueller Bologna-Vorgaben. In T. Brinker & P. Tremp (Hrsg.), *Einführung in die Studiengangentwicklung* (S. 163–176). Bielefeld: Bertelsmann.

Aeschimann, S. (1990). *Managementberatung durch Revisoren.* Bamberg: o. V.

Agyris, C., & Schön, D. (2008). *Die lernende Organisation.* Stuttgart: Klett-Cotta.

Alvesson, M., & Spicer, A. (2012). Critical leadership studies: The case for critical performativity. *Human Relations, 65,* 367–390.

Anderson, E. M., & Shannon, A. L. (1995). Toward a conceptualization of mentoring. In T. Kerry & A. S. Mayes (Hrsg.), *Issues in Mentoring.* Routledge.

Arbeitsgruppe 1, & Weber, P. (2011). Qualitätsmerkmale und Indikatoren für Qualität in der Beratung in Bildung, Beruf und Beschäftigung. In nfb/Forschungsgruppe Beratungsqualität an der Universität Heidelberg (Hrsg.), *Kompetenz als Kern von Professionalität* (S. 17–35). Bielefeld: Bertelsmann.

Arnold, R., Gieseke, W., & Zeuner, C. (2009a). *Bildungsberatung im Dialog. Band 3: Theorie, Empirie, Reflexion.* Baltmannsweiler: Schneider Verlag.

Arnold, R., Gieseke, W., & Zeuner, C. (2009b). *Bildungsberatung im Dialog. Band 2: 13 Wortmeldungen.* Baltmannsweiler: Schneider Verlag.

Arnold, R., Gieseke, W., & Zeuner, C. (2009c). *Bildungsberatung im Dialog. Band 3: Referenzmodelle.* Baltmannsweiler: Schneider Verlag.

Atteslander, P. (1995). *Methoden der empirischen Sozialforschung.* Berlin: de Gruyter.

Avolio, B. J., Walumbwa, F. O., & Weber, T. J. (2009). Leadership: Current theories, research and future directions. *Annual Review of Psychology, 60,* 421–449.

BAK. (1979). *Forschendes Lernen.* Bielefeld: o. V.

Bamberg, E., Schmidt, J., & Hänel, K. (2006). *Beratung, counseling, consulting.* Göttingen: Hogrefe.

Barr, R., & Tagg, J. (1995). From teaching to learning. *Change, 27,* 12–25.

10

Barthelmes, M. (2001). *Systemische Beratung. Eine Einführung für psychosoziale Berufe*. Weinheim: Beltz PVU.

Bartling, U. (1985). *Die Unternehmensberatung als externe Stabsstelle des Managements*. Frankfurt a. M.: o. V.

Baumann, E. (2001). Graduell oder grundsätzlich? Unterschiede der inhalts- analytischen Grundlagen-literatur von K. Merten und W. Früh. In W. Wirth & E. Lauf (Hrsg.), *Inhaltsanalyse: Perspektiven, Probleme, Potentiale* (S. 362–373). Köln: Halem.

Baumgartner, I., Häfele, W., & Schneider, K. (o. J.). Regeln zur Modellierung von EPK's. ▶ http://www.leu-bw.de/beruf/material/umat/kfm. Zugegriffen: 15. Dez. 2016.

Baumgartner, I., Häfele, W., & Schwarz, M. (1998). *OE-Prozesse: Die Prinzipien systemischer Organisationsentwicklung*. Bern: Haupt.

Becker, J., & Kahn, D. (2002). Der Prozess im Fokus. In J. Becker, M. Kugeler, & M. Rosemann (Hrsg.), *Prozessmanagement. Ein Leitfaden zur prozessorientierten Organisationsgestaltung* (S. 3–15). Berlin: Springer.

Becker, P. (1999). Allgemeine und Differentielle Psychotherapie auf systemischer Grundlage. In R. F. Wagner & P. Becker (Hrsg.), *Allgemeine Psychotherapie- Neue Ansätze zu einer Integration psychotherapeutischer Schulen* (S. 169–226). Göttingen: Hogrefe.

Bimrose, J., & Barnes, S. A. (2006). Is career guidance effective? Evidence from a longitudinal study in England. *Australian Journal of Career Development, 15*, 19–25.

Bimrose, J., & Barnes, S. A. (2007). Styles of career decision making. *Australian Journal of Career Development, 16*, 20–27.

Bimrose, J., & Barnes, S. A. (2008). *Adult career progression & advancement: A five year study of guidance*. Coventry: Warwick Institute for Employment Research: University of Warwick.

Bimrose, J., Barnes, S. A., Hughes, D., & Orton, M. (2004). *What is effective guidance? Evidence from longitudinal case studies in England*. Coventry: Warwick Institute for Employment Research: University of Warwick.

Bimrose, J., Barnes, S. A., & Hughes, D. (2008). *Adult career progression and advancement: A five year study of the effectiveness and guidance*. London: Warwick Institute for Employment Research.

Bingham, R. P. (2002). The issue may be the integration of personal and career issues. *The Counseling Psychologist, 30*, 885–890.

Bischof, N. (1998). *Struktur und Bedeutung*. Bern: Huber.

Blickle, G., Kuhnert, B., & Rieck, S. (2003). Laufbahnförderung durch ein Unterstützungsnetzwerk: Ein neuer Mentoringansatz und seine empirische Überprüfung. *Zeitschrift für Personalpsychologie, 2*, 118–128.

Blustein, D. L. (1992). Toward the reinvigoration of the vocational realm of counseling psychology. *The Counseling Psychology, 20*, 712–723.

Blustein, D. L. (2001a). Extending the reach of vocational psychology: Toward an integrative and inclusive psychology of work. *Journal of Vocational Behavior, 59*, 171–182.

Blustein, D. L. (2001b). The interface of work and relationships: Critical knowledge for 21st century psychology. *The Counseling Psychologist, 29*, 179–192.

Blustein, D. L., & Spengler, P. M. (1995). Personal adjustment: Career counseling and psychotherapy. In W. B. Walsh & S. H. Osipow (Hrsg.), *Handbook of vocational psychology* (S. 295–329). Mahwah: Lawrence-Erlbaum.

Blustein, D. L., Walbridge, M., Friedlander, M. L., & Palladino, D. (1991). Contributions of psychological separation and parental attachment to the career development process. *Journal of Counseling Psychology, 38*, 39–50.

Blustein, D. L., Prezioso, M. S., & Schultheiss, D. P. (1995). Attachment theory and career development: Current status and future directions. *The Counseling Psychologist, 23*, 416–432.

Blustein, D. L., McWhirter, E. H., & Perry, J. C. (2005). An emancipatory communitarian approach to vocational development theory, research and practice. *The Counseling Psychologist, 33*, 141–179.

Böhringer, D., Karl, U., Müller, H., Schröer, W., & Wolff, S. (2012). *Den Fall bearbeitbar halten. Gespräche in Jobcentern mit jungen Menschen*. Opladen: Budrich.

Bourd, D., & Feletti, G. (1998). *The challenge of problem based learning*. London: o. V.

Brecht-Hadraschek, B., & Feldbrügge, R. (2008). *Prozessmanagement: Geschäftsprozesse analysieren und gestalten*. München: Redline.

Brewster, C., & Kabst, R. (2006). Personalarbeit im Ländervergleich. *Personalmagazin, 10*, 50–52.

Brezel, W. R. (1980). *Der Problembezug von Entscheidungstheorie*. Tübingen: Mohr.

Briner, R., & Totterdell, P. (2002). The experience, expression and management of emotion at work. In P. D. Warr (Hrsg.), *Psychology at work* (S. 229–252). London: Penguin.

Brooks, L. (1990). Career counseling methods and practice. In D. Brown & L. Brooks (Hrsg.), *Career counseling techniques* (S. 455–472). Boston: Allyn & Bacon.

Brott, P. E. (2001). The stories approach: A postmodern perspective for career counseling. *The Career Development Quarterly, 49,* 304–313.

Bubany, S. T., Krishok, T. S., Black, M. D., & McKay, R. A. (2008). College students perspectives on their career decision making. *Journal of Career Assessment, 16,* 177–197.

Buchinger, K. (1998). *Supervision in Organisationen.* Heidelberg: C. Auer.

Buchinger, K. (2001). Woran erkennt der Kunde einen guten Supervisor. *Systeme, 1,* 28–39.

Buchinger, K., & Ehmer, S. (2005). Supervision und coaching. *Supervision, 4,* 25–27.

Bundesverband Deutscher Unternehmensberater. ► http://www.bdu.de. Zugegriffen: 17. Sept. 2016.

Centre for Vocational Education and Research at Vytautas Magnus University, Kaunas/Lt. (2004/2005). European Curriculum Guidelines for Lifelong Counselling.

Clarke, P. P. (1984). The metamorphose of mentor. *The Romanic Review, 75,* 200–215.

Cochran, L. R. (1997). *Career counselling. A narrative approach.* Thousand Oaks: Sage.

Cohrs, C., & Block, C. (2015). Operative Aufgaben des Human resource management. In J. Rowold (Hrsg.), *Human Resource Management* (S. 159–170). Heidelberg: Springer.

Com-X-Studie. (2015). ► http://www.commendo.de/news/com-x-studie-deutscher-kommunikations-index-2015.html. Zugegriffen: 23. Juli 2017.

Daft, R. L., & Lengel, R. H. (1984). Information richness: A new approach to managerial. *Organizational Behavior, 6,* 191–233.

Dahlems, R. (1994). *Handbuch des Führungskräfte-Managements.* München: o. V.

Dauwalder, J. P. (2007). Beratung. *Report, 1,* 9–19.

Dorn, F. (1992). Occupational wellness: The integration of career identity and personal identity. *Journal of Counseling and Development, 71,* 176–178.

Dörner, D., Schaub, H., & Strohschneider, S. (1999). Komplexes Problemlösen – Königsweg der Theoretischen Psychologie? *Psychologische Rundschau, 4,*198–205.

Dux, G. (1998). *Die Geschichte der Zeit.* Frankfurt a. M.: Suhrkamp.

Elfgen, R., & Klaile, B. (1987). *Unternehmensberatung.* Stuttgart: o. V.

ELGPN. (2012). Lifelong guidance policies. Progress report 2011–12. ► http://ktl.jyu.fi/img/portal/23229. Zugegriffen: 24. Nov. 2016.

ELGPN. (2013). *Entwicklung lebensbegleitender Beratung.* Berlin: ELGPN.

Enoch, C. (2011). *Dimensionen der Wissensvermittlung in Beratungsprozessen. Gesprächsanalysen der beruflichen Beratung.* Wiesbaden: VS Verlag.

Ernst, B., & Kieser, A. (2002). Versuch, das unglaubliche Wachstum des Beratungsmarktes zu erklären. In R. Schmidt, H. J. Bergs, & M. Kohlmann (Hrsg.), *Managementsoziologie* (S. 56–85). München: o. V.

Ertelt, B. J. (1982). Lernbedingungen für einen entscheidungsorientierten Berufswahlunterricht. In G. S. Seidel (Hrsg.), *Orientierung zum pädagogischen Handeln* (S. 72–97). Göttingen: Hogrefe.

Ertelt, B. J., & Feckler, K. (1979). Aspekte einer Intensivierung und Erweiterung von Informationsaktivitäten der Arbeitsvermittlung und Arbeitsberatung. *ibv, 5.*

Ertelt, B. J., & Ruppert, J. J. (2011). *Heuristic theory of decision-making.* Tübingen: dgvt.

Ertelt, B. J., & Schulz, W. E. (2015). *Handbuch Beratungskompetenz.* Heidelberg: Springer.

Euler, D. (2005). Forschendes Lernen. In W. Wunderlich & S. Sporn (Hrsg.), *Universität und Persönlichkeitsentwicklung* (S. 227–253). Frankfurt: o. V.

Fairhurst, G. T., & Grant, D. (2010). The social construction of leadership: A sailing guide. *Management Communications Quarterly, 24,* 171–210.

Fatzer, G. (2005). *Gute Beratung von Organisationen.* Bergisch-Gladbach: EHP Verlag.

Fiedler-Winter, R. (2001). *Ideenmanagement.* Landsberg: Moderne Industrie.

Flick, U. (2010). *Qualitative Sozialforschung: Eine Einführung.* Reinbek: Rowohlt- Taschenbuch.

Friedman, A. (1977). Responsible autonomy versus direct control over the labour process. *Capital and Class, 1,* 43–57.

Frommann, A., Schramm, D., & Thiersch, H. (1976). Sozialpädagogische Beratung. *Zeit-schrift für Pädagogik, 22,* 715–741.

Früh, Werner. (2011). *Inhaltsanalyse: Theorie und Praxis.* Konstanz: UVK.

Gainor, K. A. (2005). Social justice: The moral imperative of vocational psychology. *The Counseling Psychologist, 33,* 180–188.

Gati, I., & Tal, S. (2008). Decision making models of career guidance. In J. A. Athanasou & R. V. Esbroeck (Hrsg.), *International handbook of career guidance* (S. 157–186). London: Springer Science.

Gaus, O., & Welbers, U. (2001). *The shift from teaching to learning.* Bielefeld: wbv.

Geffroy, E. (2015). *Goodbye, McK… & Co.: Welche Berater wir zukünftig brauchen.* Offenbach: Gabal.

Gelatt, H. B. (1989). Positive uncertainty: A new decision-making framework for counseling. *Journal of Counseling Psychology, 36,* 252–256.

Gelatt, H. B. (1991). *Creative decision making.* Los Altos: Crisp Publishing.

Gelatt, H. B. (1992): Positive uncertainty: A paradoxical philosophy of counselling whose time has come. ERIC Digest. ▶ www.ericdigests.org/1992-3/positive.htm. Zugegriffen: 20. Febr. 2017.

Gelatt, H. B., & Gelatt, C. (2003). *Creative decision making. Using positive uncertainty.* Boston: Thomson Place.

Gelso, C., Prince, J., Cornfeld, J., Payne, A., Royalty, G., & Wiley, M. (1985). Quality of counselor's intake evaluations for clients with problems that are primarily vocational versus personal. *Journal of Counseling Psychology, 32,* 339–347.

Gieseke, W. (2002). Was ist erwachsenenpädagogische Professionalität? In H. U. Otto, T. Rauschenbach, & P. Vogel (Hrsg.), *Erziehungswissenschaft: Professionalität und Kompetenz* (S. 197–208). Opladen: Springer.

Gieseke, W. (2007). *Lebenslanges Lernen und Emotionen. Wirkungen von Emotionen auf Bildungsprozesse aus beziehungstheoretischer Perspektive.* Bielefeld: Bertelsmann.

Gieseke, W., & Nittel, D. (2016). *Handbuch Pädagogische Beratung über die Lebensspanne.* Weinheim: Beltz.

Gieseke, W., Opelt, K., & Ried, S. (1995). *Weiterbildungsberatung II. Teil-Studienbrief 2001. Studienbereich IV für die Universität Kaiserslautern, ZWW.* Kaiserslautern: Univ. Kaiserslautern.

Gläser, J., & Lautet, G. (2004). *Experteninterviews und qualitative Inhaltsanalyse.* Wiesbaden: VS Verlag.

Gmür, M., & Schwerdt, B. (2005). Der Beitrag des Personalmanagements zum Unternehmenserfolg. *Zeitschrift für Personalforschung, 19*(3), 221–251.

Gnahs, D. (2010). *Kompetenzen – Erwerb, Erfassung, Instrumente.* Bielefeld: Bertelsmann.

Gomez, P., & Probst, G. (1999). *Praxis des ganzheitlichen Problemlösens: Vernetzt denken, unternehmerisch handeln, persönlich überzeugen.* Bern: Paul Haupt.

Gordon, J. C. (1997). Interpreting definitions of public relations. *Public Relations Review, 23,* 57–66.

Grawe, K. (2000). *Psychologische Therapie.* Göttingen: Hogrefe.

Grawe, K. (2005). (Wie) kann Psychotherapie durch empirische Validierung wirksamer werden? *Psychotherapeutenjournal, 4,* 4–10.

Greenbank, P., & Hepworth, S. (2008). *Working class students and the career decision making process: A qualitative study.* Manchester: HECSU.

Gregusch, P. (2013). Auf dem Weg zu einem Selbstverständnis von Beratung in der Sozialen Arbeit. Beratung als transprofessionelle und sozialarbeitsspezifische Methode. ▶ https://www.socialnet. de/materialien/attach/203.pdf. Zugegriffen: 10. Jan. 2017.

Groskurth, P., & Volpert, W. (1984). *Lohnarbeitspsychologie. Berufliche Sozialisation: Emanzipation zur Anpassung.* Frankfurt a. M.: Fischer.

Grossmann, P. (2014). *Systemische Einzeltherapie.* Göttingen: Hogrefe.

Guichard, J., & Huteau, M. (2001). *Psychologie de l'órientation.* Paris: Dunod.

Gutenberg, E. (1983). *Grundlagen der Betriebswirtschaftslehre: 1. – Die Produktion.* Heidelberg: Springer.

Gutmark, B. (2013). *Systemische Aufstellungen im organisationalen Kontext – Eine empirische Untersuchung zur Wirksamkeit von Organisationsaufstellungen.* Darmstadt: TU Darmstadt.

Haas, B., & von Troscke, B. (2010). *Teamcoaching: Exzellenz vom Zufall befreien.* Heidelberg: Springer.

Habel, N. (2007). *Coaching als Personalentwicklungsinstrument zur Karriereberatung – Eine qualitative Untersuchung über Anwendung, Methoden und Techniken in der Praxis.* Mannheim: Universität (Magister-Arbeit).

Hackett, G., Lent, R. W., & Greenhouse, J. H. (1991). Advances in vocational theory and research: A 20-year retrospective. *Journal of Vocational Behavior, 38,* 3–38.

Heintel, P., & Krainz, E. E. (1994). Was bedeutet „Systemabwehr"? In K. Götz (Hrsg.), *Theoretische Zumutungen* (S. 160–193). Heidelberg: Carl-Auer.

Heintel, P., & Krainz, E. E. (2000). *Projektmanagement: Eine Antwort auf die Hierarchiekrise?* Wiesbaden: Gabler.

Heinze, R. G., & Naegele, G. (2008). Ältere Arbeitnehmer zwischen neuem Paradigma und traditionellen betrieblichen Personalpraktiken. In B. Klauk (Hrsg.), *Alternde Belegschaften* (S. 11–32). Lengerich: Pabst Science Publishers.

Hellberg, B. M. (2005). *Entscheidungsfindung bei der Berufswahl – Prozessmodell der Emotionen und Kognitionen.* Wiesbaden: Deutscher Universitäts-Verlag.

Henderson, L., Hignett, K., Sadler, J., Hawthorn, R., & Plant, P. (2004). *Quality guidelines and criteria in guidance.* Winchester: The Guidance Council.

Hermer, M. (1996). Erlernte Inkompetenz – Von der defizitfixierten zur ressourcenorientierten Psychotherapie. *Verhaltenstherapie und psychosoziale Praxis, 28,* 377–392.

Herr, E. L. (1989). Career development and mental health. *Journal of Career Development, 16,* 5–18.

Herr, E. L., Cramer, S. H., & Niles, S. G. (2004). *Career guidance and counseling through the lifespan.* Boston: Pearson.

Herriger, N. (2006). *Empowerment in der Sozialen Arbeit.* Stuttgart: Kohlhammer.

Herriot, P. (2001). Future work and its emotional implications. In R. L. Payne & C. L. Cooper (Hrsg.), *Emotions at work: Theory, research and applications in management* (S. 307–325). Chichester: Wiley.

Heyse, V., & Erpenbeck, J. (2009). *Kompetenztraining: Informations- und Trainingsprogramme.* Stuttgart: Schäffer Poeschel.

Hodkinson, P., & Sparkes, A. C. (1993). Young people's career choices and careers guidance action planning: A case study of training credits in action. *British Journal of Guidance and Counseling, 21,* 246–261.

Hofer, M. (1996). Das Verhältnis von Theorie und Praxis im psychologischen Beratungshandeln. In B. J. Ertelt & M. Hofer (Hrsg.), *Theorie und Praxis der Beratung* (S. 5–40). Nürnberg: Institut für Arbeitsmarkt und Berufsforschung der Bundesanstalt für Arbeit.

Hofstede, G. (1993). Cultural constraints in management theories. *Academy of Management Executive, 7,* 81–95.

Holding, H., Lüken, K. H., Preckel, F., & Stotz, M. (2000). *Berufliche Entscheidungsfindung.* Nürnberg: Bundesanstalt für Arbeit.

Holland, J. L. (1997). *Making vocational choices – Theory of vocational personalities and work environments.* Odessa: PAR.

House, R. J., Hanges, P. J., Javidan, M., Dorfman, P. W., & Gupta, V. (2004). *Culture, leadership, and organizations: The globe study of 62 societies.* Thousand Oaks: o. V.

Hubbal, H., Gold, N., Mighty, J., & Britnell, J. (2003). Supporting the implantation of externally generated learning outcomes and learning-centered curriculum development. *New Directions for Teaching and Learning, 112,* 93–105.

Hugl, U. (1995). *Qualitative Inhaltsanalyse und Mind-Mapping – Ein neuer Ansatz für Datenauswertung und Organisationsdiagnose.* Wiesbaden: Gabler.

Hummel, H. P. (2006). *Unterstützung des Professionalisierungsstreben im Personalmanagement mit Hilfe des Personalmanagement in der Sozialwirtschaft.* Frankfurt a. M.: Deutscher Verein für öffentliche und private Fürsorge.

Iding, H. (2010). Organisation – Beratung – Intervention. In S. Kühl & M. Moldaschl (Hrsg.), *Organisation und Intervention* (S. 187–214). München: Hampp.

Ivey, A. E. (2000). *Führung durch Kommunikation.* Leonberg: Rosenberger.

Javidan, M., Dorfman, P. W., de Luque, M. S., & House, R. J. (2006). In the eye of the beholder: Cross cultural lessons in leadership from project GLOBE. *Academy of Management Perspectives, 20,* 67–90.

Jenert, T. (2011a). Studienprogramme als didaktische Gestaltungs- und Untersuchungseinheit für die Hochschule. In H. Knauf & M. Knauf (Hrsg.), *Schlüsselqualifikationen praktisch* (S. 11–30). Bielefeld: Bertelsmann.

Jenert, T. (2011b). Die Studierenden, – Ein sozio-kultureller Blick auf das Studieren in Bologna Strukturen. *Zeitschrift für Hochschulentwicklung, 6*(2), 61–77.

Jenert, T. (2012). Programmgestaltung als professionelle Aufgabe der Hochschulentwicklung. In T. Brinker & P. Trempp (Hrsg.), *Einführung in die Studiengangsentwicklung.* Bertelsmann: Bielefeld.

Jenschke, B. (2011). *History of IAEVG 1951–2011: Chronicle, policies and achievements of the global guidance community.* Bielefeld: Bertelsmann.

Jenschke, B., Schober, K., & Frübing, J. (2011). *Lebensbegleitende Bildungs- und Berufsberatung in Deutschland.* Bielefeld: Bertelsmann.

Jones, L. K. (1994). Frank Pursons' constribution to career counseling. *Journal of Career Development, 20,* 287–294.

Kalendruschat, P. (2012). *Business-Coaching als unterstützendes Instrument im Strategischen Management.* Frankfurt a. M.: Lang.

Kanfer, F. H., Reinecker, H., & Schmelzer, D. (1996). *Selbstmanagement-Therapie: Ein Lehrbuch für die klinische Praxis.* Berlin: Springer.

Käpplinger, B., Robak, S., & Schmidt-Lauff, S. (2013). *Engagement für die Erwachsenenbildung: Ethische Bezugnahmen und demokratische Verantwortung.* Wiesbaden: Springer VS.

Kastelein, J. (1980). *Organisatiewerkers en organisatieveranderingspotentieel.* Alphen aan de Rijn: Samson.

Katsarov, J., & Weber, P. (2013). *Partizipation mit Wirkung. Erfolgsfaktoren von Öffentlichkeitsbeteiligung.* Marburg: Tectum.

Katsarov, J., Ertelt, B. J., Mulvey, R., Reid, H., Schiersmann, C., & Weber, P. (2012). *NICE HANDBOOK for the academic training of career guidance and counselling professionals.* Heidelberg: Heidelberg University – Institute of Educational Science.

Katzenbach, J. R., & Smith, D. K. (1993). *The discipline of teams.* Boston: Harvard Business Review.

Kenny, M. (1990). College senior's perceptions of parental attachments: The value and stability of family ties. *Journal of College Student Development, 31,* 39–46.

Kenny, M. E., & Rice, K. G. (1995). Attachment to parents and adjustment in late adolescent college students: Current status, applications, and future considerations. *The Counseling Psychologist, 23,* 433–456.

Kessler, H., & Winkelhofer, G. (2005). *Projektmanagement: Leitfaden zur Steuerung und Führung von Projekten.* Heidelberg: Springer.

Kidd, J. M. (1998). Emotion: An absent presence in career theory. *Journal of Vocational Behavior, 52,* 275–288.

Kidd, J. M. (2002). Emotion in career contexts: Challenges for theory and research. *Journal of Vocational Behavior, 64,* 441–454.

Kidd, J. M., Jackson, C., & Hirsh, W. (2003). The outcomes of effective career discussion at work. *Journal of Vocational Behavior, 62,* 119–133.

Kieninger, M. (1998). Reengineering und Prozessoptimierung. In Hórvath & Partner (Hrsg.), *Prozesskostenmanagement* (S. 29–46). München: o. V.

Kieser, A. (1996). Moden und Mythen des Organisierens. *Die Betriebswirtschaft, 56,* 21–39.

Kieser, A. (2006). *Organisationstheorien.* Stuttgart: Kohlhammer.

Kirsch, W. (1997). *Wegweiser zur Konstruktion einer evolutionären Theorie der strategischen Führung.* München: o. V.

Klages, H. (1984). *Werteorientierungen im Wandel: Rückblick, Gegenwartsanalyse, Prognosen.* Frankfurt a. M.: o. V.

Klein, G. (2002). The fiction of Optimization. In G. Gigerenzer & R. Selten (Hrsg.), *Bounded rationality* (S. 103–121). o. O.: o. V.

Klöfkorn, M. (2008). *Mentoring: Ein Instrument der Personalentwicklung: Konzeption und Implementierung eines internen Mentoring-Programms bei der Bahlsen GmbH.* Saarbrücken: VDM.

KMK. (2014). Standards für die Lehrerbildung. ▶ http://www.kmk.org/fileadmin/2004/2004_12_16. Zugegriffen: 04. Okt. 2016.

Knauf, H. (2003). *Das Konzept der Schlüsselqualifikationen und seine Bedeutung für die Hochschule.* Bielefeld: Bertelsmann.

Knights, D., & Willmott, H. (1992). Conceptualizing leadership processes: A study of senior managers in a financial service organization. *Journal of Management Studies, 29,* 761–782.

Knorr, F., & Offer, H. (1999). *Betriebswirtschaftslehre.* Neuwied: Luchterhand.

Kolb, D. (1984). *Experimental learning.* New Jersey: o. V.

Kollewe, L. M. (2012). *Kompetenzbilanzierung im Medium von Beratung.* o. O.: o. V.

König, E., & Vollmer, G. (2000). *Systemische Organisationsberatung.* Weinheim: Deutscher Studien-Verlag.

König, E., & Vollmer, G. (2008). *Handbuch Systemische Organisationsberatung.* Weinheim: Deutscher Studien-Verlag.

Königswieser, R., & Exner, A. (2004). *Systemische Intervention.* Stuttgart: Klett-Cotta.

Kotter, J. P., & Schlesinger, L. A. (1979). Choosing strategies for change. *Harvard Business Review, 57,* 106–114.

Kraft, T. (2002). *Personalberatung in Deutschland und in der Schweiz. Konzeptionelle Grundlagen und empirische Untersuchungen zur effizienten Gestaltung der Berater-Klienten-Beziehung.* Bern: o. V.

Kram, K. E. (1985). *Mentoring at work.* Oxford: University Press of America.

10

Kraus, G., & Westermann, R. (2010). *Projektmanagement mit System: Organisation, Methoden, Steuerung.* Heidelberg: Springer.

Krisor, S. M., Flasche, S., & Antonik, T. (2015). Aktuelle HR-Trends: Managing Diversity, demographischer Wandel und Wissensmanagement. In J. Rowold (Hrsg.), *Human Resource Management* (S. 165–174). Heidelberg: Springer.

Kronenberger, H., & Aichhorn, W. (2014). *Selbstorganisation in der stationären Psychotherapie.* Göttingen: Hogrefe.

Krüger, J. (2008). *Nonverbal communication.* Norderstedt: Grin.

Krumboltz, J. D. (1993). Integration career and personal counseling. *Career Development Quarterly, 42,* 143–148.

Krumboltz, J. D. (1994). Improving career development theory from a social learning per- spective. In M. L. Savickas & R. L. Lent (Hrsg.), *Convergence in career development theories* (S. 9–31). Palo Alto: Consulting Psychologist Press.

Krumboltz, J. D., & Lewin, A. S. (2004). *Luck is no accident: Making the most of happenstance in your life and career.* Atascadero: o. V.

Kuckartz, U. (1999). *Computergestützte Analyse qualitativer Daten. Eine Einführung in Methoden und Arbeitstechniken.* Opladen: Westdt. Verl.

Kuckartz, U. (2010). *Einführung in die computergestützte Analyse qualitativer Daten.* Wiesbaden: VS Verlag.

Kühl, S. (2006). *Das Scharlatanerieproblem.* Köln: Studie in Auftrag der Deutschen Gesellschaft für Super- vision e. V.

Lado, A. A., & Wilson, M. C. (1994). Human resource systems and sustained competitive advantage. *Academy of Management Journal, 19,* 699–727.

Lamnek, Siegfried. (2010). *Qualitative Sozialforschung.* Weinheim: Beltz.

Langhoff, T. (2009). *Den demographischen Wandel im Unternehmen erfolgreich gestalten.* Berlin: Springer.

Larkin, D. (2010). *Rethinking leadership: A new Look at old leadership questions.* Cheltenham: o. V.

Lattuca, L. R., & Stark, J. S. (2009). *Shaping the college curriculum.* San Francisco: Jossey-Bass.

Laux, H., & Liermann, F. (2005). *Grundlagen der Organisation. Die Steuerung von Entscheidungen als Grund- problem des Betriebswirtschaftslehre.* Berlin: Springer.

Leif, T. (2006). *Beraten und verkauft: McKinsey & Co. – Der große Bluff der Unternehmensberater.* Gütersloh: Bertelsmann.

Lenz, K., & Nestmann, F. (2009). *Handbuch persönliche Beziehungen.* Weinheim: Juventa.

Lopez, F. G. (1992). Family dynamics and late adolescent identity development. In S. D. Brown & R. W. Lent (Hrsg.), *Handbook of counseling psychology* (S. 251–283). New York: Wiley.

Lyddon, W. J. (1998). Social construction in counseling psychology: A commentary and critique. *Counseling Psychology Quarterly, 11,* 215–222.

Lyddon, W. J., Clay, A. L., & Sparkes, C. L. (2001). Metaphor and change in counseling. *Journal of Counseling and Development, 79,* 269–274.

Mahl, G. (1959). *Exploring emotional states by content analysis – Trends in content analysis.* Urbana: Uni- versity of Illinois Press.

Maier-Gutheil, C. (2013). Professionalität in der beratung – Erwachsenenbildnerische analysen und refle- xionen. In B. Käpplinger, S. Robak, & S. Schmidt-Lauff (Hrsg.), *Engagement für die Erwachsenenbildung: Ethische Bezugnahmen und demokratische Verantwortung* (S. 179–186). Wiesbaden: Springer VS.

Maletzke, G. (1963). *Psychologie der massenkommunikation.* Hamburg: Verlag Hans Bredow-Institut.

Martin, A. (2006). Die beurteilung der personalarbeit. *Zeitschrift für Personalforschung, 20*(1), 22–41.

Mas, A., & Moretti, E. (2009). Peers at work. *American Economic Review, 99*(1), 112–145.

Maxwell, M. (2007). Career counseling is personal counseling: A constructivist approach to nurturing the development of gifted female adolescents. *The Career Development Quarterly, 55,* 206–224.

Mayring, P. (1997). *Qualitative inhaltsanalyse. Grundlagen und techniken.* Weinheim: Deutscher Studien- verlag.

McLeod, J. (2004). *Counselling. Eine einführung in beratung.* Tübingen: dgvt.

McMahon, M. (2004): Scoping paper – Shaping a career development culture: Quality standards, quality practice, quality outcomes for the career industry council of Australia. Written for the national standards and accreditation of career practitioners projekt. Australian government: Department of education, science and training. ► http://www.cica.org.au/uploads/Downloadable%20Resources/ Practitioners/Shaping-CareerDevelopmentCulture.pdf. Zugegriffen: 12. Jan. 2017.

Meinzer, K. (2008). *Komplexität.* Paderborn: Fink.

Mellers, B. et al. (2002). Group report: Effects of emotions and social processes on bounded rationality. In G. Gigerenzer & R. Selten (Hrsg.), *Bounded rationality: The Adaptive Toolbox* (S. 263–279). a. O: o. V.

Merchel, J. (2004). *Leitung in der sozialen arbeit. Grundlagen der gestaltung und steuerung von organisationen.* Weinheim: Juventa.

Merten, K. (1977). *Kommunikation.* Wiesbaden: Westdeutscher Verlag.

Merten, K. (1995). *Inhaltsanalyse: Einführung in theorie, methode und praxis.* Opladen: Westdeutscher Verlag.

Metsch, H. (1993). Familientherapie. In D. Revenstorf (Hrsg.), *Psychotherapeutische Verfahren (Bd. IV, Gruppen-, Paar- und Familientherapie)* (S. 64–116). Stuttgart: Kohlhammer.

Mieg, H. (2005). Problematik und probleme der professionssoziologie. In H. Mieg & M. Pfadenhauer (Hrsg.), *Professionelle leistung* (S. 11–46). Konstanz: UVK.

Mieg, H., & Pfadenhauer, M. (2003). *Professionelle leistung: Positionen der professionssoziologie.* Konstanz: UVK.

Mitchell, K. E., Levin, A. S., & Krumboltz, J. D. (1999). Planned happenstance: Construction unexpected career opportunities. *Journal of Counseling and Development, 77,* 115–124.

Mugler, J., & Lampe, R. (1987). Betriebswirtschaftliche beratung in klein- und mittelbetrieben. *Betriebswirtschaftliche forschung und praxis, 6,* 477–493.

Müller, A. (2005). *Weiterbildungsberatung: Qualitative Analyse von Interaktions- und Prozessverläufen biographieorientierter Weiterbildungsberatungsgespräche.* Berlin: Rhombos.

Müller, M. (2014). Beratung in der öffentlichen Arbeitsverwaltung aus gesprächsanalytischer Sicht. In P. Guggemos, M. Müller, & M. Rübner (Hrsg.), *Herausforderungen und Erfolgsfaktoren beschäftigungsorientierter Beratung – Beiträge aus der Beratungsforschung* (S. 5–21). Landau: Verlag Empirische Pädagogik.

Murray, M. (1991). *Beyond the myths and the magic of mentoring.* San Francisco: Jossey-Bass.

Nationales Forum Beratung in Bildung, Beruf und Beschäftigung e. V. (2014). *Professionell beraten: Kompetenzprofil für Beratende in Bildung, Beruf und Beschäftigung.* Berlin: nfb.

Neimeyer, R. A., & Mahoney, M. J. (1995). *Constructivism in psychotherapy.* Washington: American Psychological Association.

Nestmann, F. (1997b). Big sister is invited you – Counseling psychology. In ders. 1997a, o. O.: o. V., 161–177.

Nestmann, F. (1997c). Beratung als Ressourcenförderung. In ders. 1997a, o. O.: o. V., 15–38.

Nestmann, F. (2011). Anforderungen an eine nachhaltige Beratung in Bildung und Beruf – Ein Plädoyer für die Wiedereingliederung von Counseling und Guidance. In M. Hammerer, E. Kanelutti, & I. Melter (Hrsg.), *Zukunftsfeld Bildungs- und Berufsberatung – Neue Entwicklungen aus Wissenschaft und Praxis 2011* (S. 59–80). Bielefeld: Bertelsmann.

Neuberger, O. (2002). *Führen und führen lassen.* Stuttgart: o. V.

Newman, J., Fuqua, D., & Seaworth, T. (1989). The role of anxiety in career indecision: Implications for diagnosis and treatment. *Career Development Quarterly, 37,* 221–231.

nfb & Forschungsgruppe Beratungsqualität an der Universität Heidelberg. (2011). *Beratungsqualität in Bildung, Beruf und Beschäftigung.* Bielefeld: Bertelsmann.

Niles, S., & Harris-Bowlesby, J. (2002). *Career development interventions in the 21st Century.* New Jersey: Pearson Education.

Nittel, D. (2002). *Professionalität und betriebliche Handlungslogik.* Bielefeld: Bertelsmann.

Nordsieck, F. (1934). *Grundlagen der Organisationslehre.* Stuttgart: Poeschel.

Northhouse, P. G. (2012). *Leadership: Theory and practice.* Thousand Oaks: o. V.

Nötzold, W. (2002). *Werkbuch Qualitätsentwicklung, Perspektive Praxis. DIE-Deutsches Institut für Erwachsenenbildung.* Bielefeld: Bertelsmann.

Oevermann, U. (1996). Theoretische Skizze einer revidierten Theorie professionalisierten Handelns. In A. Combe & W. Helsper (Hrsg.), *Pädagogische Professionalität – Untersuchungen zum Typus pädagogischen Handelns* (S. 70–182). Frankfurt: Suhrkamp.

O´Reilly, D., & Reed, M. (2010). Leaders: An evolution of managerialism in UK public service reform. *Public Administration, 88,* 960–978.

Osipow, S. H. (1992). Adjustment to career entry: Issues for new counseling psychologists. *The Counseling Psychologist, 20,* 103–106.

Palmkowski, W. (2011). *Systemische Beratung.* Stuttgart: Kohlhammer.

Pande, P., & Holpp, L. (2002). *What is Six Sigma?* New York: o. V.

Parkinson, B. (1995). *Ideas and realities of emotion.* London: Routledge.

10

Parry, K., & Bryman, A. (2006). Leadership in organization. In S. G. Clegg, C. Hardy, & W. R. Nord (Hrsg.), *SAGE handbook of organization studies* (S. 447–468). London: Sage.

Parsloe, E. (1995). *Coaching, mentoring and assessing*. London: Kogan Page.

Paton, K. (2007). *Conceptualising 'Choice': A review of the theoretical literature*. Southampton: University of Southampton.

Peavy, R. V. (1992). A constructivist model of training for career counselors. *Journal of Career Development, 18*, 215–229.

Peavy, R.V. (1999). *Counselling in postmodern society*. Finnland: IAEVG International Conference.

Peavy, R. V. (2004). *SocioDynamic counselling: A practical approach to meaning making*. Ohio: Chagrin Falls.

Penrose, E. T. (1980). *The theory of the growth of the firm*. Oxford: Blackwell.

Peterson, G. W., Sampson, J. P., Lenz, J. G., & Reardon, R. C. (1996). A cognitive information processing approach to career problem solving and decision making. In D. Brown, L. Brooks, & Associates (Hrsg.), *Career choice and development* (S. 423–475). St. Francisco: Jossey-Bass.

Pfister, J. (2008). Thesen zur Entwicklung der Unternehmenskultur der METRO Group im Zeichen des demographischen Wandel. In J. Rowold (Hrsg.), *Human resource management* (S. 178–181). Berlin: Springer.

Phillips, S. D., Christopher-Sisk, E. K., & Gravino, K. L. (2001). Making career decisions in a relational context. *The Counseling Psychologist, 29*, 193–213.

Plant, P. (2004). Quality in careers guidance. Issues and methods. *International Journal for Educational and Vocational Guidance, 4*(2–3), 141–157.

Plant, P. (2009). Quality assurance/evidence-base for policy and systems development, Work Package 4. Field visit, Helsinki 18./20.10.2009, ELGPN, nicht veröffentliches Arbeitsdokument.

Pörtner, S. (2009). Anforderungsstruktur und Praktiken der Berufswahlberatung. Eine interaktionsanalytische Untersuchung von Berufsberatungsgesprächen. Online-Fassung. urn:nbn:de:hebis:30-47765. ► http://publikationen.ub.uni-frankfurt.de/volltexte/2009/4776/. Zugegriffen: 16. Okt. 2017.

Prilleltensky, I. (1997). Values, assumptions, and practices: Assessing the moral implications of psychological discourse and action. *American Psychologist, 52*, 517–535.

Pühl, H. (1995). Der institutionelle Mythos. In A. Bauer & K. Kröning (Hrsg.), *Institutionsgeschichten, Institutionsanalysen* (S. 70–79). Tübingen: Ed Diskord.

Reid, H. L. (2002). Are you sitting comfortably? Stories and the usefulness of narrative approaches. In K. Roberts (Hrsg.), *Career guidance: Constructing the future* (S. 51–66). Stourbridge: Institute of Career Guidance.

Reid, H. L. (2006). Constructing the future: Transforming career guidance. In H. L. Reid & J. Bimrose (Hrsg.), *Career guidance, constructing the future: Transforming careers guidance* (S. 7–19). Stourbridge: Institute of Career Guidance.

Rickenbacher, U. M. (1991). Grunderfordernisse und Elemente einer zukunftsorientierten Ausbildung für Unternehmensberater. In U. M. Rickenbacher (Hrsg.), *Zukunftsorientierte Ausbildung von Unternehmensberatern* (S. 233–272). Stuttgart: o. V.

Riemann, G. (2000). *Die Arbeit in der sozialpädagogischen Familienberatung: Interaktionsprozesse in einem Handlungsfeld der sozialen Arbeit*. Weinheim: Juventa.

Ritsert, J. (1972). *Inhaltsanalyse und Ideologiekritik – Ein Versuch über kritische Sozialforschung*. Frankfurt a. M.: Athenäum.

Rittenberg-Cogan, K. (2004). *Praxis für systematische Einzel-, Paar- und Familientherapie*. Weihnheim: Beltz.

Robitschek, C., & DeBell, C. (2002). The reintegration of vocational psychology and counseling psychology: Training issues for a paradigm shift. *The Counseling Psychologist, 30*, 801–814.

Rosenberger, W. (2002). *Führungskräfteberatung*. Leonberg: Rosenberger.

Rössler, P. (2010). *Inhaltsanalyse*. Konstanz: UVK.

Rothlauf, J. (2004). *Total quality management in theorie und praxis*. München: Oldenbourg.

Rupert, J. J., & Ertlet, B. J. (2007). *They preach water an drink wine – Or: The unbearable lightness of rational decision-making models in career counseling*. Padova: AIOSP/IAEVG.

Savickas, M. L. (1993). Career counseling in the postmodern era. *Journal of Cognitive Psychotherapy, 7*, 205–215.

Savickas, M. L. (1995). Constructivist counselling for career indecision. *Career Development Quarterly, 43*, 363–373.

Savickas, M. L. (1997a). Constructivist career counseling: Models and methods. *Advances in Personal Construct Psychology, 4,* 149–182.

Savickas, M. L. (1997b). The spirit in career counselling: Fostering self-completion through work. In D. P. Bloch & L. J. Richmonds (Hrsg.), *Connections between spirit and work in career development: New approaches and practical perspective* (S. 3–25). Palo Alto: Davies-Black.

Savickas, M. L. (2000). Renovating the psychology of careers for the twenty-first century. In A. Collin & R. A. Young (Hrsg.), *The future of career* (S. 53–68). Cambridge: Cambridge University Press.

Savickas, M. L. (2003). Advancing the career counseling profession: Objectives and strategies for the next decade. *Career Development Quarterly, 52,* 87–96.

Schanne, S. (2010). *Organisationsentwicklung zwischen Organisation und Profession Handlungslogiken interner OE-Berater* Mering: Hampp.

Schein, E. (1980). *Organisationspsychologie.* Wiesbaden: Gabler.

Schein, E. (1985). *Organizational culture and leadership.* San Francisco: o. V.

Schein, E. (2008). *Organizational psychology.* Upper Saddle River: Prentice Hall.

Schein, E. (2010). *Organisationskultur.* Bergisch Gladbach: EHP Verlag.

Schiepek, G. (1998). *Synergie und Qualität in Organisationen.* Tübingen: DGVT-Verlag.

Schiepek, G. (1999). *Die Grundlagen der Systemischen Therapie: Theorie-Praxis-Forschung.* Göttingen: Vandenhoeck & Ruprecht.

Schiepek, G. (2011). Psychotherapie. In G. Schiepek (Hrsg.), *Neurobiologie der Psychotherapie* (S. 567–592). Stuttgart: Schattauer Verlag.

Schiersmann, C. (2010). Beratung im Kontext lebenslangen Lernens – Herausforderungen für die Theoriebildung. In M. Göhlich, S. M. Weber, W. Seitter, & T. C. Feld (Hrsg.), *Organisation und Beratung* (S. 27–37). Wiesbaden: VS Verlag.

Schiersmann, C., & Weber, P. (2013). *Beratung in Bildung, Beruf und Beschäftigung – Eckpunkte eines integrierten Qualitätskonzepts.* Bielefeld: wbv.

Schmelzer, H. J., & Sesselmann, W. (2002). *Geschäftsprozessmanagement in der Praxis Produktivität steigern – Wert erhöhen – Kunden zufrieden stellen.* o. O: o. V.

Schmid, B., & Haasen, N. (2011). *Einführung in das systemische Mentoring.* Heidelberg: Carl-Auer.

Schmidt-Lauff, S. (2003). *Adult education and lifelong leaning: Professionalization and professionalism of adult education* (S. 161–170). Hamburg: Kovač.

Schmidt-Lauff, S. (2008). *Zeit für Bildung im Erwachsenenalter.* Münster: Waxmann.

Schmidt-Lauff, S. (2012). *Zeit und Bildung: Annäherungen an eine zeittheoretische Grundlegung.* Göttingen: Waxmann.

Schmidt-Lauff, S., & Bergamini, R. (2016). The modern phenomenon of adult learning and professional team-sensitivity – A temporal, comparative approach contrasting Italy and Germany. In S. Schmidt-Lauff (Hrsg.), *Adult learning and education in international contexts* (S. 147–160). Frankfurt a. M.: Lang.

Scholz, C. (1994). *Personalmanagement.* München: o. V.

Schreyögg, G. (1995). *Coaching.* Frankfurt: o. V.

Schreyögg, G. (2004). *Handwörterbuch Unternehmensführung und Organisation.* Stuttgart: Schäffer-Poeschel.

Schrödter, W. (1999). Qualität und Evaluation in der Beratungspraxis. *System Familie, 12,* 9–16.

Schrödter, W. (2013). *Qualitätssicherung in der Beratung.* Stuttgart: Kohlhammer.

Schultheiss, D. P. (2000). Emotional – Social issues in the provision of career counseling. In D. A. Luzzo (Hrsg.), *Career counselling of college students – An empirical guide to strategies that work* (S. 43–62). Washington DC: APA.

Seifried, J., & Ziegler, B. (2009). Domänenbezogene Professionalität. In O. Zlatkin-Troitschanskaja, K. Beck, D. Sembill, R. Nickolaus, & R. Mulder (Hrsg.), *Lehrerprofessionalität – Bedingungen, Genese, Wirkungen und Messung* (S. 83–92). Weinheim: Beltz.

Senge, P. (1999). *Die fünfte Disziplin – Kunst und Praxis der lernenden Organisation.* Stuttgart: Klett-Cotta.

Sennett, R. (1998). *Der flexible Mensch. Die Kultur des neuen Kapitalismus.* Berlin: Fischer.

Shea, G. F. (1992). *Mentoring.* London: Kogan Page.

Sickendiek, U. (2007). Theorien und Konzepte beruflicher Beratung. In U. Sickendiek, F. Nestmann, F. Engel, & V. Bamler (Hrsg.), *Beratung in Bildung, Beruf und Beschäftigung* (S. 53–95). Tübingen: dgvt.

Siebert, U. (2010). Kulturelle Gemeinschaften – Eine Ressource für gemeindenahe Psychiatrie. In T. Hegemann & S. Ramadan (Hrsg.), *Transkulturelle Psychiatrie. Konzepte für die Arbeit mit Menschen aus anderen Kulturen* (S. 221–231). Bonn: Psychiatrie-Verlag.

10

Siebert, S. E., Kraimer, M. L., & Liden, R. C. (2001). A social capital theory of career success. *The Academy of Management Journal, 44,* 219–237.

Sloane, P. F. E. (2005). HRK. Der Qualifikationsrahmen für den Europäischen Hochschulraum. ▶ http:// www.hrk.de/de/download/dateien/TauchQ2005.pdf. Zugegriffen: 30. Sept. 2016.

Staehle, W. (1990). *Management.* München: o. V.

Stammers, P. (1992). The Greeks had a word for it. *Journal of In-Service Education, 18,* 78–80.

Stanik, T. (2014). *Institutionelle Merkmale von Beratungsinteraktionen in der Erwachsenen-/Weiterbildung. Eine ethnografisch angereicherte Interaktionsanalyse.* Dissertation, TU Dortmund.

Stegmüller, W. (1979). *Rationale Rekonstruktion von Wissenschaft und ihrem Wandel.* Stuttgart: Reclam.

Steinmann, H., & Schreyögg, G. (2005). *Management: Grundlagen der Unternehmung.* Wiesbaden: Gabler.

Stingl De Vasconcelos, T. (2012). *Begehrtes Wissen eine systemtheoretische Reflexion zu Wissens- und Entscheidungskulturen in Organisationen.* Heidelberg: Carl-Auer.

Streicher, H. Z. (2011). Der Markt der Unternehmensberatung in Deutschland. In M. Hies (Hrsg.), *Perspektive Unternehmensberatung* (S. 15–19). München: E-fellows.

Stutz, H. R. (1988). *Management-consulting.* Bern: o. V.

Sultana, R. G. (2009). Competence and competence frameworks in career guidance. *International Journal of Educational and Vocational Guidance, 9,* 15–30.

Sultana, R. G. (2012). Quality matters: Ensuring high standards in career guidance services. *Career Designing: Research and Counseling, 1,* 46–66.

Thomas, W., & Thomas, D. (1928). *The child in America: Behavior problems and programs.* New York: Knopf.

Thompson, P. (1990). Crawling from the wreckage: The labour process and the politics of production. In D. Knights & H. Wilmots (Hrsg.), *Labour process theory* (S. 95–124). London: Macmillan.

Titscher, S. (1997). *Professionelle Beratung: Was beide Seiten vorher wissen sollten.* Wien: Ueberreuter.

Trinemeier, H. G. & Ertelt, B. J. (1978). Praxisnahe Übungen an der Fachhochschule der Bundesanstalt für Arbeit in Mannheim. *Arbeit und Beruf, 10.*

Ulrich, H., & Probst, G. (1991). *Anleitung zum ganzheitlichen Denken und Handeln.* Bern: Haupt.

Van Seters, D., & Field, R. (1990). The evolution of leadership theory. *Journal of Organizational Change Management, 3,* 29–45.

Vilhjálmsdóttir, G., Dofradóttir, A. D., & Kjartansdóttir, G. B. (2011a). Voice of usres. Promoting quality of guidance for adults in the Nordic countries, Network for Adult Learning. ▶ http://www.nordvux. net/download/6821/voice_of_users.pdf. Zugegriffen: 06. Jan. 2017.

Vilhjálmsdóttiv, G., Dofradóttir, A. G., & Kjartansdóttir, G. B. (2011b). *Voice of users.* Helsinki: Nordic Network for Adult Learning.

Von Ameln, F., & Kramer, J. (2007). *Organisationen in Bewegung bringen.* Heidelberg: Springer.

Von Foerster, H. (1988). Abbau und Aufbau. In F. B. Simon (Hrsg.), *Lebende Systeme* (S. 19–33). Heidelberg: Springer.

Voß, G. G., & Pongratz, H. J. (1998). Der Arbeitskraftunternehmer – Eine neue Grundform der Ware Arbeitskraft? *KZfSS, 50*(1), 131–158.

Walsh, W. B. (1990). A summary and integration of career counseling approaches. In W. B. Walsh & S. H. Osipow (Hrsg.), *Career counseling – Contemporary topics in vocational psychology* (S. 263–282). Hillsdale: Erlbaum.

Watts, A. G. (1980). Educational and careers guidance services for adults: II. A review of current provision. *British Journal of Guidance and Counseling, 8,* 188–202.

Watts, A. G., & Kidd, J. M. (2000). Guidance in the United Kingdom: Past, present and future. *British Journal of Guidance & Counseling, 28,* 485–502.

Watzlawick, P., Bevin, B., Janet, H., & Jackson, D. D. (2007). *Menschliche Kommunikation.* Bern: Huber.

Weber, P. (2012). Qualität in der arbeitsweltlichen Beratung. ▶ http://www.ub.uni-heidelberg.de/ archiv/15159. Zugegriffen: 09. Aug. 2016.

Wehrle, M. (2012). *Die 500 besten Coaching-Fragen.* Bonn: Manager Seminare.

Weibler, J. (2012). *Personalführung.* München: o. V.

Weick, K. (1985). *Der Prozess des Organisierens.* Frankfurt a. M.: o. V.

Weiden, E. (2011). *Folienkrieg und Bullshitbingo.* München: Piper.

Weinert, F. E. (2001). Concept of competence: A conceptual classification. In D. S. Rychen (Hrsg.), *Defining and selecting key competencies* (S. 45–65). Seattle: Hogrefe & Huber.

Welbers, U. (2007). *Modularisierung als Instrument der Curriculumentwicklung. Bologna Reader II.* Bonn: HRK.

Whitmoore, J. (1993). Religious dimensions of the UFO abductee experience. *Szysgy: Journal of Alternative Religion and Culture, 2,* 313–326.

Wimmer, R. (2010). *Systemische Organisationsberatung. Neue Wege und Konzept.* Wiesbaden: Gabler.

Wood, M. (2005). The fallacy of misplaced leadership. *Journal of Management Studies, 42,* 1101–1121.

Wunderer, R. (1995). Betriebswirtschaftliche Führungsforschung und Führungslehre. In R. Wunderer (Hrsg.), *Betriebswirtschaftslehre als Management- und Führungslehre* (S. 33–49). Stuttgart: o. V.

Wütherich, B. M. (2000). *Laufbahnberatung in mittelständischen Betrieben – Eine explorative Untersuchung über Praxis und Unterstützungsbedarf.* Mannheim: o. V.

Young, R. A., Valach, L., & Colin, A. (1996). A contextual explanation of career. In D. Brocon & S. L. Brook (Hrsg.), *Career counseling and development* (Bd. 300, S. 477–552). San Francisco: Jossey-Bass.

Ziegler, A., & Stoeger, H. (2007). The role of counselling in the development of gifted students' actiotopes: Theoretical background and exemplary application of the 11-SCC. In S. Mendaglio & J. S. Peterson (Hrsg.), *Models of Counseling* (S. 253–286). Waco: Prufrock.

Zygowski, H. (1989). *Grundlagen psychosozialer Beratung: Ein modelltheoretischer Entwurf zur Neubestimmung psychischer Störungen. Beiträge zur psychologischen Forschung* (Bd. 18). Opladen: Westdeutscher Verlag.

Zytowski, D. (1988). Comment: A differential psychology is alive and well, and living in Los Angeles. *Journal of Counseling and Development, 67,* 54.

10